SCHRIFTENREIHE DES IFO-INSTITUTS FÜR WIRTSCHAFTSFORSCHUNG

Nr. 98

IFO-INSTITUT FÜR WIRTSCHAFTSFORSCHUNG

Der Innovationsprozeß in westeuropäischen Industrieländern

Band 2: Der Ablauf industrieller Innovationsprozesse

Von

Luitpold Uhlmann

DUNCKER & HUMBLOT / BERLIN - MÜNCHEN

Gedruckt 1978 bei Buchdruckerei Bruno Luck, Berlin 65
Printed in Germany

ISBN 3 428 04243 3

Vorwort

Eine Gruppe europäischer Wirtschaftsforschungsinstitute sowie eine Gruppe von Soziologen vom Seminar für Sozialwissenschaften der Universität Hamburg führten eine Untersuchung des industriellen Innovationsprozesses in Unternehmen der Bundesrepublik Deutschland, Großbritanniens und Schwedens durch. Der Gruppe der Wirtschaftsforschungsinstitute gehörten an: Das Ifo-Institut für Wirtschaftsforschung, München, bei dem auch die Koordinierung lag, das National Institute of Economic and Social Research, London sowie das Industriens Utredningsinstitut, Stockholm.

Zweck dieses multinationalen Projekts war es, den Prozeß der Erforschung, Entwicklung und Anwendung von Technologien am Beispiel von Innovationsfällen der Energiewirtschaft, einschließlich ihrer vor- und nachgelagerten Industriebereiche, zu untersuchen. Die Studie sollte dadurch die Innovationsforschung aus ihrer methodischen und fachwissenschaftlichen Isolierung führen, gewisse Lücken der bisherigen Innovationsforschung schließen und damit der staatlichen Politik und den Innovatoren in wichtigen westlichen Industrieländern Entscheidungshilfen vermitteln.

Das Projekt wurde 1970 von Herrn Dr. G. Gambke, dem damaligen Generalsekretär der Stiftung Volkswagenwerk, die auch die Finanzierung übernahm, angeregt. Das Ifo-Institut griff die Anregung auf und entwickelte einen Forschungsplan für ein solches Projekt. Der erste Entwurf dieses Planes wurde im gleichen Jahr auf einer zu diesem Zweck einberufenen Sachverständigenkonferenz mit neunzehn Vertretern verschiedener wissenschaftlicher Disziplinen eingehend erörtert. 1971 wurde der Forschungsantrag bei der Stiftung Volkswagenwerk eingereicht. Die Stiftung hat mit Schreiben vom 21. Juli 1972 dem Forschungsvorhaben zugestimmt. Es erschien zweckmäßig, ein derart umfangreiches Projekt, das zudem auf verschiedenen Gebieten Neuland betrat, durch einen Sachverständigenbeirat begleiten zu lassen[1].

Das Forschungsprojekt begann Ende 1972 mit der Ausarbeitung der methodisch-theoretischen Grundlagen des Projekts und seiner For-

---

[1] An den Sitzungen des Beirats haben teilgenommen: Prof. Dr. R. Bentzel, Universität Uppsala; Prof. Dr. K. Borchardt, Universität München; Prof. Dr. H. Hinterhuber, Universität Innsbruck; D. W. Muttelsee, Bundesministerium für Wirtschaft, Bonn; Dr. L. Nabseth, Wirtschaftsvereinigung Eisen- u. Stahlindustrie, Stockholm; Dr. E. F. Schumacher, National Coal Board, London.

schungsstrategie, insbesondere mit der Erarbeitung eines einheitlichen Erhebungsleitfadens für Untersuchungen des Innovationsprozesses in Unternehmen der Energiewirtschaft und der verarbeitenden Industrie in den drei beteiligten Ländern. Insgesamt 218 solcher Untersuchungen wurden in Interviewform in den Jahren 1973 bis 1975 in 126 verschiedenen Unternehmen durchgeführt. Die dabei diskutierten Innovationsfälle betreffen insgesamt 25 ausgewählte wichtige neue Technologien. Parallel dazu erfolgten eine eingehende Sichtung und Bewertung der bisherigen sozialwissenschaftlichen und ökonomischen Innovationsforschung sowie eine detaillierte Analyse der Erforschung, Entwicklung und Anwendung der wichtigsten neuen Technologien in der Energiewirtschaft; außerdem wurden Interviews mit den staatlichen Trägern der Innovationspolitik in den drei Ländern sowie in USA und Kanada geführt. Die Forschungsgruppe dankt allen Unternehmen und Fachleuten, die sich für diese Erhebungen und Gespräche zur Verfügung stellten.

Die Gesamtprojektleitung lag bei Karl Heinrich Oppenländer, Ifo-Institut. Die Projektleiter der einzelnen Institute waren für London George F. Ray, für Stockholm Bo Carlsson und für Hamburg Hans W. Hetzler.

An den gesamten Arbeiten bzw. an den unter und in den beteiligten Instituten geführten zahlreichen Diskussionen zur Anlage, Durchführung und Berichterstattung des Projekts waren beteiligt im Ifo-Institut: K. Grefermann, J. Kruse, K. H. Oppenländer, E. Peffgen, P. Rammner, K. Ch. Röthlingshöfer, H. Schedl, L. Scholz, R. U. Sprenger und L. Uhlmann; aus dem Industriens Utredningsinstitut: B. Carlsson, A. Grufman und L. Wohlin; aus dem National Institute: D. T. Jones, G. F. Ray und T. K. Scott sowie H. W. Hetzler, V. Müller und G. Schienstock von der Universität Hamburg.

Für Spezialprobleme wurde außerdem in mehreren Fällen auf die Hilfe externer Experten zurückgegriffen. Dies betrifft insbesondere die Beschaffung der erforderlichen Informationen über die wichtigsten technologischen Veränderungen in der Energiewirtschaft sowie die Programmierung der bei der Auswertung der 218 Innovationsfälle verwendeten Faktoren-Analyse und Profil-Cluster-Analyse.

Die Berichterstattung über das Projekt erfolgt in mehreren Publikationen[2].

---

[2] Folgende Veröffentlichungen über Teilergebnisse liegen bereits vor:
Hans W. Hetzler: Innovationen in sozialwissenschaftlicher Perspektive; George F. Ray: Innovation in Industry: The State and Results of Recent Economic Research in Western Europe; Luitpold Uhlmann: Innovation in der Industrie: Stand und Ergebnisse der Forschung im deutschsprachigen Raum; Luitpold Uhlmann: Innovation in der Industrie: Stand und Ergebnisse der Forschung in den USA. (Jeweils veröffentlicht in: Ifo-Institut für Wirt-

Die Hauptveröffentlichung wird in vier Bänden innerhalb der Schriftenreihe des Ifo-Instituts vorgelegt:

Band 98/ I: Verena Müller und Gerd Schienstock:
Sozialwissenschaftliche Innovationstheorien

Band 98/ II: Luitpold Uhlmann:
Der Ablauf industrieller Innovationsprozesse

Band 98/III: George F. Ray:
Innovation in der Energiewirtschaft

Band 98/IV: Hans Wilhelm Hetzler, Verena Müller und
Gerd Schienstock: Staatliche Innovationspolitik.

Band 1 bringt einen Überblick über den Stand der sozialwissenschaftlichen Innovationsforschung. Er befaßt sich mit dem individuellen Innovationsverhalten, dem Einfluß der Persönlichkeit auf den Innovationsprozeß, den organisatorischen Aspekten des Innovationsprozesses sowie dem Einfluß der Umwelt auf das Innovationsverhalten.

Band 2 stellt einen Bezugsrahmen für die Analyse von Innovationsproblemen auf und schildert den allgemeinen Ablauf des Innovationsprozesses sowie typische Abweichungen hiervon an Hand der 218 untersuchten Innovationsfälle. Hieraus werden Schlußfolgerungen für die künftigen Aufgaben der Innovationsforschung gezogen.

Band 3 beinhaltet die allgemeine Entwicklung der Weltenergiesituation und der energiewirtschaftlichen Probleme in den drei Ländern. Außerdem enthält er detaillierte Studien des Innovationsprozesses einzelner wichtiger neuer Technologien in diesem Bereich.

Band 4 diskutiert an Hand von Interviews hauptsächlich Ziele, Ansatzpunkte und Mittel der einzelnen Träger staatlicher Politik, soweit sie für den Innovationsprozeß relevant sind.

---

schaftsforschung [Hrsg]: Technischer Fortschritt. Ursache und Auswirkung wirtschaftlichen Handelns, München 1974. Eine englischsprachige Veröffentlichung des zweiten und dritten dieser Berichte erfolgte auch in „Research Policy", Hefte 3 und 4, 1975.)

George F. Ray and David Jones: The Innovation Process in the Gas Industry, in: National Institute Economic Review, August 1975.

George F. Ray and Luitpold Uhlmann: The Process of Industrial Innovations, in: Centre National de la Recherche Scientifique (Hrsg.): Rentabilité de la Recherche Industrielle et Besoins de Progrès Technique, Paris 1977. Luitpold Uhlmann: The Innovation Process in Industrialized Countries: Some Empirical Results, in: Karl A. Stroetmann (Hrsg.): Innovation, Economic Change and Technology Policies, Basel-Stuttgart 1977. Außerdem wurde mit folgenden Referaten über das Projekt berichtet (Veröffentlichung jeweils in Vorbereitung):

George F. Ray: The Climate for Innovations, Cambridge 1975. Luitpold Uhlmann: The Typology Approach in Innovation Research, Glasgow 1977.

Als Buchveröffentlichung für den englischen Sprachraum erscheint außerdem: George F. Ray, Luitpold Uhlmann: The Innovation Process in the Energy Industries, London 1978. Dort wird der Inhalt des zweiten und dritten Bandes zusammenfassend dargestellt.

München, im Oktober 1977

Karl Heinrich Oppenländer

Inhaltsverzeichnis

Tabellenverzeichnis

Abbildungsverzeichnis

1. Gegenstand der Untersuchung ihre Ergebnisse und deren Bedeutung

1.1 Aufgabe der Innovationsforschung

Gesellschaftspolitik und Wirtschaftspolitik knüpfen in steigendem Maße Erwartungen von zweierlei Art an die Innovationsforschung. Einmal sollte bei konkreten neuen Technologien aufgezeigt werden, wie sie sich vermutlich entwickeln werden und welche Konsequenzen für Gesellschaft und Wirtschaft aus ihnen erwachsen können. Zum anderen sollten die möglichen Wirkungsmechanismen einer auf die Förderung von Innovationen gerichteten Politik analysiert und beurteilt werden. Hinter beiden Arten von Anforderungen an die Innovationsforschung steht die Einsicht, daß der „technische Fortschritt" in der Wirtschaft nicht in dem Umfang automatisch auftritt, wie lange Zeit unbesehen unterstellt worden war, und daß er gesellschaftliche Störungen herbeiführen kann, die nicht mehr tolerierbar sind.

Voraussetzung für die Erfüllung dieser beiden Hauptanforderungen an die Innovationsforschung ist eine detaillierte Kenntnis des Innovationsgeschehens in der Wirtschaft und — darauf aufbauend — eine wirklichkeitsnahe Erklärung dieses Geschehens durch die Innovationstheorie. Um den angesprochenen Erwartungen entsprechen zu können, muß diese Innovationstheorie es ermöglichen, mit ausreichender Präzision und Verläßlichkeit aus einer bestimmten Datenkonstellation die weitere Entwicklung abzuleiten. Die Innovationsforschung sieht sich damit einer dreistufigen Aufgabe gegenüber: der Beschreibung der Wirklichkeit, der Erklärung der Wirklichkeit und der Vorhersage der Entwicklung.

Trotz einer mittlerweile beträchtlichen Zahl von Forschungsarbeiten kann die Innovationsforschung diese Aufgaben jedoch noch nicht erfüllen. Die Ergebnisse dieser Forschungsarbeiten sind zu bruchstückhaft, als daß sie sich aufeinander beziehen und zu einem geschlossenen Bild des Innovationsprozesses zusammenfügen ließen. Es fehlt an einer methodischen Konsolidierung, die nur darin bestehen kann, den Innovationsprozeß als ein Ganzes zu betrachten und nicht wie bisher nur dessen Teilaspekte und Teilbereiche.

Ohne eine solche umfassende Beschreibung des Innovationsprozesses mußten alle Hoffnungen scheitern, aus fragmentarischen Kenntnissen eine befriedigende Innovationstheorie zu entwickeln. Ohne eine solche Theorie wiederum mußten Aussagen über künftige Entwicklungen oder die Auswirkungen innovationspolitischer Maßnahmen im allgemeinen Spekulation bleiben.

Die vordringliche Aufgabe der Innovationsforschung kann deshalb zur Zeit nicht sein, durch waghalsige Annahmen und Abstrahierungen von der Realität ein Theoriegebäude zu errichten. Vielmehr ist es zuerst dringend erforderlich, durch eine möglichst umfassende und eingehende Beschreibung konkreter Innovationsprozesse die Grundlagen und Bausteine für eine empirisch gesicherte Innovationstheorie zu schaffen. Diese Aufgabe stellt sich die vorliegende Untersuchung. Es wird sich herausstellen, daß die Ergebnisse dafür sprechen, daß so viele unterschiedliche Gestaltungsmöglichkeiten des Innovationsprozesses bestehen, daß mit einer einheitlichen Innovationstheorie nicht zu rechnen ist. Es wird darauf ankommen, für jeden der nachgewiesenen oder künftig nachweisbaren Typen des Innovationsprozesses einen eigenen Erklärungsansatz zu finden. Diese Vielzahl von Gestaltungsmöglichkeiten sollte allerdings auch die Erwartungen dämpfen, die man an die Vorhersehbarkeit von Innovationsprozessen knüpft. Der Innovationsprozeß ist viel zu komplex und bietet zu viele Freiheitsgrade in seinem Ablauf, als daß man auf einen strengen Determinismus bauen dürfte.

1.2 Untersuchungsgegenstand

Die vorstehend kritisierte bisherige Beschränkung von Innovationsstudien auf Teilaspekte und Teilbereiche ist der Anlaß, für den Zweck dieser Untersuchung, den Innovationsprozeß möglichst umfassend zu definieren und nicht nur die Erfindungs- oder die Verbreitungsphase allein zu betrachten. Vielmehr wird der Innovationsprozeß als

> Prozeß der Erforschung, Entwicklung und Anwendung eines Wissens über die Eigenschaften und Einsatzbedingungen einer Technik

definiert.

Diese umfassende Definition des Innovationsprozesses erfordert eine ebenso umfassende Vorgehensweise bei der Festlegung desjenigen Bereiches, in dem der Ablauf von Innovationsprozessen untersucht werden soll. Dabei sollen alle wichtigsten Elemente der miteinander vermutlich in Wechselbeziehungen stehenden Elemente berücksichtigt werden. Deshalb wird mit einem systemtheoretischen Ansatz der Untersuchungsbereich in drei Ebenen gegliedert:

— Ebene der innovativen Tätigkeiten,
nämlich einerseits Forschung, Entwicklung und Anwendung einer Technologie und andererseits der Anstoß zu einer solchen Beschäftigung mit der Technologie, die Suche nach einer Lösung für das betreffende technolo-

gische Problem, die Diskussion und Entscheidung über die Realisierung der gefundenen Lösung(en) sowie schließlich die Realisierung selbst.

— Ebene organisatorischer Einflußfaktoren bei den innovativen Tätigkeiten, nämlich einerseits grundsätzlicher, struktureller Art wie etwa Unternehmensgröße, Branche, Planungsverhalten und andererseits auf die betreffende Innovation bezogen wie etwa mit der betreffenden Technologie verfolgtes Ziel, Strategie bei der Lösungssuche.

— Ebene von Einflußfaktoren aus der Umwelt bei den innovativen Tätigkeiten,
nämlich Einflußfaktoren bei der Entscheidung über die Realisierung (wie Absatzaussichten, Stand der Technik etc.) und die Zusammenarbeit mit unternehmensexternen Stellen bei den innovativen Tätigkeiten (wie Kunden, Lieferanten etc.)

Diesen drei Ebenen sind insgesamt zwanzig Merkmalsbündel zugeordnet, mit deren Hilfe der Innovationsprozeß beschrieben wird. Die zwanzig Merkmalsbündel lassen sich in drei Variablenarten je Systemebene gliedern. Elementvariable beschreiben die Systemelemente, Strukturvariablen die dauerhaften Beziehungen im System und Prozeßvariable die aktuellen Ausprägungen dieser Beziehungen, also das Systemverhalten. Jedes der Merkmalsbündel kann zwei bis fünf alternative Ausprägungen aufweisen. So werden zum Beispiel beim Merkmalsbündel „Innovationspolitik" eine autonome, durch das Unternehmen frei gestaltbare Politik und eine abhängige Politik unterschieden, falls das Unternehmen stark an die Direktiven eines Mutterunternehmens gebunden ist. Zur Festlegung der jeweiligen Merkmalsausprägungen dienen insgesamt 74 Variable. Diese 74 Variablen wiederum stellen die wichtigsten und aussagekräftigsten aus einer Gesamtheit von 274 Variablen dar, über die Daten aus 218 Innovationsfällen in 126 Unternehmen der Bundesrepublik Deutschland, Großbritanniens und Schwedens in Interviews erhoben wurden. Diese Daten stammen aus dem Energiesektor (Kohle, Gas, Elektrizität, Mineralöl) und aus den Zuliefer- und Abnehmerbranchen des Energiesektors in der Verarbeitenden Industrie (Maschinenbau, elektrotechnische Industrie etc.).

Die zwanzig Merkmalsbündel und ihre Ausprägungen — wie sie sich in der Auswertung der erhobenen Daten zeigen — folgen in der Gliederung nach Variablenart und Systemebenen. Je Variablenart wurden aus später dargelegten Gründen nicht alle Systemebenen untersucht.

Elementvariable

System Innovator

Innovationsart

— Basisinnovation: Für die betreffende Technologie sind neue Forschungsergebnisse erforderlich

— Routineinnovation: Entwicklung und/oder Anwendung ohne neue Forschungsergebnisse

Strukturvariable

System Innovator

Initiator

Der Anstoß zur Beschäftigung des Unternehmens mit der Technologie kommt aus dem Bereich

— Forschung und Entwicklung
— Produktion
— Verkauf
— Unternehmens- bzw. Konzernspitze

System Organisation

Unternehmensgröße

— Kleinunternehmen: Unter 1000 Beschäftigte
— Mittelunternehmen: 1000 bis unter 5000 Beschäftigte
— Großunternehmen: Ab 5000 Beschäftigte

Branche

— Energiesektor: Mineralölverarbeitung, Kohlebergbau, Gasversorgung, Elektrizitätsversorgung
— Verarbeitende Industrie: Zuliefer- und Abnehmerbranchen des Energiesektors

Land

— Bundesrepublik Deutschland
— Großbritannien
— Schweden

Besitzverhältnisse

— Privatbesitz
— Öffentlicher Besitz

Innovationspolitik

— Autonom
— Abhängig: Bestimmt durch Mutterunternehmen

Technologieorientierung

— Aggressiv: Position des technischen Spitzenreiters wird angestrebt
— Konservativ: Position eines Anbieters (Verwenders) ausgereifter Technologien wird angestrebt

Planung

Planung von Absatz, Investition, Forschung und Entwicklung, Personal erfolgt

— kurzfristig
— langfristig
— flexibel: Als Richtschnur
— starr: Als strenge Zielvorgabe

Technologische Konkurrenzlage

Die Position des Unternehmens gegenüber der Konkurrenz ist bei der betreffenden Technologie

— führend

— Gleichstand

— zurückliegend

Art und Ort von F und E

— Eigen-Forschung: Das Unternehmen betreibt selbst Forschung

— Fremd-Forschung: Die Forschung erfolgt außerhalb des Unternehmens

— Eigen-Entwicklung: Das Unternehmen betreibt selbst Entwicklung

— Fremd-Entwicklung: Die Entwicklung erfolgt außerhalb des Unternehmens

Aufgabenverteilung

— Konstant: Die mit der Technologie vorhandenen innovativen Tätigkeiten können im Rahmen der bestehenden Aufgabenverteilung des Unternehmens durchgeführt werden

— Nicht konstant: Die Schaffung einer neuen Organisationseinheit ist erforderlich

Prozeßvariable

System Innovator

Rollenausfüllung

Lösungssuche und Realisierung der Lösung erfolgen

— individuell: Durch Einzelpersonen

— kollektiv: Durch Personengruppe

System Organisation

Zielsetzung

Das Unternehmen ist bei seiner Beschäftigung mit der Technologie

— marktorientiert

— kostenorientiert

Kontrolle der Lösungssuche

— Vorhanden: Zeit und Lösungswege werden vorgegeben und kontrolliert

— Nicht vorhanden: Keine Vorgabe und Kontrolle

Strategie der Lösungssuche

— Systematisch: Suche nach alternativen Lösungen

— Konzentriert: Nur ein Lösungsweg wird verfolgt

Entscheidungsfindung

— Autoritär: Innovationsentscheidungen erfolgen ohne Diskussion

— Abgestimmt: Innovationsentscheidungen geht eine Diskussion mit den Betroffenen voraus

Wissensweitergabe

— Weitergabe: Das angefallene Wissen über die Technologie wird zugänglich gemacht

— Keine Weitergabe: Das Wissen bleibt für Dritte unzugänglich

System Umwelt

Einflußfaktoren der Entscheidung

Bei der Diskussion über die Realisierung der Lösung spielen eine besondere Rolle

— Markt

— Arbeit

— Kapital

— Gesellschaft

— Organisation

Beteiligung Dritter:

Bei der Lösungssuche bzw. der Realisierung der Lösung besteht mit Lieferanten, Kunden usw.

— Kooperation

— Keine Kooperation.

Die Auszählung der häufigsten Merkmalsausprägung unter den 218 Innovationsfällen ergibt folgende Charakteristiken des Durchschnittsfalls (Grundtyp des Innovationsprozesses)[1]:

Innovationsart:	Routineinnovation
Initiator:	F- und E-Bereich
Unternehmensgröße:	Großunternehmen
Branche:	Verarbeitende Industrie
Land:	Bundesrepublik Deutschland
Besitzverhältnisse:	Privatbesitz
Innovationspolitik:	Autonom
Technologieorientierung:	Konservativ
Planung:	Langfristig, flexibel
Technologische Konkurrenzlage:	Gleichstand
Art und Ort von F und E:	Eigen-Forschung, Eigen-Entwicklung
Aufgabenverteilung:	Konstant
Rollenausfüllung:	Kollektiv
Zielsetzung:	Marktorientiert
Kontrolle der Lösungssuche:	Vorhanden
Strategie der Lösungssuche:	Systematisch
Entscheidungsfindung:	Abgestimmt
Wissensweitergabe:	Weitergabe
Einflußfaktoren der Entscheidung:	Markt
Beteiligung Dritter:	Kooperation.

[1] Die Merkmalsausprägungen Routineinnovation, Großunternehmen, verarbeitende Industrie, Bundesrepublik Deutschland, Privatbesitz sind durch die Auswahl der Unternehmungen und Technologien für die Untersuchung bedingt.

Im Zentrum der weiteren Auswertung steht die Frage, ob dieser Grundtyp des Innovationsprozesses typisch für die Gesamtheit der 218 untersuchten Innovationsfälle ist oder ob er vielleicht gar keinen „echten" Durchschnitt darstellt. Letzteres trifft in der Tat zu.

1.3 Innovationstypen als Resultat

Abgesehen von der jeweiligen Beschränkung auf die Untersuchung von Teilaspekten und Teilphasen des Innovationsprozesses krankt die bisherige Innovationsforschung an einer undifferenzierten Betrachtungsweise. Innovationsprozesse weisen jedoch untereinander eine wesentlich stärkere Vielfalt in ihren Merkmalsausprägungen aus als im allgemeinen vermutet wird. Wenn man nur zwei oder sehr wenige Merkmale auf ihre gegenseitige Abhängigkeit untersucht und dabei unterstellt, die übrigen Merkmale seien ohne gravierenden Einfluß auf diese Abhängigkeit, dann müssen die Ergebnisse unterschiedlich ausfallen, je nachdem wie der tatsächliche Einfluß der nicht berücksichtigten Merkmale aussieht. Hier kann nur eine Betrachtung weiterhelfen, die alle Merkmale miteinander im Zusammenhang sieht und die sich voneinander stärker unterscheidenden Innovationsfälle jeweils separat behandelt. Da es jedoch bei einer größeren Anzahl von Merkmalen sehr unwahrscheinlich ist, daß zwei oder mehr Fälle genau die gleichen Merkmalsausprägungen aufweisen, werden die 218 Fälle zu Gruppen von Fällen zusammengefaßt, die sich jeweils untereinander stark ähneln, von den Fällen der übrigen Gruppen jedoch stark unterscheiden. Im vorliegenden Fall ergibt die hierbei angewandte Profil-Cluster-Analyse 18 Gruppen für die 218 Fälle, denen maximal 23 und mindestens drei Fälle zugeordnet sind. Die weitere Analyse wird auf die elf am stärksten besetzten Gruppen beschränkt, die jeweils mindestens elf Fälle beinhalten und insgesamt 82 % aller 218 Fälle ausmachen.

Die Fallgruppen stellen Innovationstypen dar, die sich jeweils durch zahlreiche Merkmalsausprägungen vom Grundtyp (rechnerischer Durchschnitt aller 218 Fälle) bzw. von den übrigen Innovationstypen unterscheiden. Insgesamt ergeben sich für die elf Innovationstypen im Durchschnitt neun Merkmale von insgesamt zwanzig, die für den betreffenden Innovationstyp jeweils besonders charakteristisch sind, d. h. bei denen er von mindestens drei anderen Typen in statistisch signifikanter Weise abweicht oder die bei ihm in weit verstärktem Maße als dort zu beobachten sind. Es gibt keinen einzigen unter den elf analysierten Innovationstypen, der völlig dem Grundtyp entspricht; vielmehr weist jeder Innovationstyp mindestens fünf, maximal sogar 14 Merkmalsausprägungen auf, die ihn deutlich vom rechnerischen Durchschnitt aller 218 Fälle unterscheiden. Der Grundtyp ist damit ein unechter Durchschnitt. Dies bedeutet aber, daß die bisherige, an diesem Durchschnitt orientierte Innovationsforschung ihren Analysen einen Gegenstand zugrundlegt, der in der Realität gar nicht vorkommt.

In Abbildung 1 sind die Merkmalsausprägungen der elf Innovationstypen mit Hilfe von Profillinien dargestellt. Dabei werden die Merkmalsausprägungen des Grundtyps bei den zwanzig Merkmalsbündeln, die sich als häufigster Wert aus der Grundauszählung der 218 Fälle ergeben, den charakteristischen (unterscheidenden) Merkmalsausprägungen sowie — falls eine Merkmalsausprägung nicht charakteristisch für den Typ ist — den häufigsten Merkmalsausprägungen gegenübergestellt. Charakteristische Merkmalsausprägungen sind für die Beschreibung der elf Innovationstypen in besonderem Ausmaß relevant, da sich durch sie jeweils ein Typ von mindestens drei der übrigen zehn Innovationstypen statistisch signifikant unterscheidet. Zur Ergänzung der Typenbeschreibung dienen die häufigsten Merkmalsausprägungen, die Eigenschaften bezeichnen, die für die Abgrenzung der Typen voneinander weniger entscheidend sind. Mit schlagwortartigen Kurzformeln können die elf Typen aus Abbildung 1 wie folgt bezeichnet werden:

	Innovationstyp
1	Marktorientierte Basisinnovationen in Großunternehmen
2	Innovationen zur Kostensenkung in verstaatlichten Energieunternehmen
3	Innovationen in nicht-kooperativen, technologisch führenden Industrieunternehmen
4	Marktorientierte Innovationen in führenden kooperativen Privatunternehmen
5	Innovationen zur Kostensenkung in Energiegroßunternehmen ohne Wissensweitergabe
6	Innovation als frühzeitige Übernahme von Technologien in Kleinunternehmen
7	Innovation als Übernahme von Technologien durch Energieversorgungsunternehmen
8	Von Einzelpersonen durchgeführte Routineinnovationen
9	Innovationen mit nicht-systematischer Lösungssuche
10	Marktorientierte Basisinnovationen in öffentlichem Auftrag
11	Routineinnovationen auf Weisung multinationaler Konzerne

Bei den beiden vom Grundtyp am stärksten, d. h. bei den meisten Merkmalsausprägungen abweichenden Typen handelt es sich um

— Innovationen zur Kostensenkung in verstaatlichten Energieunternehmen (Typ 2)

Diese Fälle stammen aus den verstaatlichten Energiegroßunternehmen Großbritanniens, deren Innovationspolitik von der staatlichen Politik dominiert wird. Dort kommen die Anstöße zur Innovation zwar überwiegend aus dem F- und E-Bereich, doch ist für diesen Innovationstyp charakteristisch, daß hier der Anteil der Fälle, in denen der Anstoß aus dem Produktionsbereich kommt, der höchste unter allen Innovationstypen ist; die Anstöße kommen also in kennzeichnender Weise relativ häufig aus dem Produktionsbereich und zielen auf eine Kostensenkung. Hierfür sind Forschungsarbeiten erforderlich, die jedoch in den F- und E-Instituten der betreffenden „Boards“ erfolgen, es liegt also eine Basisinnovation vor. Mit der neuen Technologie wird eine Position als Spitzenreiter angestrebt. Bei der Entscheidung über die Realisierung einer Lösung spielen Probleme der Energie- und Umweltschutzpolitik sowie der staatlichen Planung eine große Rolle; gesellschaftliche Belange sind also charakteristischerweise ein Einflußfaktor der Entscheidung. Das bei der Lösungssuche angefallene Wissen wird publiziert, um dem Monopolcharakter von Staatsunternehmen im öffentlichen Interesse Rechnung zu tragen.

— Routineinnovationen auf Weisung multinationaler Konzerne (Typ 11)

Diese Fälle stammen hauptsächlich aus den schwedischen Tochterunternehmen multinationaler Ölkonzerne. Es handelt sich dabei um Routineinnovationen in Kleinunternehmen, die auf Weisung ihrer Konzernspitze, die die Innovationspolitik bestimmt, vorgenommen werden, um das Produktangebot international einheitlich zu gestalten. Hierbei fallen lediglich gewisse Anpassungsaufgaben an schwedische, insbesondere klimatisch bedingte Verhältnisse an, die in Zusammenarbeit mit ausländischen Konzernunternehmen gelöst werden. In Schweden ist hierzu jeweils die Schaffung einer eigenen Organisationseinheit erforderlich, da die bestehende Aufgabenverteilung hierfür nicht ausreicht. Bei der Diskussion über die Entscheidung zur Einführung der neuen Produkte spielen insbesondere Probleme des Produktionsfaktors Arbeit eine Rolle. Bei der Lösungssuche anfallendes Wissen wird nicht öffentlich zugänglich gemacht.

Die elf Typen unterscheiden sich nicht nur mehr oder weniger stark vom Grundtyp, auch untereinander bestehen beträchtliche Divergenzen. Diejenigen zwei Paare von Innovationstypen, die sich am stärksten voneinander unterscheiden, also Paare von „Gegentypen“ darstellen, sind die Typenpaare

— Von Einzelpersonen durchgeführte Routineinnovationen (Typ 8); Innovationen zur Kostensenkung in verstaatlichten Energieunternehmen (Typ 2)

— Marktorientierte Basisinnovationen in Großunternehmen (Typ 1); Routineinnovationen auf Weisung multinationaler Konzerne (Typ 11).

Der jeweils erstgenannte Typ der beiden Paare gegensätzlicher Typen wurde eben beim Vergleich mit dem Grundtyp skizziert. Bei den zwei anderen Typen handelt es sich um

— Von Einzelpersonen durchgeführte Routineinnovationen (Typ 8)

Die Fälle stammen aus schwedischen Privatunternehmen der verarbeitenden Industrie, die ihre Innovationspolitik autonom verfolgen. Die Innovation besteht in der Übernahme von Technologien vom Anbieter und in der Anpassung an die Erfordernisse des eigenen Unternehmens. Hiermit werden Einzelpersonen betraut, die für diesen Zweck eine eigene Organisationseinheit bilden. Mit der Innovation verfolgt man die Verbesserung der Marktposition. Das bei der Lösungssuche angefallene Wissen bleibt für die Allgemeinheit unzugänglich.

— Marktorientierte Basisinnovationen in Großunternehmen (Typ 1)

Die Fälle stammen aus Großunternehmen und beziehen sich auf Basisinnovationen. Der Anstoß hierzu geht vom F- und E-Bereich aus. Das für die Beschäftigung mit der neuen Technologie erforderliche spezielle Wissen ist im Unternehmen vorhanden, so daß keine Kooperation mit unternehmensexternen Stellen (Kunden, Lieferanten etc.) erfolgt. Lösungssuche und Realisierung erfolgen systematisch und im Kollektiv sowie unter Vorgabe und Kontrolle von Zeit und Lösungswegen. Die Planung der Unternehmen ist langfristig und stellt eine strenge Zielvorgabe dar. Bei den betreffenden Technologien haben die Unternehmen einen Vorsprung gegenüber ihren Konkurrenten. Bei ihren Entscheidungen orientieren sie sich an den Marktverhältnissen. Das anfallende Wissen ist der Öffentlichkeit zugänglich.

Bereits die vorstehend skizzierten vier der insgesamt elf analysierten Innovationstypen zeigen, daß die Innovationsprozesse nicht nach dem einheitlichen Muster ablaufen, das eine am Durchschnittsfall orientierte Innovationsforschung als typisch ansieht. Die Konsequenzen hieraus für die künftige Innovationsforschung sind nachstehend zu ziehen.

1.4 Künftige Hauptaufgaben der Innovationsforschung

Die wissenschaftliche Begründung dieser Untersuchung wurde darin gesehen, daß ein allgemeines Unbehagen über die bisherige Innovationsforschung herrscht, weil es ihr nicht gelungen ist, ein Konzept zu entwickeln, das es gestattet, die zahlreichen Einzelresultate zu ordnen und zu vergleichen. Als Konsequenz wurde hier eine sehr breite systemtheoretische Sicht des Innovationsprozesses gewählt, die es erlaubt, Merkmale innovativer Tätigkeiten, innovierender Organisationen und der die Innovationsprozesse beeinflussenden organisationsexternen Umwelt in einen einheitlichen Bezugsrahmen zu fassen. Dieses Beziehungsgefüge diente dazu, für die empirische Erhebung geeignete Merkmale (Variable) zu entwickeln, mit denen konkrete Innovationsfälle beschrieben werden können. Da in dieser Studie konkrete Innovationsfälle in Unternehmen untersucht wurden und somit die Unternehmer bzw. Repräsentanten von Unternehmen als Befragungseinheit dienten, konnten dabei allerdings nur Teile des Beziehungsgefüges durch empirische Untersuchungen abgedeckt werden.

Der entwickelte Bezugsrahmen hat seine Funktion als Grundlage der empirischen Untersuchung, d. h. als Suchschema für relevante Fragestellungen erfüllt und sich damit bewährt. Er kann damit als ein methodisch gesicherter Bestandteil einer künftigen Innovationsforschung gelten, der es weiterhin darum gehen muß, ein tragfähiges Gerüst für die einzelnen Forschungsaktivitäten zu besitzen.

Neben der umfassenden Sicht des Innovationsprozesses, die versucht, möglichst viele Teilaspekte einzubeziehen und die sich als methodischer Ausgangspunkt bewährt hat, war die zweite methodische Konsequenz die der Typenbildung. Damit wurde einer Forderung entsprechen, wie sie augenblicklich überall in der mit Innovationsaspekten befaßten Forschung erhoben wird. Die auf Generalisierung von Aussagen gerichtete Forschung versagt gegenüber einem Forschungsgegenstand, der sich durch eine Vielzahl von Merkmalskonstellationen auszeichnet. Diese lassen sich nur dann berücksichtigen, wenn die Realität entweder durch Klassifikation oder wie hier durch Typenbildung in anschauliche und wirklichkeitsnahe Gruppen ähnlicher Fälle gegliedert wird. Aus den 218 untersuchten Innovationsfällen ließen sich durch eine Profil-Cluster-Analyse elf Innovationstypen gewinnen, denen jeweils mindestens elf konkrete Innovationsfälle zugrundeliegen. Durch eine fortschreitende Reduktion von Merkmalsausprägungen wurden dabei aus 274 Variablen zwanzig Merkmalsbündel gebildet, mit deren Hilfe die elf Innovationstypen auf ihre charkteristischen Unterschiede hin untersucht wurden. Es zeigte sich, daß diese Unterschiede so zahlreich sind und sich auf so viele Merkmalsbündel erstrecken, daß es künftig nicht gerechtfertigt ist, von der typologischen Betrachtungsweise zu abstrahieren und generalisierende Betrachtungen über mehr oder weniger zahlreiche Innovationsfälle anzustellen. Nur die Betrachtung von Typen, also Gruppen ähnlicher Innovationsfälle, die sich aber von anderen Gruppen in charakteristischer Weise unterscheiden, kann hier weiterhelfen.

Für die Gewinnung solcher Typologien steht in der Profil-Cluster-Analyse ein multivariates Verfahren zur Verfügung, das Innovationsfälle nach dem Ausmaß ihrer Ähnlichkeit gruppiert und somit eine Typenbildung gestattet, die nicht von vornherein durch Hypothesen über mögliche Abhängigkeiten von Variablen theoriegesteuert ist. Damit kann einem methodischen Postulat der Sozialforschung entsprochen werden, nämlich vor der Phase der Theoriebildung bzw. der Modellkonstruktion in einer dimensionalen Analyse eine Beschreibung der Realität zu liefern. Die Theoriebildung aber ist die Hauptaufgabe künftiger Innovationsforschung.

Die Analyse der hier gefundenen elf Innovationstypen zeigt, daß zahlreiche Merkmalskonstellationen untereinander verträglich und plausibel sind, ohne daß bisher ein zwingender Grund für eine bestimmte Merkmalskombination erkennbar ist. Dies legt nahe davon auszugehen, daß für jeden Innovationstyp ein eigener Erklärungsansatz gesucht werden muß. Dabei sollte allerdings nicht von der Unterstellung ausgegangen werden, jedes Phänomen der Realität müsse durch eine entsprechende Theorie erklärbar und auch grundsätzlich vorhersehbar sein. Vielmehr sollte gerade die Frage im Vordergrund stehen, ob der Ablauf des Innovationsprozesses in Unternehmen durch bekannte Faktoren, insbesondere von seiten der Unternehmensstruktur oder der Art der Technologie, vorbestimmt oder zumindest eingegrenzt wird oder nicht. Hinter dieser Fragestellung steht das — empirisch bisher nicht untersuchte — Problem einer etwaigen Zwangsläufigkeit der Entwicklung oder der frei gestaltbaren und nur durch Zufallskonstellationen in bestimmte Bahnen gelenkten Entwicklung. Die Ergebnisse dieser Untersuchung deuten jedenfalls — vorsichtig formuliert — darauf hin, daß zwar einerseits Innovieren eine normale betriebliche Funktion darstellt, die ebenso wie die „klassischen" Funktionen (etwa Beschaffung oder Produktion) in den Unternehmen fest etabliert ist, daß aber hierbei eine erhebliche Gestaltungsfreiheit besteht. Wahrscheinlich wird es sich empfehlen, durch eine intensivierte Analyse von Einzelfällen die „Feinstruktur" des entsprechenden Innovationstyps zu durchleuchten. Die Typenbildung liefert hierzu das unerläßliche Auswahlkriterium für die Einzelfälle.

Das Instrument der automatischen Typenbildung durch die Cluster-Analyse hat sich als tauglich erwiesen. Seine Fruchtbarkeit hängt jedoch davon ab, daß die verwendeten Merkmale und ihre Ausprägungen dem Untersuchungsgegenstand angemessen sind, d. h. alle relevanten Aspekte in ausreichender Präzision erfassen. Hier sind durchaus Verbesserungen vorstellbar. So haben zwar Betriebswirtschaftslehre und Betriebssoziologie eine Vielzahl von entsprechenden Meßskalen geschaffen. Ein Engpaß liegt hierbei jedoch noch bei einem geeigneten Indikator für den Gegenstand des Innovationsprozesses, die neue Technologie. Die hier vorgenommene Unterscheidung nach dem Vorliegen oder Fehlen von speziellen Forschungsaktivitäten in Basis- oder Routineinnovationen kann vielleicht durch eine trennschärfere ersetzt werden, die mehr die Aspekte der Technologie selbst in den Vordergrund rückt[2]. Auch bei den anderen hier verwendeten zwanzig Merkmalsbündeln muß die Frage nach ihrer Fähigkeit zur Trennschärfe ständig überprüft werden. Hierbei stellt sich immer wieder das Problem, zu dessen Lösung die vorliegende Studie einen Beitrag leisten will: das angemessene Verhältnis von Fallstudien mit trennscharfen Instrumenten, aber nicht übertragbaren Resultaten und verallgemeinerbaren Untersuchungen mit trennschwachen Instrumenten, die die Unterschiede zwischen den Einzelfällen auf irreführende Weise verwischen. Die Bedeutung dieses Problems wird durch die hier nachgewiesene Existenz von Gegentypen veranschaulicht. Außerdem zwingt das Prinzip der Wirtschaftlichkeit in der Forschung dazu, nach Typenfamilien zu suchen, die je nach den Untersuchungszwecken ohne allzugroße Entfernung von der

---

[2] Vgl. Ansätze hierzu bei Scholz/Uhlmann 1976.

Wirklichkeit zu einem einheitlichen Typ zusammengefaßt werden können.

1.5 Zusammenfassung in Thesen

Die wichtigsten Resultate aus der Untersuchung des Ablaufs industrieller Innovationsprozesse sollen nachstehend in Thesenform zusammengefaßt werden. Gleichzeitig wird angegeben, welche Schlußfolgerungen aus den thesenartig dargestellten Sachverhalten für die Innovationsforschung zu ziehen sind. Solche Thesen und Schlußfolgerungen können nur in schlagwortartigen und damit tendenziell überzeichnenden Formulierungen bestehen. Deshalb wird jeweils angegeben, auf welchen Abschnitt dieses Bandes sich diese Formulierungen stützen. Der Leser vermag sich dadurch selbst einen Eindruck über die Berechtigung und Fundierung in der vorliegenden Untersuchung für die einzelnen Thesen und Schlußfolgerungen verschaffen.

Zusammenfassung der wichtigsten Resultate in Thesenform

Lfd. Nr.	Thesen	Vgl. Abschnitt	Konsequenzen für die Innovationsforschung
1	Es gibt keinen typischen Innovationsfall, nur Typen von Innovationsfällen.	4.3.3	Eine allgemeine Theorie der Innovationspolitik wäre wirklichkeitsfern und ohne Erklärungswert. Unterschiedliche Innovationstypen erfordern differenzierte Erklärungsansätze.
2	Innovieren ist ein alltäglicher Vorgang, für den sich in den Unternehmen Regeln herausgebildet haben.	4.4	Der gleichgewichtstheoretische Ansatz, wonach eine Innovation als „Störung" eines bestehenden Gleichgewichtszustandes der Unternehmen aufgefaßt wird, verdreht die Realität. Die Änderung (die Innovation) ist das „Normale". Ein gleichgewichtiger (Ruhe-) Zustand als Endergebnis dieses Innovationsprozesses ist damit auch als theoretisches Konzept unbrauchbar.
3	Die Regeln, nach denen die Innovationsprozesse in den Unternehmen ablaufen, sind weitgehend wählbar. Der konkrete Ablauf dieser Prozesse ist im Einzelfall deshalb kaum vorhersehbar.	4.4	Da keine strengen Abhängigkeiten im Innovationsprozeß bestehen, kann die Forschung nur Tendenzen herausarbeiten. Die Wahrscheinlichkeit, mit der aus Ausgangsbedingungen der Prozeßablauf vorhergesagt werden kann, ist als gering anzusehen. Deshalb muß die Vielfalt möglicher Ausgestaltungen solcher Abläufe erforscht werden. Zentraler Untersuchungsgegenstand sollte hierbei das Verhältnis von freier Gestaltbarkeit und ökonomischem und technologischem Determinismus sein.
4	Die Unternehmensstruktur (Größe, Branche, Besitzverhältnisse, allgemeine Einstellung gegenüber der Technologie usw.) hat im allgemeinen nur einen geringen Einfluß auf den Prozeßablauf (Lösungssuche, Entscheidung, Realisierung).	4.4	Hypothesen über die Abhängigkeit einer Variablen von einer anderen (bivariate Analysen) führen zu verzerrten Ergebnissen. Nur multivariate Analysen des gemeinsamen Auftretens von Merkmalsausprägungen sind erfolgversprechend.
5	Kommerzielle Erwartungen sind entscheidend für Innovationsprozesse.	4.1.3.3	Die Bestimmungsgründe des „Innovationsklimas" sind weitgehend psychologischer Art. Deshalb ist dringend zu untersuchen, wie psychologische Reaktionen auf objektive Daten (z. B. Wachstumsraten) zustandekommen. Die ökonomische Innovationsforschung muß mit psychologischen Ansätzen und Methoden verbunden werden (Beispiel: teilnehmende Beobachtung in Unternehmen).

2. Problemstellung

Dieses zweite Kapitel hat die Aufgabe, den Anlaß des Projekts aufzuzeigen und sich dabei kritisch mit dem Stand der bisherigen Innovationsforschung auseinanderzusetzen sowie die methodischen Besonderheiten dieses Projekts zu begründen. Da sich die methodischen Grundprobleme erst mit der Durchführung der Untersuchung in voller Schärfe gestellt haben, wird aus der Auseinandersetzung mit den Methodenfragen auch die „Geschichte" des Projekts erkennbar.

2.1 Gesellschafts- und wirtschaftspolitische Erwartungen an die Innovationsforschung

Übersichten über den Stand der Innovationsforschung führen auch im Jahr 1976 noch zu entmutigenden Schlußfolgerungen. Einer der führenden US-amerikanischen Innovationsforscher, Richard Nelson, kommt in einer Untersuchung „In Search of Useful Theory of Innovation" zu dem Ergebnis, dies sei nicht nur eine Frage fehlender empirischer Kenntnisse, sondern mindestens ebensosehr durch einen Mangel an Theorie verursacht, die es erlauben würde, das vorhandene Teilwissen zu verbinden und zu strukturieren. „Our Knowledge is Balkanized[1]." Die Integration des verfügbaren empirischen Wissens aus einer mittlerweile beträchtlichen Zahl von Forschungsarbeiten[2], um damit Probleme gezielt zu behandeln, ist nicht möglich.

Diese Tatsache wäre nicht als so besorgniserregend zu bewerten, wenn sich nicht ein Problembewußtsein über die technische Entwick-

[1] Nelson/Winter 1976, S. 11a.

[2] Das Literaturverzeichnis des Werkes von Rogers/Shoemaker umfaßte 1971 bereits 79 Seiten (Rogers/Shoemaker 1971, S. 388 ff.). Im Bericht über das „Projekt Sappho" wurden im gleichen Jahr in der keineswegs umfassenden Bibliographie über 400 Titel aufgeführt (Achilladelis et al. 1971, Appendix D.). Ein Übersichtsaufsatz aus dem Jahr 1972 über den „technischen Fortschritt" nannte 294 ausgewählte Arbeiten (Kennedy/Thirlwall 1972, S. 11 ff.). — Aus der Tatsache, daß seither keine derart umfassenden „Surveys" mehr erschienen sind, kann geradezu gefolgert werden, daß die Aufgabe solcher kritisch referierenden und kompendienhafter Übersichten mittlerweile nicht mehr lösbar ist. Folgerichtig beschränken sich auch die „Surveys" von Ray und Uhlmann über den Stand der englischsprachigen bzw. der deutschen sowie der US-amerikanischen Innovationsforschung auf die wichtigsten Ergebnisse der ökonomischen Innovationsforschung (vgl. Ray 1974 und Uhlmann 1974a und b). Die wesentlichen Ansätze zur Entwicklung einer sozialwissenschaftlichen Innovationstheorie sind im Band 1 des Endberichts zusammengefaßt.

lung in der Wirtschaft entwickelt hätte. Bisher hielt man die Einführung neuer Technologien in der Wirtschaft im allgemeinen für einen Vorgang, der sich automatisch auf Grund der den marktwirtschaftlichen Systemen zugeschriebenen Eigenschaften vollzieht und nur durch die sich beschleunigende Erschöpfung der globalen Rohstoffvorkommen begrenzt wird. Man wurde nun auch in der breiten Öffentlichkeit durch die weltweiten Wachstumsstörungen der letzten Jahre gewahr, daß es auch kurzfristig keinen solchen verläßlichen Automatismus gibt, der für „technischen Fortschritt" sorgt. Die im Gefolge der Ölkrise aufgetretenen Rückgänge des Sozialprodukts in den westlichen Industrieländern, die lang anhaltende Arbeitslosigkeit auch in Ländern, die früher durch Vollbeschäftigung charakterisiert waren, die Zurückhaltung in der Investitionstätigkeit und der weitverbreitete Pessimismus über die künftigen wirtschaftlichen Expansionschancen haben sichtbar gemacht, daß der technische Fortschritt nicht in dem Umfang „machbar" ist, wie lange Zeit unbesehen unterstellt worden war.

Als weitere Herausforderung zwingt die durch das Schlagwort „Qualität des Lebens" charakterisierte Änderung in der Einstellung der Öffentlichkeit zur technischen Entwicklung in der Wirtschaft zur Auseinandersetzung mit dem Innovationsprozeß. Die Machbarkeitsvorstellung verleitet zusammen mit einer naiven Fortschrittsgläubigkeit zu der Sachzwangthese, wonach alles, was (technisch) neu ist, auch gut sein und deshalb realisiert werden müsse. In zunehmendem Maße ist neben dieses instrumentelle Element des Innovationsproblems, das neue Technologien als Instrument für wirtschaftliches Wachstum ansieht, auch ein evaluatives Element getreten[3]. Dieses evaluative Element besteht in der ins allgemeine Bewußtsein gedrungenen Fragestellung, welche Konsequenzen eine bestimmte neue Technologie außer für die den Innovationsprozeß aktiv gestaltenden Gruppierungen (z. B. Kapitaleigner des betreffenden Unternehmens) für die Verbraucher und die Bevölkerung im allgemeinen hat.

Hat die Innovationsforschung die ihr gestellte Aufgabe der Bereitstellung brauchbarer Hilfen zur Lösung der Fragen des langfristig Machbaren, der kurzfristigen Beseitigung von Hemmnissen gegen das Machbare sowie der sozialen Tolerierbarkeit des Machbaren bisher erfüllt? Die jüngste, diesem Problemkreis gewidmete Konferenz, die unter dem Generalthema „Technological Innovation" 1976 gemeinsam vom westdeutschen Bundesministerium für Forschung und Technologie und der amerikanischen National Science Foundation veranstaltet wurde zeigte, daß die Fragen keineswegs als gelöst angesehen werden können. In einem Bericht über diese Konferenz heißt es: „Von der Be-

[3] Vgl. Hetzler 1974, S. 100 ff.

reitstellung brauchbarer Hilfen für die politische und wirtschaftliche Praxis scheint die Innovationsforschung, auch die höher entwickelte amerikanische, noch weit entfernt zu sein ... Die meisten Studien kommen über recht allgemeine Selbstverständlichkeiten nicht hinaus[4]." Die Stichworte „industrielle Strukturpolitik, Ölkrise, veränderte weltwirtschaftliche Arbeitsteilung, Umweltschutz, multinationale Unternehmen, soziale Indikatoren, Qualität des Lebens, Technology Assessment stellten die junge Disziplin der Erforschung technologischer Innovationsprozesse vor Anforderungen, denen sie noch nicht gewachsen ist. Noch ehe also die Innovationsforschung zu einem eigenen Selbstverständnis finden und sich konsolidieren konnte, hatte sich ihr wirtschaftliches, gesellschaftliches und politisches Umfeld erheblich verändert, stand sie vor neuen Herausforderungen und drängenden Erfolgserwartungen nicht zuletzt von der politischen Seite. Noch in statu nascendi befindlich, mußte das die Innovationsforschung überfordern, zumal die komplexe Problematik der qualitativen Wachstumssteuerung auch auf sie einstürzte. Noch bevor hinreichend Klarheit über die innovationsbeeinflussenden Faktoren geschaffen werden konnte, wurden überdies erste innovationspolitische Aktivitäten von staatlicher Seite entwickelt[5]."

Diese Überforderung der bisherigen Innovationsforschung zeichnete sich in dem Maße, in dem die genannten Probleme als Herausforderung an Staat, Wirtschaft und Wissenschaft ins Bewußtsein traten, bereits frühzeitig ab. Nach Vorüberlegungen, die bis ins Jahr 1970 zurückreichten, wurde deshalb Ende 1972 mit den Arbeiten an der vorliegenden Studie begonnen. Es war von Anfang an klar und wurde im Laufe der Arbeiten an dieser Studie eindringlich verdeutlicht, daß nur eine neue Sicht des Innovationsprozesses und dementsprechende neue methodische Konzepte, nicht aber eine bloße Weiterführung vorliegender Ansätze einen Fortschritt in der Innovationsforschung ermöglichen würden. Die Studie sollte (gemäß dem bei der Stiftung Volkswagenwerk eingereichten Finanzierungsantrag) „die Innovationsforschung aus ihrer methodischen Sackgasse und fachwissenschaftlichen Isolierung führen, Lücken der bisherigen Innovationsforschung schließen und damit der staatlichen Politik und den Innovatoren in wichtigen westlichen Industrieländern Entscheidungshilfen vermitteln".

Die methodische Neukonzeption der Innovationsforschung machte eine Analyse der bisherigen Ansätze und Ergebnisse erforderlich, die aufzeigen sollte, warum die Innovationsforschung den ihr gestellten Aufgaben nicht gerecht werden konnte. Auf das Resultat dieser Analyse wird nachstehend eingegangen.

---

4 O. Verf. 1976, S. 7.

5 Bieneck 1976, S. 9.

2.2 Methodische Schwächen der bisherigen Innovationsforschung

Studien, die den Prozeß der Erforschung, Entwicklung und Anwendung von Technologien[6] zum Gegenstand haben, weisen insgesamt eine Reihe von methodischen Schwächen auf; der Grundfehler, der auch durch die Vermeidung der übrigen Schwächen nicht geheilt werden kann, ist eine wissenschaftstheoretische Fehleinschätzung der Möglichkeiten sozialwissenschaftlicher Forschung. Dies soll an einem Beispiel verdeutlicht werden.

Die Frage, ob große oder kleine Unternehmen für die technische Entwicklung in der Wirtschaft günstiger sind, wurde hartnäckig in einer unübersehbaren Anzahl von Untersuchungen gestellt. Sie ist jedoch in dieser Form wenig fruchtbar und führte deshalb auch zu widersprüchlichen Antworten[7]. Bei Fragestellungen dieser Art muß davon ausgegangen werden, daß etwaige Zusammenhänge zwischen den beiden Merkmalen — hier: Unternehmensgröße und technische Entwicklung (gemessen z. B. durch die Ausgaben für Forschung und Entwicklung) — in den untersuchten Fällen nicht durch andere Merkmale wie etwa Branche, Marktverhältnisse, Zielsetzung der Unternehmen, Verflechtungen der verschiedensten Art mit anderen Unternehmen etc. beeinflußt werden. Über die Zweckmäßigkeit dieser Annahme (der Gültigkeit der ceteris paribus-Klausel) für theoretische Überlegungen mag man zwar unterschiedlicher Ansicht sein, unmittelbar einsichtig ist jedoch, daß sie in aller Regel nicht der Realität entspricht. Die Widersprüchlichkeit der Ergebnisse der verschiedensten empirischen Untersuchungen zeigt, daß diese Annahme zumindest nicht in der erforderlichen Allgemeingültigkeit erfüllt ist, daß vielmehr Unterschiede zumindest zwischen einzelnen Untersuchungen bezüglich der als vernachlässigbar unterstellten Merkmale bestehen[8].

---

[6] Diese Definition der Innovation wird unten (Abschnitt 2.4) begründet. Sie wird hier wiedergegeben, um den Untersuchungsbereich abzugrenzen und — da der Begriff der Innovation in der Literatur nicht einheitlich verwendet wird — dadurch Mißverständnisse auszuschließen. Für die folgenden methodischen Ausführungen muß auf den Innovationsbegriff hier nicht weiter eingegangen werden.

[7] Vgl. hierzu die neueste Literaturanalyse Jüttner-Kramny 1975. Vgl. auch Ifo 1976.

[8] Das Fazit Jüttner-Kramnys über die solchen Aussagen zugrundeliegenden Analysen lautet: „Die Frage, welche Aussagekraft Global-Analysen überhaupt haben, kann aus der Literatur nur so beantwortet werden: Im Endeffekt wird man immer nur sagen können, daß man generell nichts sagen kann. Eine Generalisierung des Problems ist nicht möglich, sie ist auch nicht sinnvoll, da sie das verdeckt, was sie gerade aufdecken soll: den Zusammenhang von Unternehmensgröße und F+E“ (Jüttner-Kramny 1975, S. 190). Sie fordert deshalb Branchenstudien; diese hätten den Vorteil, daß ein schematisches, getrenntes Auswerten von einzelnen Einflußfaktoren verhindert wird und eine Untersuchung verschiedener Einflußfaktoren (Unternehmensgröße,

Da der Einfluß dieser vernachlässigten Merkmale auf den Zusammenhang zwischen den untersuchten Merkmalen nicht bekannt ist, dürften, um solche Widersprüchlichkeiten zu vermeiden, nur homogene Einheiten in die Untersuchungen einbezogen werden, also solche Einheiten (z. B. Unternehmen), die sich nicht nach Branche, Marktverhältnisse, Zielsetzung etc. voneinander unterscheiden. Diese Forderung ist im allgemeinen jedoch nicht erfüllbar, da jede Untersuchungseinheit ihre individuellen Merkmalsausprägungen aufweist. Deshalb sind generalisierende Aussagen über Zusammenhänge zwischen zwei oder einigen wenigen Merkmalen bei Untersuchungseinheiten, die darüber hinaus weitere Merkmalsausprägungen aufweisen, nicht möglich[9]. Im speziellen Fall: „Jede innovierende Einheit ist sehr eng mit ihrer spezifischen Umgebung verflochten. Eine allgemeine Theorie der Innovation kann es daher nicht geben. Erst eine große Differenzierung führt weiter. Dazu fehlen jedoch noch die methodischen Werkzeuge[10].“ Gerade um deren Bereitstellung und Erprobung geht es in dieser Untersuchung.

Als Ausgangspunkt für solche methodische Überlegungen ist festzuhalten, daß es eine allgemeine Theorie der Innovation, die alle in der Realität vorkommenden Innovationsprozesse beschreibt und erklärt, nicht gibt und wahrscheinlich nicht geben wird, auch nicht für Spezialprobleme wie etwa die Frage nach der Abhängigkeit der technischen Entwicklung von der Größe der Unternehmen. Ganz gleich, welche Forschungsmethode auch immer angewandt wird, das Resultat wird jeweils nur für Ausschnitte aus der Realität Gültigkeit haben. In den Sozialwissenschaften ist die Suche nach Gesetzen im Sinne von universal gültigen Aussagen (All-Aussagen) deshalb verfehlt, weil sie stets relativ leicht und schnell falsifiziert werden können, indem sich Fälle aufzeigen lassen, die durch die betreffende Aussage nicht beschrieben oder erklärt werden[11].

Es wäre nun aber verfehlt, hieraus den Schluß zu ziehen, das Streben nach generalisierenden Aussagen sei ein vergebliches Unterfangen und

---

Konzentrationsgrad, Nachfrage, Management) „in einem Guß“ erfolgt (Jüttner-Kramny 1975, S. 194).

[9] Auch der Glaube an den methodischen Trick der Partial-Analyse, der darin besteht, eine komplexe Untersuchungseinheit, wie etwa ein Unternehmen, in eine Vielzahl von Teilbereichen aufzulösen und nur den Zusammenhang weniger Merkmale unter Annahme der Konstanz aller anderen Merkmale bei alternierenden Konstellationen der relevanten bzw. als irrelevant unterstellten Merkmale zu untersuchen, führt nur zu einem Zirkelschluß. Denn, um den Einfluß eines Merkmals als konstant oder als irrelevant ansehen zu können, müßte erst bekannt sein, ob und wie dieses Merkmal wirkt. Dies wiederum ist nicht ohne die ceteris-paribus-Klausel bezüglich der übrigen Merkmale bestimmbar; usw.

[10] O. Verf. 1976, S. 7.

[11] Vgl. zum Problem der „Bewährung“ von Aussagen Popper 1966, Abschnitt 15.

jeder Einzelfall sei eine unvergleichbare Singularität. Die Spannbreite der Ähnlichkeit und damit Vergleichbarkeit einzelner Fälle untereinander reicht von der irrealen Vorstellung der Identität von Fällen über verschiedene Grade von Ähnlichkeit bis zum vollständigen Entgegengesetztsein. Entscheidend ist es also, welche Ansprüche man bei Vergleichen an das Ausmaß an Ähnlichkeit und damit an den erreichbaren Aussageinhalt stellt. Hier muß man sich für einen Mittelweg zwischen zwei extremen Forschungsstrategien entscheiden.

Die auf Generalisierung gerichtete Forschungsstrategie der Innovationsforschung erweist sich als problematisch, da ihre Resultate wegen der jeweils nicht berücksichtigten Merkmale mit der behaupteten Allgemeingültigkeit nicht zutreffen und sich deshalb bei der Beschreibung und Erklärung von Fällen mit anderen Merkmalskonstellationen nicht bewähren können[12]. Aber auch das andere Extrem einer resignierenden Beschränkung auf die intensive Analyse von Einzelfällen, also Fallstudien, ist nur von sehr geringem Nutzen. So interessant Serien von Fallstudien — über Innovationsprozesse in räumlich, zeitlich und durch zahlreiche weitere Merkmale abgegrenzten Bereichen — für den beispielsweise an den Besonderheiten des Marktes für eine bestimmte Technologie Interessierten auch immer sein mögen[13], sind sie eben wegen dieser Singularität nicht geeignet für Aussagen, die auf andere (insbesondere künftige) Innovationsfälle mit ausreichender Gültigkeit übertragbar wären. Auch der Wunsch, aus zahlreichen Fallstudien Regelmäßigkeiten im Innovationsprozeß zu erkennen, muß also — selbst wenn diese Fallstudien nach einem einheitlichen methodischen Konzept durchgeführt werden — daran scheitern, daß die Voraussetzung einer für die Generalisierung der Aussagen erforderlichen ausreichenden Homogenität der Innovationsfälle in der Realität nicht gegeben ist.

Der hier verfolgte Mittelweg zwischen diesen beiden Forschungsstrategien, nämlich zwischen der Analyse des Zusammenhangs von nur wenigen (meist nur zwei) Merkmalen bei zahlreichen Innovationsfällen und der Beschreibung von Einzelfällen anhand zahlreicher Merkmale, kann nur in einer typologischen Vorgehensweise bestehen. Dies bedeutet eine Zusammenhangs-Analyse zahlreicher Merkmale bei Gruppen von ausreichend vielen und untereinander ausreichend ähnlichen Innovationsfällen.

---

[12] Die Allgemeinheit und damit der Informationsgehalt der mit Hilfe der ceteris paribus-Klausel gewonnenen Aussagen ist null, weil durch diese Klausel der Anwendungsbereich auf Null eingeengt wird; die cetera bleiben eben nicht paria (vgl. Clever 1973, S. 138).

[13] Vgl. z. B. die geradezu als historiographisch anzusprechenden Untersuchungen Traces (IIT Research Institute) sowie Nabseth/Ray 1974, die jeweils zahlreiche Fallstudien enthalten.

Wie bereits angedeutet, bestand diese Einsicht nicht in dieser Klarheit vom Beginn des Projektes an. Vielmehr wurde zunächst das Hauptgewicht der Auswertungen des über 218 Innovationsfälle erhobenen empirischen Materials in konventioneller Weise auf hypothesengesteuerte bivariate Tests (Kontingenztests) gelegt. Da die Untersuchung — wie noch zu begründen sein wird — von vornherein mit sehr umfassenden Fragestellungen angelegt worden war, bestanden bei 274 Variablen, über die aus den 218 Fällen Informationen vorlagen (ohne Wiederholung), rund 37 400 Kombinationsmöglichkeiten zweier Variablen (z. B. Unternehmensgröße und Zweck der Beschäftigung mit einer Technologie). Das bedeutete, daß nur ein hypothesengesteuertes Vorgehen möglich war. Deshalb mußte vorab die Zahl der (einem Kontingenztest zu unterziehenden) Kombinationen von Variablen nach theoretisch vermuteten Zusammenhängen drastisch reduziert werden. Immerhin wurden noch mehr als 2000 bivariate Auswertungen vorgenommen. Um aus dieser Vielzahl von in Form von Kreuztabellierungen anfallenden Ergebnissen über den Zusammenhang jeweils zweier Variablen eine überschaubare Anzahl von Ergebnissen zu erhalten war es angebracht, an die Sicherung der Ergebnisse gegen zufälliges Zustandekommen relativ hohe Anforderungen zu stellen. Es wurden deshalb im allgemeinen nur solche Zusammenhänge zwischen zwei Variablen betrachtet, die mit einer Wahrscheinlichkeit von mindestens 90 % gegen zufälliges Zustandekommen gesichert sind, bei denen also die sogenannte Nullhypothese (es besteht kein Zusammenhang) mit eben diesem Wahrscheinlichkeitsgrad zurückgewiesen werden kann. Prüfgröße hierfür war die Pearsonsche Maßzahl Chi-Quadrat.

Das Resultat dieser hypothesengesteuerten Vorgehensweise war ein Sammelsurium statistisch gesicherter Zusammenhänge zwischen jeweils zwei Variablen. Dadurch wurden zwar zahlreiche Details des Gesamtprozesses der Innovation facettenartig deutlich, aber es ließ sich in keiner Weise ein Gesamtbild bzw. ein Gesamteindruck über den typischen Ablauf dieses Gesamtprozesses und seiner Abweichungen gewinnen. Diese Schwäche eines lehrbuchgemäßen Versuches, ein dafür viel zu komplexes und umfangreiches Forschungsgebiet in Einzelbeziehungen aufzulösen, führte zu einem unbefriedigenden Nebeneinander fragmentarischer Einsichten. Aus diesen Fragmenten ein Gesamtbild zu gewinnen und die Detailerkenntnisse dort sinnvoll einzuordnen war nicht möglich. Auf die Darstellung dieser Ergebnisse — die trotz der hohen statistischen Sicherung wegen der Heterogenität der Fälle tendenziell irreführend wären — wird deshalb hier verzichtet.

2.3 Typenbildung als neuer Ansatz der Innovationsforschung

Differenzierung der Aussagen über Innovationsprozesse bedeutet eine Ordnung der Erscheinungsformen dieser Vorgänge. Dafür stehen grundsätzlich zwei Möglichkeiten zur Verfügung: Klassifikation und Typenbildung[14]. Klassifikation würde zu einer zwingenden Gliederung anhand kategorischer Merkmale führen, ähnlich den Klassifikationen (Systemen) in der Botanik (Linné) oder in der Chemie (periodisches System der Elemente). Solche Klassifikationen zielen auf Vollständigkeit und sollen die Möglichkeit schaffen, alle denkbaren Erscheinungsformen nach möglichst wenig Unterteilungsgesichtspunkten zu sehen und voneinander abzuheben. Dabei müßte eine Hierarchie und damit Gewichtung der Unterteilungsgesichtspunkte zugrundegelegt werden (z. B. Einteilung der Innovationsfälle zunächst nach der Art der Technologie, dann nach der Größe der Unternehmen, in der der Innovationsprozeß abläuft, dann nach deren Branchenzugehörigkeit, dann nach deren Konkurrenzsituation etc.). Die Zweckmäßigkeit der zahllosen denkbaren Gewichtungsschemata läßt sich jedoch erst beurteilen, wenn man bereits sehr viel über den Untersuchungsgegenstand, nämlich über den Innovationsprozeß weiß. Da dies jedoch zur Zeit nicht der Fall ist, kann man eine solche Klassifikation nur als Fernziel betrachten.

Damit bleibt nur die Typenbildung, also die Erfassung bedeutender Merkmalsausprägungen realer Innovationsprozesse. Hierzu sind charakteristische sachbezogene Merkmale erforderlich, die untereinander im gleichen Rang stehen, also keine Hierarchie der Merkmale erfordern. Der Typenbildung muß deshalb ein Katalog der jeweils interessierenden und die Typen charakterisierenden Merkmale vorangestellt werden. Ein solcher Merkmalskatalog bildet ein Fragenraster[15], mit dem die beobachteten Innovationsfälle den gebildeten Typen zugeordnet werden können. Der Merkmalskatalog ist zwar theoretisch in seinem Umfang unbegrenzt, darf aber zweckmäßigerweise ein überschaubares Ausmaß nicht überschreiten. Die Auswahl der Merkmale, durch die ein Typ konstituiert werden kann, ist dabei notwendigerweise ein subjektiver Vorgang, d. h. besteht in einem Ausscheiden denkbarer Merkmale, die man für weniger charakteristisch und bedeutsam hält, zugunsten derjenigen Merkmale, die man als interessant und vorrangig einschätzt.

Wie noch zu zeigen sein wird, wird dieses Vorgehen so weit wie möglich systematisiert durch die Aufstellung eines Bezugsrahmens für die ausgewählten Merkmale. Dabei wurden für eine empirische Untersu-

---

[14] Vgl. Schäfer 1969, S. 12 ff.

[15] Vgl. Weisser 1965, S. 275.

chung von Innovationsfällen zunächst über 300 Merkmale (oder Antwortkategorien auf entsprechende Fragen an das Management der Unternehmen) zusammengestellt, von denen vermutet werden kann, daß sie den Innovationsprozeß kennzeichnen. Aus diesem Katalog lassen sich 274 Merkmale als Variable für eine erste Grundauszählung der erhobenen Daten über die Innovationsfälle verwenden. Auf Grund der Ergebnisse dieser (in Abschnitt 4.1 dargestellten) Auszählung der Häufigkeit der einzelnen Merkmale wird eine Reduzierung auf 74 als besonders kennzeichnend erachtete Merkmale (Variablen) vorgenommen. Diese Palette von Kennzeichnungen für die untersuchten Innovationsfälle ist jedoch immer noch zu umfangreich, um anschaulich sein zu können. Die Hoffnung, in einer sogenannten Faktoren-Analyse mittels eines Rechenprogramms Zusammenhänge (latente Interkorrelationen) zwischen diesen 74 Variablen aufzuzeigen und dadurch wenige zusammenhängende Variablenkomplexe (Faktoren) zu identifizieren, erfüllte sich nur teilweise. Deswegen wurden teils auf Grund der Faktoren-Analyse, teils auf Grund von Vorstellungen, die in einer Wechselwirkung mit den Überlegungen zu dem erwähnten Bezugsrahmen der Merkmale stehen[16], zwanzig Variablenkomplexe (Merkmalsbündel) gebildet. Diese sind:

Innovationsart
Initiator
Unternehmensgröße
Branche
Land
Besitzverhältnisse
Innovationspolitik
Technologieorientierung
Planung
Technologische Konkurrenzlage
Art und Ort von F und E
Aufgabenverteilung
Rollenausfüllung
Zielsetzung
Kontrolle der Lösungssuche
Strategie der Lösungssuche
Entscheidungsfindung
Wissensweitergabe
Einflußfaktoren der Entscheidung
Beteiligung Dritter.

Aus diesen zwanzig Merkmalsbündeln lassen sich Typen von Innovationsprozessen konstituieren, die sich voneinander durch die Ausprägung der Merkmalsbündel unterscheiden. Nach Möglichkeit handelt es sich dabei um gegensätzliche (kontradiktorische bzw. dichotome) Merk-

[16] Wechselweises Überwiegen von theoretischer und empirischer Arbeit war während der ganzen Laufzeit des Projekts kennzeichnend.

malsausprägungen wie z. B. aggressives oder konservatives Verhalten der Unternehmen bezüglich neuer Technologien (Technologienorientierung), in einigen Fällen auch um polytome Merkmalsausprägungen wie kleine, mittlere oder große Unternehmen. Insgesamt werden 52 unterschiedliche Ausprägungen der zwanzig Variablenkomplexe unterschieden, so daß theoretisch über siebzig Millionen Kombinationsmöglichkeiten der Merkmalsausprägungen bestehen. Jede dieser Möglichkeiten ließe sich bereits als einen Typ verstehen, der sich von allen anderen unterscheidet. Das Ergebnis wäre eine Morphologie, eine Zusammenstellung aller anhand der Ausprägung von zwanzig Merkmalsbündel definierbaren Innovationsfälle. Selbstverständlich ist ein solcher Ansatz praktisch nicht realisierbar.

Die Typenbildung darf deshalb nicht bei der bloßen Beschreibung, d. h. Einordnung der empirisch beobachteten Innovationsfälle anhand der zwanzig Merkmalsbündel stehenbleiben, sondern muß versuchen, Typen aus dem empirischen Material herauszuarbeiten, die sich bei einer überschaubaren Anzahl von Merkmalsbündeln deutlich voneinander unterscheiden, d. h. sie muß extreme Ausprägungen des Innovationsprozesses einander gegenüberstellen. Dies bedeutet einen typologischen Vergleich der 218 untersuchten Innovationsfälle, wobei einander ähnliche Fälle jeweils zu einem Typ zusammengefaßt werden.

Die Zusammenfassung von Innovationsfällen nach ihrer Ähnlichkeit bedeutet zwar einen Verzicht auf Eindeutigkeit in der Zuordnung zu den einzelnen Typen, ermöglicht es aber andererseits erst, mehrere Merkmale bei der Typenbildung zu berücksichtigen. Dies ist ein Vorteil gegenüber den bisher in der Innovationsforschung entwickelten eindimensionalen Typologien. Ein Beispiel hierfür sind die „Adopter Categories", die gemäß der verflossenen Zeitspanne zwischen der Einführung und der Übernahme einer neuen Technologie gebildet werden. Die Beschreibung von fünf solcher idealtypisch unterschiedenen Adopter Categories durch Rogers und Shoemaker[17] zeigt, daß die Typenbildung nach nur einem Merkmal (Zeit) erfolgt und daß die übrigen Attribute der Typen (Persönlichkeitsmerkmale wie Risikobereitschaft, kosmopolitische Einstellung) zu Erklärungsversuchen für die zeitlichen Unterschiede in der Übernahme neuer Technologien dienen. Diese Eindimensionalität bei der Typenbildung gilt auch für die organisationstheoretische Innovationsforschung. Dort werden Strukturmerkmale wie Bürokratisierungsgrad oder Organisationsgröße zur Typenbildung verwendet. Nur ansatzweise wird versucht, mehrere Merkmale gleichzeitig wie etwa Zeitpunkt der Übernahme, Persönlichkeits-

[17] Vgl. Rogers/Shoemaker 1971, S. 174 ff. Sie unterschieden nach dem zeitlichen Diffusionsaspekt: Innovators, Early Adopters, Early Majority, Late Majority, Laggards.

struktur der Adoptoren und Risikograd der Technologie heranzuziehen[18].

Der mangelnde Informationsgehalt solcher eindimensionaler Typologien einerseits und andererseits die Schwierigkeit, plausible und spezifizierte Hypothesen über den Zusammenhang von Merkmalen bei den einzelnen Typen zu formulieren, sprechen dafür, die Typenbildung mit einer möglichst geringen Vorleistung an Theorie vorzunehmen. Deshalb wird in diesem Projekt die Bildung von Typen nicht nach theoretischen Gesichtspunkten, sondern durch ein multivariates Analyseverfahren (Profil-Cluster-Analyse) vorgenommen, das die 218 untersuchten Innovationsfälle nach der Ähnlichkeit ihrer Merkmalsausprägungen bei 42 Variablen[19], die aus den 74 auch bei der Faktoren-Analyse verwendeten Variablen ausgewählt wurden, in Gruppen (Cluster) zusammenfaßt. Durch dieses Analyseverfahren werden achtzehn Cluster gebildet, von denen die elf größten, d. h. aus mindestens elf und maximal 23 Innovationsfällen bestehenden Cluster, die insgesamt 82 % der 218 Fälle ausmachen[20], anschließend einer vergleichenden Untersuchung unterzogen werden. Die so gebildeten Cluster stellen Typen von Innovationsfällen dar, bei denen lediglich angenommen werden mußte, daß die in die Erhebung und in die Auswertung einbezogenen Variablen (Merkmale) für den Innovationsprozeß kennzeichnende Sachverhalte betreffen, daß sie also in einem Begründungszusammenhang („context of justification") stehen. Der Zweck dieser Studie liegt damit in der Beschreibung (eines Ausschnitts) der Realität, nicht in deren Erklärung. Mit dieser Beschränkung auf die Beschreibung der Realität wird die Konsequenz daraus gezogen, daß die Innovationsforschung bisher vorschnell, d. h. ohne ausreichende Einsicht in die Vielfalt der Realität generalisierende und damit möglicherweise irreführende Schlußfolgerungen gezogen hat. Der Stellenwert eines solchen Ansatzes im Bereich theoretischer Aktivitäten soll anhand des Zetterberg-Schemas aufgezeigt werden. Es unterscheidet[21]:

---

[18] Vgl. Becker 1971. — Eine Übersicht über die Typologien der organisationstheoretischen Innovationsforschung findet sich in Kapitel 5 des ersten Bandes des Endberichts.

[19] Die Begründung dieser Reduzierung auf 42 Variable findet sich in Abschnitt 3.2.3.

[20] Die übrigen sieben Cluster, die jeweils drei bis acht Fälle umfassen, stellen extreme Typen dar, die von den elf näher behandelten Typen stark abweichen. Wegen der geringen Anzahl der in ihnen enthaltenen Fällen werden sie nicht analysiert. Da die Grundergebnisse der Profil-Cluster-Analyse aber auch für diese sieben Cluster in Abschnitt 3.2.3 angegeben werden, ist eine nähere Untersuchung auch dieser Typen möglich.

[21] Vgl. Zetterberg 1962, S. 67. Hier leicht geändert.

	Theoretische Aktivitäten	
	Dimensionale Analyse (Beschreibung)	Modellkonstruktion (Erklärung)
Forschungsgegenstand	Dimensionen (Merkmale)	Gesetze
Typische Satzform	x = f (a, b, ...)	Wenn x, dann y
Bezeichnung der Sätze	Definition	Thesen
Anwendung der Sätze auf neue Gegenstände	Diagnose	Erklärung
Ergebnis	Deskriptions-Schema (Taxonomie)	Modell (Theorie)
Empirische Forschungstätigkeit	Beschreibende Studie	Erklärende Studie

Dieses Schema geht von dem Grundgedanken aus, daß einer Erklärung der Wirklichkeit die Beschreibung der Wirklichkeit vorausgehen muß. Diese Beschreibung geschieht anhand von Merkmalen, deren Zusammenhang zwar dargestellt, aber noch nicht erklärt wird. Es handelt sich also um eine Diagnose und nicht eine Erklärung der Wirklichkeit. Die Trennung von dimensionaler Analyse und Modellkonstruktion ist analytisch, die praktische Forschungsarbeit besteht jedoch in einem Wechselspiel von Beschreibung im Sinne einer Sammlung von Kenntnissen über die Realität und Erklärungsversuch. Je nach dem erreichten Erkenntnisstand wird aber die eine oder die andere Aktivität überwiegen. In dieser Studie liegt das Schwergewicht auf der Erfassung der Merkmalsausprägungen des Innovationsprozesses, wobei die Merkmale (Dimensionen) durch Definitionen festgelegt werden. Das Ergebnis ist eine Beschreibung empirisch vorgefundener typischer Merkmalskonstellationen, also von Innovationstypen.

Aufbauend auf der Kenntnis der Merkmalsausprägungen der häufiger vorkommenden Typen, die durch weitere typologische Forschung gewonnen werden muß und zu einer Morphologie des Innovationsprozesses führt, können dann Erklärungsversuche für die Merkmalsausprägungen und den Grund ihres Zusammenhangs untereinander erfolgen. Dies kann geschehen, indem man die Typen jeweils zu einem Modell erweitert, zu einem System untereinander verbundener Thesen über den Zusammenhang der Merkmalsausprägungen der Typen. Dieses System von Thesen muß dann an der Realität überprüft werden. Das Ergebnis dieser künftigen, auf einer Typologie aufbauenden Innovationsforschung ist ein System von Aussagen, das in der von kritischen Überblicken über den Stand der heutigen Innovationsforschung geforderten Weise differenziert und eine genügende Wirklichkeitsnähe der Aussagen ermöglicht. Da die Typen durch die (unterschiedlichen)

Ausprägungen einheitlicher Merkmale definiert werden, sind die Aussagen über die einzelnen Typen unmittelbar miteinander vergleichbar.

In dieser Studie geht es darum, den dafür erforderlichen typologischen Ansatz zu entwickeln, auf seine Tragfähigkeit zu überprüfen und erste theoretische Schlußfolgerungen aus den in der Realität vorgefundenen Innovationstypen zu ziehen. Voraussetzung für dieses Ziel ist die Aufstellung eines Bezugsrahmens für die zu definierenden Merkmale des Innovationsprozesses. Zuerst gilt es allerdings, den Gegenstand dieses Bezugsrahmens, nämlich die Innovation, näher zu definieren.

2.4 Der Begriff der Innovation

Das Interesse der Sozialwissenschaften gilt zur Zeit vor allem kognitiven Innovationen, also der Entstehung und Übertragung neuer Ideen.

Kognitive Innovationen sind auf allen Wissensgebieten möglich. Hier interessieren nur diejenigen, die technisches Wissen, d. h. Technologien betreffen. Technologie sei hierbei definiert als das Wissen über die Eigenschaften und Einsatzbedingungen einer Technik. Von einer technologischen Innovation ließe sich demnach bereits dann sprechen, wenn der Bestand an technischem Wissen bei mindestens einem Individuum zunimmt. Unter den Gesichtspunkten, unter denen die Erforschung technologischer Innovationen in der Wirtschaft gegenwärtig betrieben wird, ist es jedoch zweckmäßig, nicht nur auf den Zuwachs an Wissen abzustellen. Interessiert man sich nämlich für die Schwachstellen bei der Umsetzung von wissenschaftlichen Erkenntnissen in eine in der Wirtschaft angewandte Technik sowie für die Konsequenzen solcher Umsetzungsprozesse für den einzelnen, für soziale Gruppierungen und für die ökologische Situation, so kommt es nicht nur auf diesen Zugang sondern auch auf den Prozeß der Kreierung dieses Wissens sowie auf die aus dem zusätzlichen Wissen eventuell abgeleiteten Handlungen an. Deshalb wird die Innovation als ein Gesamtprozeß aufgefaßt[22].

Unter einer Innovation soll hier der gesamte Prozeß der Erforschung, Entwicklung und Anwendung einer Technologie verstanden werden. Dieser Prozeß besteht definitionsgemäß also aus mehreren logisch aufeinanderfolgenden Phasen (Subprozessen), die sich analytisch unterscheiden lassen.

Die Kombination der Definition von Innovation und Technologie führt demnach zu der Festlegung, daß unter einer

---

[22] Myers/Marquis 1969, S. 1, nennen die Innovation demgemäß eine „complex activity“.

— Innovation der Prozeß der Erforschung, Entwicklung und Anwendung eines Wissens über die Eigenschaften und Einsatzbedingungen einer Technik

verstanden wird[23].

Durch diese Definition der Innovation werden nicht nur erfolgreiche, d. h. als Technik angewandte Technologien zum Untersuchungsgegenstand sondern auch solche, bei denen sich, z. B. in der Entwicklungsphase, herausgestellt hat, daß sie aus wissenschaftlich-technischen Gründen nicht oder zumindest zur Zeit nicht realisierbar sind. Auch eine erfolglose Beschäftigung mit einer Technologie vermehrt letztendlich das Wissen über sie und ist deshalb als Teil des Innovationsprozesses anzusehen[24].

Regelmäßig sind mehrere Personen an einem Innovationsprozeß beteiligt, so daß auch der soziale Charakter des Prozesses[25] durch diese Definition erfaßt werden kann. Schließlich wurde durch diese Definition festgelegt, daß die Innovation einen technologischen Prozeß darstellt, der auf die Erzielung von Forschungs-, Entwicklungs- und Anwendungsergebnissen gerichtet ist.

Forschung, Entwicklung und Anwendung lassen sich in jeweils zwei Phasen weiter untergliedern, nämlich in die innovativen Tätigkeiten: Grundlagenforschung, angewandte Forschung, technische Entwicklung, Anwendungsentwicklung, Produktion und Anwendung oder Verbrauch. Das unmittelbare Ergebnis jeder dieser sechs sachlogisch aufeinanderfolgenden Subprozesse stellt — als Primärergebnis — den Output der innovativen Tätigkeiten dar, der jeweils die Grundlage für die nachfolgende innovative Tätigkeit abgibt.

Rollt man die Finalkette vom Anfang her auf, so ist der Zweck des sachlogisch ersten Subprozesses der Innovation die Gewinnung neuer

[23] Die Innovation wird in der Literatur, vor allem in der ökonomischen, nicht immer so umfassend definiert. Vielfach unterscheidet man die Innovation, dann definiert als erstmalige Anwendung, von anderen Phasen wie Invention, Diffusion, Imitation, Adoption. Beispielsweise arbeitet die OECD mit der Dreiteilung Invention, Innovation und Diffusion (vgl. OECD 1971). Eine im Ifo-Institut 1970 durchgeführte Tagung zeigte jedoch die Zweckmäßigkeit einer umfassenderen Betrachtung (vgl. Ifo 1970 b). Die Erstinnovation ist zwar vom Standpunkt des innovierenden Individuums wesentlich anders zu beurteilen als etwa die bloße Imitation durch einen Nachzügler in einer bereits lange laufenden Diffusionsphase, doch ist die Erstinnovation vom Standpunkt des Gesamtprozesses im hier definierten Umfang nicht so dominierend, daß der Innovationsbegriff hierfür reserviert werden sollte.

[24] Abgesehen davon, daß oft nicht vorhergesagt werden kann, ob eine erneute, spätere Beschäftigung mit einer Technologie nicht doch noch zu einem Erfolg führt, stellt jede Einengung des Raums, in dem eine Lösung für technologische Probleme gesucht werden kann, eine Reduktion von Denk-Möglichkeiten und damit einen Wissenszuwachs dar.

[25] Langrish et al. schreiben lapidar: „Innovation is almost by definition a corporate and collaborative effort ...“ (vgl. Langrish et al. 1972, S. 14).

wissenschaftlicher Erkenntnisse[26]. Die darauf hinwirkende Tätigkeit läßt sich als Grundlagenforschung bezeichnen. Im folgenden Subprozeß werden aus neuen wissenschaftlichen Erkenntnissen durch angewandte Forschung neue entwicklungsreife Erkenntnisse[27].

Forschungsergebnisse lassen sich auch als wissenschaftlicher Fortschritt bezeichnen. Je nachdem, ob neue wissenschaftliche oder neue entwicklungsreife Erkenntnisse vorliegen, handelt es sich um einen wissenschaftlichen Fortschritt in der Grundlagen- oder in der angewandten Forschung.

Entwicklungsreife Erkenntnisse dienen in der folgenden Phase der Innovation dem Zweck, einen anwendungsreifen Prototyp der neuen Technik zu entwickeln[28]. Dabei sind wiederum zwei Subprozesse der Innovation zu unterscheiden. Zunächst wird durch technische Entwicklung ein technischer Prototyp[29] geschaffen. Ebenso wie aus einer neuen wissenschaftlichen Erkenntnis mehrere anwendungsreife Erkenntnisse gewonnen werden können, ist es möglich, aus einer entwicklungsreifen Erkenntnis mehrere Prototypen zu entwickeln.

Ein technischer Prototyp ist im allgemeinen noch nicht anwendungsreif. Deshalb muß durch den Subprozeß Anwendungsentwicklung ein anwendungsreifer Prototyp geschaffen werden. Hierbei handelt es sich sowohl um die gegebenenfalls erforderliche Entwicklung zur Serien-

---

[26] Neu für den jeweils untersuchten zeitlichen und räumlichen Bereich. Parallelforschung in räumlich und zeitlich unterschiedlichen Bereichen wird dadurch nicht ausgeschlossen.

[27] Diese Unterscheidung der Subprozesse der Grundlagen- und angewandten Forschung weicht von den z. B. in der Forschungs- und Entwicklungsstatistik der OECD-Länder verwendeten Definition ab. Dort wird als Unterscheidungsmerkmal zwischen Grundlagen- und angewandter Forschung (die beide als auf die Gewinnung neuer wissenschaftlicher Erkenntnisse gerichtet gelten) das Vorliegen einer „vornehmlich spezifisch praktischen" Zielsetzung durch die forschende Organisation oder Einrichtung bezeichnet (vgl. Stifterverband 1971, S. 11). Hier wird dagegen nicht auf die Zielsetzung des Forschers abgestellt, sondern darauf, ob die Erkenntnisse einen Zuwachs an Interpretationsmöglichkeiten der Realität bedeuten, also phänomen- oder effektorientiert sind, oder ob sie neue Möglichkeiten der Gestaltung der Realität durch die Anwendung hinreichend bekannter Phänomene oder Effekte aufzeigen (dabei geht sachlogisch die Interpretation der Gestaltung voraus). Unterscheidungsmerkmal ist also die Nähe zur Anwendung der neuen Technik.

[28] In praxi wird eine Technik oft entwickelt und sogar angewandt, bevor alle wissenschaftlichen Fragen gelöst sind. Für den Innovationsprozeß kommt es jedoch weniger auf die Kenntnis an, warum etwas „geht", als vielmehr darauf, daß es „geht".

[29] Ein Prototyp ist ein Grundmodell (eventuell in verkleinertem Maßstab), das die wesentlichen technischen Merkmale des geplanten Produkts aufweist; auch die erfolgreiche Versuchsproduktion nach einem neuen Produktionsverfahren (z. B. ein Labormuster) soll als Prototyp bezeichnet werden. Ein Prototyp liegt demnach vor, wenn die neue Technik für die Techniker befriedigend „steht" (vgl. auch Stifterverband 1971, S. 17; dort teilweise abweichende Terminologie).

reife als auch um ein an den Bedürfnissen der Anwender orientiertes Design. Das in diesen beiden Entwicklungsphasen anfallende Wissen wird als technologischer Fortschritt bezeichnet. Von der Definition der Innovation aus argumentiert liegt ein technischer Fortschritt dann vor, wenn eine technische Umstellung in der Produktion oder in der Anwendung / im Verbrauch erfolgt. Ein Innovator mit eigener Zielvorstellung wertet dagegen die technische Umstellung danach, wie sehr sie zur Erfüllung seiner eigenen Ziele beiträgt[30]. Je nach den zu dieser Wertung herangezogenen Kriterien läßt sich dann von einem technischen Fortschritt im ökonomischen, sozialen, politischen etc. Sinne, jeweils bezogen auf einen räumlich und zeitlich genau abgegrenzten Bereich, sprechen.

Die zeitliche Aufeinanderfolge der sechs eben vorgestellten Subprozesse braucht in konkreten Innovationsprozessen nicht dieser sachlogischen Gliederung zu entsprechen. So ist es etwa durchaus üblich, auch bei bereits auf dem Markt eingeführten Produkten oder geraume Zeit angewandten Verfahren (also bei bereits erfolgten technischen Umstellungen) an ihrer weiteren Verbesserung zu arbeiten und dabei z. B. Grundlagenforschung zu betreiben. Die sechs Subprozesse können sich also zeitlich überlappen und dadurch eine eindeutige Identifizierung erschweren. Für empirische Untersuchungen erweist sich eine solche Untergliederung des Innovationsprozesses teilweise als zu fein. Sie ist zwar hilfreich bei der Identifizierung und Einordnung innovativer Tätigkeiten, doch ist ihr bei der Analyse eine weniger starke Gliederung vorzuziehen.

Entscheidend für die durch innovative Tätigkeiten aufgeworfenen Probleme ist auch der Neuigkeitsgrad der zugrundeliegenden Technologie. Je neuartiger eine Technologie ist, desto größer sind tendenziell das technische und wirtschaftliche Erfolgsrisiko, die nötigen Aufwendungen für die Forschung und der Zeitraum, den der Innovationsprozeß erfordert. Wenn bis dahin nicht vorliegende Erkenntnisse aus der Forschung für sie nötig waren, also ein wissenschaftlicher Fortschritt erforderlich war, sei sie als Basisinnovation bezeichnet. Besteht die Technologie dagegen nur aus einer Entwicklung auf Grund bereits für andere Technologien genutzter Erkenntnisse, also lediglich aus einem technologischen oder technischen Fortschritt, sei sie als Routineinnovation bezeichnet. Basisinnovationen stellen die Wirtschaft tendenziell vor schwerwiegendere Probleme als Routineinnovationen, bei denen stärker auf vorhandenes Wissen zurückgegriffen werden kann.

In Abbildung 2 werden die vorstehend aufgeführten Definitionen schematisch dargestellt.

---

[30] Daneben gibt es eine „objektive“ Bewertung der Innovation und ihrer Ergebnisse, wie sie etwa bei den Versuchen, den technischen Fortschritt zu messen, erfolgt. Vgl. zu den dabei auftretenden Problemen Frohn et al. 1973.

Abbildung 2: Der Begriff der Innovation

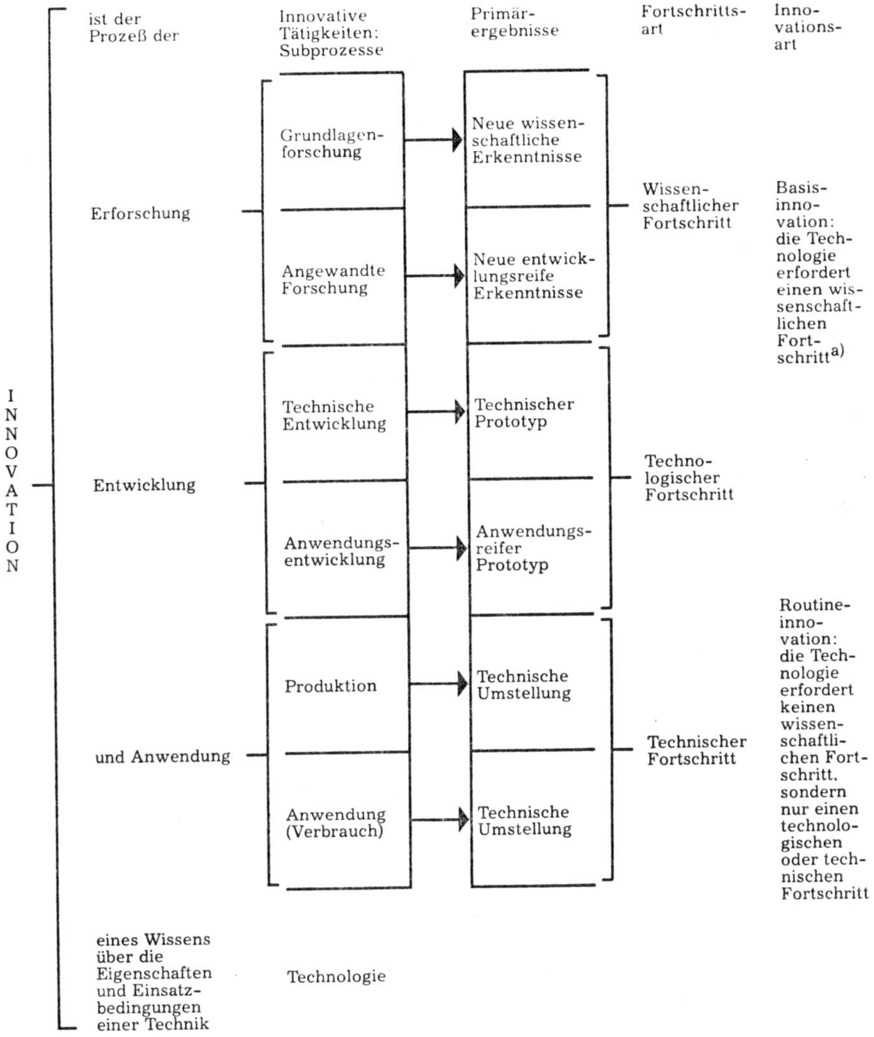

a) Ein technologischer und/oder technischer Fortschritt kann, muß aber nicht ebenfalls vorliegen.

2.5 Strukturierung des Untersuchungsgegenstandes

Wie der Stand der bisherigen Innovationsforschung zeigt, ist von ihr kein befriedigendes Resultat zu erwarten, wenn nicht die mit unterschiedlichen Interessenschwerpunkten durchgeführten Untersuchungen in einem theoretischen Bezugsrahmen integriert werden können. Auch eine typologische Forschung wäre ohne einen solchen „frame of reference" fruchtlos und würde nur zu einem Nebeneinander von nicht vergleichbaren Detailerkenntnissen führen. Deshalb muß dieser Studie ein Bezugsrahmen vorangestellt werden, der als Gestaltungshilfe dienen kann und der weit und flexibel genug ist, um auch die Ergebnisse anderer Untersuchungen einordnen zu können.

Ein solcher Bezugsrahmen muß diejenigen Begriffe enthalten, von denen vermutet werden kann, daß sie auch Bestandteil von Modellen sein könnten. Dafür genügt es, daß zwischen den in ihm enthaltenen Größen Zusammenhänge angenommen werden, ohne daß jedoch die Ausgestaltung dieser Zusammenhänge bereits bekannt sein muß. Dies zu erreichen ist die Aufgabe der auf den empirisch belegten Innovationstypen aufbauenden Modellkonstruktion.

Der Mangel an einem weiten Bezugsrahmen hat dazu geführt, daß die bisherige Innovationsforschung einerseits unidisziplinär vorgegangen ist und sich andererseits nur mit Teilaspekten beschäftigt hat. Der aufzustellende Bezugsrahmen muß deshalb diesen beiden Gesichtspunkten Rechnung tragen und interdisziplinär und umfassend sein. Ein bloßes Nebeneinander von Begriffen verschiedener Disziplinen genügt dabei jedoch nicht[31]. Nur eine Verknüpfung der von den einzelnen Fachwissenschaften jeweils in den Vordergrund gestellten Erkenntnisobjekte, Begriffe und Verfahren kann die Innovationsforschung aus dem unfruchtbaren Nebeneinander der Disziplinen führen. Eine umfassende Sicht des Innovationsprozesses erfordert eine umfassende Vorgehensweise. Wenn es deshalb darum geht, über das an den Interessen einzelner Fachwissenschaften ausgerichtete Identifizieren und Charakterisieren von Ausschnitten der totalen Realität hinauszugehen und wirklichkeitsnahe Einsichten in den Innovationsprozeß anzustreben, muß die fachwissenschaftliche Forschungsstrategie durch eine umfassende Betrachtungsweise ergänzt werden. Dies ist nur durch einen systemtheoretischen Ansatz möglich, der versucht, die wichtigsten miteinander in Wechselbeziehung stehenden Elemente zu berücksichtigen und dadurch eine Integration der undisziplinären Ansätze der Innova-

---

[31] Typisch für ein bloßes multidisziplinäres Nebeneinanderstellen einzelwissenschaftlicher Beiträge ist z. B. der Sammelband Innovationsforschung als multidisziplinäre Aufgabe. Beiträge zur Theorie und Wirklichkeit von Innovationen im 19. Jahrhundert (Pfetsch 1975), in dem Beiträge zahlreicher Disziplinen zusammenhanglos nacheinander aufgeführt sind.

tionsforschung herbeizuführen. Ohne eine echte Integration, also einen interdisziplinären Ansatz, würde auch eine Kombination von einzelwissenschaftlichen Aspekten und Verfahren nur wieder zu einem bloßen Nebeneinander, d. h. zu einem multidisziplinären Vorgehen führen[32].

Ein System ist eine Menge von Elementen, zwischen denen Beziehungen bestehen. Die Elemente können ihrerseits komplex strukturierte Systeme darstellen, deren interne Struktur jedoch nicht mehr betrachtet wird, sondern nur noch ihre Wirkung auf das betreffende System[33].

Ausgehend von dieser allgemeinen Systemdefinition soll das Innovationssystem als ein System verstanden werden, in dem Innovationsprozesse ablaufen. Die Wahl der Elemente eines Systems hat unter dem Gesichtspunkt der jeweils verfolgten Fragestellung zu geschehen. Da das Beziehungsgefüge eines allgemeinen Innovationssystems betrachtet werden soll, darf keine zu enge Beschränkung nach der Art der vorkommenden Elemente erfolgen. Insbesondere wäre es unzweckmäßig, wie in der soziologischen Innovationsforschung eine Beschränkung auf soziale Systeme vorzunehmen und nur Personen als Elemente zu betrachten. Deshalb werden für das System, in dem Innovationsprozesse ablaufen (Innovationssystem), zwei Arten von Elementen unterscheiden. Einmal sind dies die den Innovationsprozeß aktiv gestaltenden, handelnden Einheiten (Aktoren), d.h. Personen und Gruppen von Personen, deren Dispositionen den Innovationsprozeß beeinflussen. Die zweite Art von Elementen besteht aus „passiven" Elementen, d. h. aus den in der Ökonomie üblicherweise unterschiedenen Produktionsfaktoren Arbeit (ohne Aktoren), Kapital, Natur und Technologie sowie aus den Primärergebnissen, die aus der Kombination dieser Produktionsfaktoren entstehen. Das Innovationssystem stellt demnach ein System sozio-ökonomisch-technischer Elemente dar; in diesem System läuft der Prozeß der Erforschung, Entwicklung und Anwendung von Technologien ab.

---

32 Eine solche umfassende Betrachtungsweise kann freilich immer nur tendenziell erfolgen. Bei einer Integration ökonomischer und soziologischer Ansätze — wie sie hier vorgenommen werden soll — bleibt beispielsweise die psychologische Bestimmtheit der Innovation weitgehend außer Betracht. Das Zusammenspiel angeborener und soziokulturell geprägter Persönlichkeitsmerkmale mit situationsspezifischen Zielen und Tatbeständen muß dann als „black box" behandelt werden. Der Grund hierfür liegt einmal in der Notwendigkeit, den Umfang des vorliegenden Forschungsprojekts zu begrenzen, zum anderen aber auch in der Einsicht, daß der Fortschritt der Forschung nur schrittweise erfolgen kann, daß es zweckmäßig ist, nur in mehreren „Ausbaustufen" zu einem allumfassenden Ansatz vorzustoßen. Wie unten zu zeigen sein wird, muß jedoch eine künftige Innovationsforschung verstärkt perzeptionstheoretische Aspekte verfolgen. Vgl. zum Stand der psychologischen Erforschung des Einflusses der Persönlichkeit auf Innovationen den ersten Band der Veröffentlichung über dieses Projekt.

33 Vgl. zur hierarchischen Struktur sozialer Systeme Johnson et al. 1967.

Der Bezugsrahmen des Innovationssystems besteht somit aus einer Anzahl von theoretischen Begriffen, mit denen die Elemente und Beziehungen in diesem System an Hand von Merkmalen beschrieben werden. Kennzeichnungen dieser Art werden in der Systemtheorie üblicherweise als Variable bezeichnet, wobei man Elementvariable zur Beschreibung der Elemente und Strukturvariable bzw. Prozeßvariable zur Beschreibung der Beziehungen unterscheidet; dabei kennzeichnen Strukturvariable die relativ dauerhaften Beziehungen der Elemente, Prozeßvariable die aktuellen Ausprägungen dieser Beziehungen, also das Systemverhalten. Diese Unterscheidungen dienen dazu, die Struktur des Bezugsrahmens festzulegen, und sie erfüllen auch die Funktion eines Suchschemas bei der Festlegung der Variablen. Diesen beiden Zwecken dient auch die unten näher zu begründende Gliederung des Innovationssystems in drei Ebenen, nämlich in die des Innovators als dem Subsystem der an der Durchführung innovativer Tätigkeiten unmittelbar beteiligten Aktoren und Produktionsfaktoren, in die Ebene der Organisation (Unternehmen bzw. Betriebe), der das System Innovator angehört sowie in die Ebene der organisationsexternen Umwelt, in die das Subsystem Organisation eingebettet ist. Der aufzustellende Bezugsrahmen wird also strukturiert durch die Art der Variablen und durch die Systemebenen (vgl. Abbildung 3).

In dieser Studie sollen Innovationstypen mit Hilfe einer systemtheoretischen Betrachtungsweise gewonnen werden, wobei letztere ihren Niederschlag in einem Bezugsrahmen für das Innovationssystem findet. Deshalb ist das Verhältnis zwischen typologischer und systemtheoretischer Vorgehensweise zu klären.

Die in dieser Studie angestrebten Typen von Innovationsfällen sollen entsprechend dem Zetterberg-Schema als eine Beschreibung (von Ausschnitten) der Realität eine (notwendige) Vorstufe sein für eine Theorie des Innovationsprozesses. Eine solche Theorie muß sich entsprechend dem systemtheoretischen Ansatz auf das Innovationssystem beziehen. Wie überall in den Sozialwissenschaften kann die erklärende Analyse eines solchen Systems nur an einem Modell als einer auf die wesentlichen Elemente und Beziehungen reduzierten Abbildung des realen Systems erfolgen. Ein solches Modell ist demnach ein symbolisches System, das ein möglichst strukturtreues (homomorphes) Abbild des realen Systems darstellen soll[34]. Daß solche Abbildungen subjektive, wertende „aprioristische Einschränkungen des Blickfeldes"[35] darstellen, braucht nicht weiter ausgeführt zu werden[36]. Der als Vorbereitung für

[34] Vgl. Kirsch 1971, S. 32 ff.

[35] Vgl. Myrdal 1933, wiederabgedruckt in: Myrdal 1965, S. 231.

[36] Ein Modell kann deshalb keine isomorphe Reproduktion der totalen Wirklichkeit darstellen, wohl aber eine der „systemhaften", d. h. der auf

Abbildung 3: Der Begriff des Innovationssystems

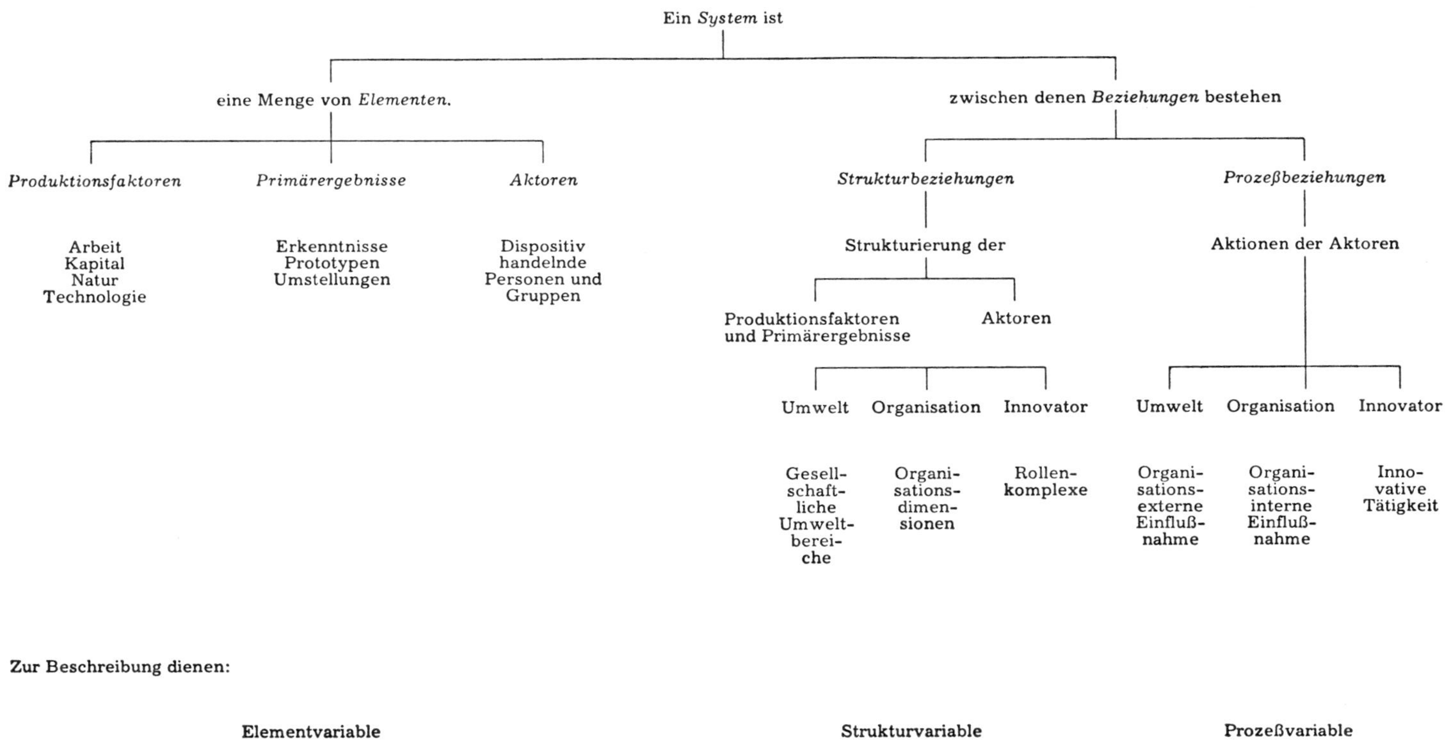

die Gewinnung einer Typologie von Innovationsprozessen aufzustellende Bezugsrahmen muß deshalb alle Elemente und Beziehungen enthalten, die als Bausteine eines Modells des Innovationssystems dienen sollen. Die zur Kennzeichnung der Typen von Innovationen verwendeten Merkmale müssen demnach den Element-, Struktur- oder Prozeßvariablen des Innovationssystems entsprechen. Die hier verwendeten zwanzig Merkmalsbündel stellen gleichzeitig zwanzig Variablenkomplexe zur Beschreibung des Innovationssystems dar. Die Begriffe Merkmal und Variable werden deshalb synonym verwendet.

Der Bezugsrahmen des Innovationssystems stellt ein konventionalistisches, d. h. durch die Überprüfung an der Realität prinzipiell nicht widerlegbares System von Definitionen dar[37]. Eine Überprüfung des Bezugrahmens kann nur in der Weise geschehen, daß man versucht, Tatbestände und Entwicklungen in der Realität, also konkrete Innovationsprozesse, mit diesen Begriffen befriedigend zu beschreiben. Da konkrete Innovationsprozesse historische, im Raum-Zeit-Gebiet einmalige Ereignisse darstellen, lassen sich aus ihnen nur „Erklärungsskizzen" ableiten. Weil sich diese auf nicht wiederholbare Vorgänge beziehen, lassen sie sich auch nicht durch Prognosen verifizieren[38]. Aus den Erklärungsskizzen mehrerer konkreter Innovationsprozesse werden jedoch durch Typenbildung Erklärungsskizzen für Phänomene „die in üblicher Weise immer wieder auftreten"[39]. Auch wenn den auf diese Weise gewonnenen Aussagen kein absoluter Wahrheitsgehalt zugebilligt werden kann, ist es doch prinzipiell möglich, daß sie der Realität ausreichend nahekommen[40]. Man ist dann berechtigt, aus ihnen auf den wahrscheinlichen Ablauf künftiger Innovationsprozesse, die man den bekannten Typen zuordnet, zu schließen.

2.6 Probleme der Datengewinnung

Bei der Gewinnung der für die Beschreibung konkreter Innovationsprozesse erforderlichen Informationen treten dreierlei Probleme auf. Einmal ist die Art der Informationsquelle und ihre Stellung im Innovationssystem zu diskutieren, zum anderen ist auf die Auswahl der Stichprobe einzugehen und schließlich ist die Erhebungsmethode festzulegen.

ihre Organisationsprinzipien reduzierten Wirklichkeit (vgl. zu diesem Argument gegen den Popperschen Holismus-Vorwurf Klages 1971, S. 86 f.).

[37] Vgl. Popper 1966, S. 47 ff.

[38] Vgl. Grunberg 1972, S. 205 ff.

[39] Vgl. Albert 1972, S. 12.

[40] Vgl. Albert 1972, S. 9.

2.6.1 *Informationsquellen im Innovationssystem*

Der Innovationsprozeß wird in dieser Studie als der Prozeß der Erforschung, Entwicklung und Anwendung einer Technologie verstanden. Dieser Prozeß läuft im Innovationssystem ab, das aus drei Systemebenen Innovator, Organisation und Umwelt besteht. Um die angestrebte Typologie von Innovationsprozessen zu erhalten, müssen deshalb Informationen über die zwanzig erwähnten Merkmalsbündel (Variablenkomplexe), die zur Beschreibung der Innovationstypen dienen, gewonnen werden. Diese zwanzig Variablenkomplexe sind Bestandteil des Bezugsrahmens des Innovationssystems (vgl. Abbildung 4 über den Bezugsrahmen des Innovationssystems[41]), sie füllen ihn jedoch nicht vollständig aus (vgl. Abbildung 5)[42]. Der Grund hierfür liegt darin, daß die Untersuchungseinheit, nämlich die innovative Tätigkeit der Forschung, Entwicklung und Anwendung von Technologien (Innovationsfälle), nicht unmittelbar beobachtet werden kann[43]. Da auch kein aussagefähiges Material aus den Unternehmen vorliegt, scheiden Content-Analysen ebenfalls aus[44]. Damit bleibt nur der Weg der Befragung von Personen in Unternehmen, die über ein ausreichendes Wissen über Innovationsfälle im Unternehmen verfügen. Dieses Verfahren wirft eine Reihe von Problemen auf, die hier erörtert werden müssen.

Das Hauptproblem liegt darin, daß einerseits nur Aktoren der Systemebenen Innovator und Organisation genügend Einblick und Informationen über Innovationsfälle besitzen, daß diese Aktoren aber andererseits als Angehörige dieser Systemebenen nur über Ausschnitte des gesamten Innovationssystems Auskunft geben können. Hierbei besteht insbesondere das Problem der Reduktion der bestehenden organisationsinternen, vor allem aber der organisationsexternen Umwelt auf Ausschnitte, die dem Aktor im konkreten Fall wichtig erscheinen und die er wahrnehmen kann. Welcher Ausschnitt aus der Umwelt dies ist, d. h. wie der Aktor die Situation definiert, in der er sich befindet, hängt einmal von der objektiv gegebenen Situation ab, zum anderen von seiner subjektiv bedingten Perzeption und Einschätzung der Umwelt[45]. Die Aktoren in den Unternehmen nehmen, wie die Befragung

[41] Seite 82.

[42] Zwischen Seite 142/143.

[43] Direkte Beobachtungen des Verhaltens von Personen bei innovativen Tätigkeiten können wegen der Kompliziertheit der Materie und des erforderlichen Zeitaufwands höchstens im Rahmen einer Fallstudie erfolgen. Selbst Experimente sind kein sinnvoller Weg.

[44] Diese Methode wandte z. B. Witte zur Analyse von Computer-Innovationen an. Vgl. Witte 1973. Dokumente aus den Unternehmen geben jedoch im allgemeinen nicht ausreichend Aufschluß über Motivationen und nicht schriftlich festgehaltene Einflußfaktoren des Verhaltens.

[45] Vgl. hierzu den Abschnitt (3.2.2) über die situationstheoretischen An-

zeigt, bei ihren Entscheidungen die Umwelt im allgemeinen nur relativ unscharf wahr und lassen sich bei ihren Entscheidungen stärker von ihrer Einschätzung des „Innovationsklimas“ leiten. Dieses Innovationsklima besteht dabei in der Einschätzung der Situation durch die Entscheidungsträger, die aus der perzipierten Umwelt und dem aktuellen kognitiven und emotionalen Zustand der Entscheidungsträger resultiert. Die Entscheidungsträger sind dabei, wie sich gezeigt hat, nicht in der Lage, die entscheidenden Einflußfaktoren der Situation anzugeben und nach ihrer Bedeutung zu gewichten.

Ein Versuch, das „Innovationsklima“ deshalb dadurch zu objektivieren und zu operationalisieren, daß für eine größere Anzahl ausgewählter „Klimafaktoren“ aus dem Bereich der Faktorausstattung, des Standes der Technik, des Niveaus und der Entwicklung der Wirtschaft, der internationalen Konkurrenzfähigkeit und des Sozialklimas Daten aus den drei untersuchten Ländern gesammelt und verglichen wurden, ist aufgegeben worden. Es zeigte sich, daß kein Konsens darüber hergestellt werden kann, wie etwa der Klimafaktor „Investitionsquote“ (Anteil der Investitionen am Bruttoinlandsprodukt) die Bereitschaft, Innovationen und damit auch Investitionen zur Einführung neuer Technologien durchzuführen, beeinflußt. Außerdem sind Richtung und Höhe des Einflusses vieler Faktoren, die plausiblerweise für das Innovationsklima von Bedeutung sind, wie etwa die Einschätzung der allgemeinen politischen und wirtschaftlichen Entwicklung, nicht zu ermitteln.

Wegen der Reduktion der Umweltkomplexität durch die Aktoren in den Unternehmungen können empirische Informationen über das Innovationssystem von ihnen nur in sehr eingeschränktem Maße gewonnen werden. Dadurch wird eine umfassende Sicht — quasi von außen — eines konkreten Innovationssystems unmöglich. Eine solche Systemsicht ist lediglich als ein in einem Bezugsrahmen geordneter Satz von Definitionen möglich. Ein solcher Bezugsrahmen ist deshalb prinzipiell nicht empirisch überprüfbar und damit falsifizierbar, er kann nur nach Zweckmäßigkeitsgesichtspunkten bei der Einordnung empirischer Ergebnisse (hier: Merkmalsausprägungen von Innovationstypen) beurteilt werden. Damit liegt für die Innovationsforschung, soweit sie sich um eine umfassende und systemhafte Problemsicht bemüht, folgendes Problem vor: Der Innovationsprozeß selbst ist nicht beobachtbar; deshalb ist die Forschung auf die Befragung von Teilnehmern an diesem Prozeß als Informationsquelle angewiesen und muß deshalb zwangsläufig die dadurch bedingte Einschränkung des Blickfeldes in Kauf nehmen.

Eine Möglichkeit zur Ergänzung dieser reduzierten Betrachtungsweise ist die Befragung von Informationsquellen aus unterschiedlichen

---

sätze des individuellen Innovationsverhaltens im ersten Band dieses Berichts.

Systemebenen. Man könnte versuchen, Informationen über diejenigen Ausschnitte des Innovationssystems, die durch Erhebungen in Unternehmen nicht abgedeckt werden können — also insbesondere die organisationsexterne Umwelt, durch anderweitige Erhebungen zu beschaffen. Da hier eine Typologie von Innovationsfällen angestrebt wird, wäre ein solches Vorgehen nur unter zwei Bedingungen sinnvoll. Einmal müßte eine Verknüpfung von Daten über konkrete Innovationsfälle, die bei davon unmittelbar beteiligten Personen erhoben werden, mit Daten erfolgen, die bei nicht unmittelbar innovativ tätigen Personen erhoben werden. Diese würden Sachverhalte betreffen, die, wie z. B. die wirtschaftliche oder politische Situation eines Landes, für alle in dem betreffenden Bereich gleichzeitig ablaufenden Innovationsprozesse gelten. Dies würde eine Kombination von typenspezifischen und allgemeinen Merkmalsausprägungen bedeuten und damit dem Grundgedanken typologischer Vorgehensweise widersprechen, der gerade die Spezifika der Typen herausarbeiten will. Deshalb müßte eine zweite Bedingung erfüllt sein. Die nicht fallspezifischen Merkmalsausprägungen der organisationsexternen Umwelt müßten so stark variieren, daß die Möglichkeit gegeben ist, daß sie auch von Innovationstyp zu Innovationstyp variieren. Nur dann hätte eine Kombination von Merkmalen der Systemebenen Innovator und Organisation mit denen der Systemebene Umwelt einen Sinn und würde es gestatten, Zusammenhänge der Systemebenen untereinander zu analysieren und etwaige Abhängigkeiten herauszuarbeiten. Nur dann könnte der Frage nachgegangen werden, ob Innovationsprozesse in den Unternehmen in verschiedenen, deutlich voneinander abhebbaren Umweltsituationen in typischer Weise voneinander abweichen. Nur dann könnte analysiert werden, wie z. B. die Entwicklung der Intensität staatlicher Beeinflussung der Wirtschaft, ein unterschiedliches System der Wissenschafts- und Forschungsorganisation, eine Veränderung der außenwirtschaftlichen Verflechtung mit unterschiedlichen Abläufen des Innovationsprozesses in den Unternehmungen zusammenhängen. Dies würde jedoch Studien in vielen Ländern über einen langen Zeitraum hinweg erfordern, damit solche klar voneinander abweichenden Umweltsituationen erfaßt werden könnten. Der Aufwand für ein solches Vorgehen würde jedoch tragbare Größenordnungen sicher überschreiten.

Damit muß folgende Beschränkung in Kauf genommen werden. Der Bezugsrahmen des Innovationssystems dient als Suchschema für Fragestellungen und zur Einordnung von Ergebnissen. Er muß deshalb möglichst umfassend angelegt sein und enthält auch Variable, die durch empirische Erhebungen bei innovativ tätigen Personen nicht abgedeckt werden können. Diese Einschränkung ist zwar vom wissenschaftlichen Standpunkt aus zu bedauern, sie ist jedoch weniger relevant für eine an der Steuerung von Innovationsprozessen interessierte Politik. Wenn Aktoren in den Unternehmungen nur Ausschnitte aus ihrer Umwelt perzipieren und diese auf Grund ihrer eigenen Bewertungen zu Einflußfaktoren ihres Handelns werden lassen, dann kommt es nur darauf an zu wissen, welche Ausschnitte dies sind und wovon solche Bewertungen abhängen. Die erste dieser Fragen kann durch die vorliegende Studie beantwortet werden, zur Beantwortung der zweiten Frage bedarf es einer nur ansatzweise vorhandenen psychologischen Forschung[46]. Die Kenntnis beider Antworten versetzt die Innovationspolitik dann in die Lage, diese Ausschnitte zu Ansatzpunkten ihrer Maßnahmen zu machen und zu versuchen, die Bewertungsmechanismen der Aktoren zu beeinflussen.

Außer dem hier erörterten, aus dem systemtheoretischen und typologischen Ansatz resultierenden Grundproblem bestehen weitere nachstehend behandelte Probleme, die grundsätzlich auch bei anderen Untersuchungsobjekten auftreten.

2.6.2 Stichprobenauswahl

Untersuchungseinheit ist der Prozeß der Erforschung, Entwicklung und Anwendung von Technologien. Für die empirischen Erhebungen mußte in vierfacher Hinsicht eine Stichprobe gebildet werden, einmal bezüglich der zu untersuchenden Bereiche und der Technologien, zum anderen bezüglich der Unternehmungen, in denen die Befragungen durchgeführt werden und schließlich bezüglich des Personenkreises in den Unternehmungen, der interviewt werden soll.

Zunächst zur Auswahl der Technologien. Auf Grund der Erfahrungen aus früheren Projekten[47] waren die beteiligten Institute der Ansicht, daß die Auswahl der zu untersuchenden Technologien nicht den befragten Personen in den Unternehmen überlassen bleiben sollte. Es wurde vielmehr als zweckmäßig erachtet, bestimmte Technologien auszuwählen, damit die Möglichkeit besteht, die Verhältnisse und Probleme der betreffenden Technologie intensiver zu studieren und andere Informationsquellen wie z. B. Experten der betreffenden Technologie außerhalb der befragten Unternehmungen heranzuziehen und dadurch die Brauchbarkeit des aufgestellten Bezugsrahmens des Innovationssystems und die aus ihm abgeleiteten Fragestellungen besser beurteilen zu können. Die Auswahl von Technologien setzte die Auswahl eines Bereiches voraus, dem diese Technologien entnommen werden konnten. Als dieser Bereich wurde die Energiewirtschaft ausgewählt.

---

[46] Vgl. Brandenburg et al. 1975.

[47] Vgl. RKW 1970/71.

In der Tat konnten wegen der vorhergegangenen Auswahl bestimmter Technologien intensivere Gespräche in den Unternehmungen geführt werden, aus denen sich verschiedene Modifikationen der ursprünglichen Version des Bezugsrahmens ergaben. Die bei der Auswahl und beim anschließenden Studium der ausgewählten Technologien angefallenen Erkenntnisse waren so umfangreich, daß sie zu einem eigenen Band, dem dritten dieses Endberichts, zusammengefaßt wurden. Dieser Band bietet auch einen allgemeinen Überblick über die Weltenergiesitution und die Probleme der Energiewirtschaft in der Bundesrepublik Deutschland, in Großbritannien und in Schweden, eine allgemeine Analyse der Innovation im Energiesektor sowie detaillierte Studien für einzelne wichtige neue Technologien.

Die Auswahl der Energiewirtschaft als Bereich, aus dem wiederum die zu untersuchenden Technologien ausgewählt wurden, beruht auf der Überlegung, daß für diesen Bereich eine Reihe von Gründen sprechen. Dabei wird „Energiewirtschaft" für den Zweck dieser Studien umfassend definiert und schließt die vor- und nachgelagerten Bereiche ein.

Zu ihr zählen somit die Energiewirtschaft im engeren Sinne, also Gewinnung, Umwandlung und Verteilung von Energie, aber auch diejenigen Bereiche, von denen die Energiewirtschaft im engeren Sinne ihre Produktionsmittel bezieht, wie z. B. elektrotechnische Industrie und Maschinenbau, aber auch der Schiffbau als Lieferant von Transportmitteln.

Die Gründe für die Wahl des Sektors Energiewirtschaft sind vor allem:

— Die Energieversorgung ist eine Grundvoraussetzung jeder modernen Volkswirtschaft. Wirtschaftswachstum und Entwicklung des Lebensstandards hängen von einer ausreichenden Energieversorgung ab.

— Der Sektor weist in der Vergangenheit eine Fülle technischer Wandlungen in Form neuer, zum Teil komplementärer, zum Teil substitutiver Technologien auf, die hinreichend voneinander abgegrenzt werden können. Diese Entwicklung wird auch in Zukunft anhalten.

— Diese neuen Technologien setzen vielfach neue Erkenntnisse in der Grundlagenforschung voraus; von der Forschung über die Entwicklung bis zur konkreten wirtschaftlichen Anwendung können somit alle Phasen des Innovationsprozesses untersucht werden. Im Bereich der Energiewirtschaft sind daneben nicht nur neue Technologien sondern auch neue technische Kombinationen und Variationen bekannter Technologien zu beobachten.

— Nicht alle Entwicklungen im Energiebereich sind bis zur Marktreife gediehen. Manche Projekte mußten aus wirtschaftlichen oder technischen Gründen abgebrochen werden. Zum Teil läßt sich auch das Wiederaufleben früher eingestellter Entwicklungen beobachten, die nunmehr aus den verschiedensten Gründen erfolgversprechend erscheinen. Die Analyse derartige Vorgänge verspricht besonders interessante Aufschlüsse über den Innovationsprozeß.

— Der Bereich der Energiewirtschaft gestattet es, den Einfluß aller Gesellschaftsbereiche (Politik, Wirtschaft und Soziokultur) zu beobachten. Als besonderer Vorteil erscheint dabei, daß sowohl Sektoren mit überwiegendem Staatseinfluß als auch marktwirtschaftliche Bereiche analysierbar sind.

— Teilbereiche des Energiesektors stehen unter dem dominierenden Einfluß multinationaler Unternehmen, andere Bereiche sind überwiegend oder rein national bestimmt. Auch in dieser Hinsicht verspricht die Analyse des Innovationsprozesses in der Energiewirtschaft Aufschlüsse, die im Hinblick auf die Diskussion der Vor- und Nachteile multinationaler Gesellschaften in bezug auf Innovationsprozesse von besonderem Interesse sind.

— Neben den Großunternehmen sind im Energiebereich eine große Anzahl kleinerer Unternehmen tätig. Somit läßt sich auch das Innovationsverhalten kleinerer Unternehmen, denen vielfach höhere Effektivität im Innovationsprozeß zugesprochen wird, untersuchen.

— Der Bereich Energiewirtschaft weist gegenüber anderen Sektoren den Vorteil auf, daß umfangreiche amtliche Statistiken und Veröffentlichungen von Firmen und Verbänden verfügbar sind.

Bei der Festlegung der zweiten Stichprobe, nämlich der der zu untersuchenden Technologien, wurde von folgenden Überlegungen ausgegangen:

Der technische Fortschritt im Sektor Energiewirtschaft wird von einer Vielzahl wissenschaftlicher und technischer Disziplinen beeinflußt. Als markante Fachgebiete seien beispielhaft angeführt: Geologie, Ozeanographie, Metallurgie, Anlagenbau, Schiffbau, Elektrotechnik und Elektronik, Medizin, Chemie und Physik. Bereits diese Aufzählung macht deutlich, daß es nicht möglich wäre, eine erschöpfende Darstellung aller technologischen Entwicklungen zu geben, die den Sektor Energiewirtschaft mittelbar oder unmittelbar berühren. Auf Grund von Literaturstudien und Expertengesprächen wurde daher von den beteiligten Instituten eine Liste wichtiger Innovationen auf dem Sektor Energiewirtschaft erarbeitet. Diese Liste umfaßt ausgewählte Innovationen der letzten 20 Jahre, wobei das Schwergewicht auf der jüngeren Vergangenheit und der Gegenwart liegt[48].

---

[48] Eine ausführliche Darstellung findet sich im dritten Band der vorliegenden Studie.

Bei der Erstellung einer solchen Liste ergeben sich Aggregationsprobleme. Jeder technologische Fortschritt, der sich in einer derartigen historiographischen Aufstellung als ein Stichwort niederschlägt, setzt sich in Wirklichkeit aus einer Vielzahl von Einzelschritten, von neuen wissenschaftlichen und technologischen Detailergebnissen zusammen. Eine der ausführlichsten Studien zu diesem Thema, das vom amerikanischen Verteidigungsministerium durchgeführte Projekt Hindsight, kommt zu dem Ergebnis, daß bis zur Realisation für jedes der dort untersuchten zwanzig neuen Systeme auf dem Verteidigungssektor 50 bis 100 wesentliche neue wissenschaftliche Erkenntnisse oder technologische Detailentwicklungen nötig waren, die teilweise bis zu zehn oder mehr Jahre in die Vergangenheit zurückreichten[49]. Für die vorliegende Innovationsstudie mußte daher entschieden werden, auf welcher Stufe der Aggregation die Untersuchung anzusetzen ist. Aufgrund vorbereitender Gespräche mit Experten für Technologien aus dem Energiebereich und Pilotbefragungen erwies es sich als zweckmäßig, für die Befragung die Innovation nach ihrem Endergebnis, also auf höchster Aggregationsebene, auszuwählen, dann jedoch innerhalb der so definierten Technologie in der Praxis noch identifizierbare, in sich wiederum komplexe Detailprobleme zu untersuchen. Die übergeordnete, komplexe Technologie wird dabei als Hülltechnologie bezeichnet, da sie gleichsam als Hülle für die zu untersuchenden Spezialtechnologien dient.

Die endgültige Auswahl der zu untersuchenden Technologien aus diesen Listen erfolgte anhand der von den befragten Experten vergebenen Wertungsziffern, denen folgende Skala zugrunde lag:

— 1 sehr wichtig
— 2 wichtig
— 3 weniger wichtig
— f wahrscheinliche Zukunftsentwicklung.

Tabelle 1 zeigt die nach Energiebereichen gegliederten, für die Untersuchung ausgewählten Hülltechnologien. Insgesamt wurden 25 Hülltechnologien in 126 Unternehmen analysiert. Die Gesamtzahl der in die Erhebung einbezogenen Fälle betrug 218.

Die dritte Auswahl betrifft die Stichprobe der Unternehmungen, die für die empirischen Erhebungen gewonnen werden sollten. Für die multinationale Ausrichtung des Projekts, d. h. Untersuchungen in Unternehmen mehrerer Länder, sprechen folgende Gründe. Zunächst ist es innerhalb eines einzigen europäischen Landes nicht möglich, genügend Unternehmen zu finden, die am Innovationsprozeß der ausge-

[49] Vgl. hierzu die zusammenfassende Darstellung von Isenson 1968, S. 35 ff. Vgl. auch Traces (Technology in Retrospect and Critical Events in Science), IIT Research Institute.

Tabelle 1

Anzahl der Innovationsfälle nach Energiebereichen und Technologien

Energiebereich	Technologie	Zahl der Fälle
1. Erdöl	Flutbare Plattformen und Halbtaucher	9
	Dynamische Positionierung von Bohrplattformen	4
	Computergestützte Produktions- und Verteilungsplanung	14
	Prozeßsteuerung in Raffinerien	5
	Verbesserung des Viskositätstemperaturverhaltens von Schmierölen	17
	Verbesserung der Alterungsbeständigkeit von Schmierölen	3
	Erdöl-Entschwefelung	6
	Summe Erdöl	(58)
2. Kohle	Hydraulischer Schreitausbau	7
	Stempelfreie Abbaufront	2
	Verbrennung im Wirbelbett	8
	Erzeugung von metallurgischem Koks	12
	Kohleentschwefelung	6
	Kohlehydrierung	5
	Summe Kohle	(40)
3. Gas	Kohlevergasung (Lurgi-Prozeß)	9
	Ölvergasung	6
	Speicherung und Transport von verflüssigtem Erdgas	8
	Neue Ummantelung für Hochdruckpipelines	3
	Untertagespeicherung	7
	Summe Gas	(33)
4. Elektrizität	Wasserstoff- und Wasserkühlung von schnellaufenden Turbo- und Wasserkraftgeneratoren	8
	Höchstspannungskabel für 225 KV und mehr	13
	SF_6-Schaltanlagen	14
	Thyristoren	15
	Korn-orientierte Kernbleche für Transformatoren	7
	Brennstoffzellen	6
	Mikrowellenheizung	24
	Summe Elektrizität	(87)
Gesamtsumme		218
Zahl der interviewten Unternehmen		126

wählten Technologien beteiligt sind und sich für die Erhebung zur Verfügung stellen. Um genügend Innovationsfälle für die typologische Auswertung zu finden, war es deshalb erforderlich, in mehreren Ländern Erhebungen vorzunehmen. Der zweite Grund liegt darin, daß vermutet werden durfte, daß die Einbeziehung mehrerer Länder bei zahlreichen Variablen (wie z. B. der Einfluß der organisationsexternen Umwelt) zu differenzierteren Merkmalsausprägungen führen würde; dies ist ein wichtiger Vorteil bei der Typenbildung. Nationale Besonderheiten, insbesondere in den Fällen Großbritanniens und Schwedens, erwiesen sich denn auch als charakteristisch für einige der gefundenen Innovationstypen. Dieses Argument spricht somit auch gegen den anderen vorstellbaren Weg, nämlich die Vergrößerung der Zahl der zu untersuchenden Technologien, so daß innerhalb eines einzigen Landes, wie etwa der Bundesrepublik Deutschland, genügend Innovationsfälle hätten gefunden werden können.

In die Studie wurden nur hochindustrialisierte marktwirtschaftlich orientierte Länder einbezogen, da Fragen der unterschiedlichen Wirtschaftssysteme und des unterschiedlichen industriellen Entwicklungsstands ausgeschlossen werden sollen. Diese Einschränkung widerspricht zwar einem Anliegen typologischer Forschung, nämlich dem, eine starke Variation von Merkmalsausprägungen anzustreben, damit die Typen plastischer voneinander abgegrenzt werden können, doch ist hier keine Ausdehnung der Untersuchungen auf Vergleiche mit weniger industrialisierten und planwirtschaftlichen Ländern beabsichtigt[50]. In Frage kamen demnach vor allem Länder Westeuropas, die USA und Japan. Die letzteren schieden aus Kostengründen für die Untersuchung aus. Innerhalb Westeuropas boten sich Großbritannien, Schweden und die Bundesrepublik an. Abgesehen von der Bundesrepublik Deutschland, die als Sitzland des bei dieser Untersuchung federführenden Ifo-Instituts für Wirtschaftsforschung von vornherein einzubeziehen war, sprachen für diese beiden Länder verschiedene Gründe. Im Falle Großbritanniens[51] handelt es sich um das erste industrialisierte Land, dessen Energiewirtschaft zum größten Teil verstaatlicht ist (Kohle, Gas, Elektrizität) und dem starke Strukturmängel (veraltete Produktionsanlagen, Schwächen des Managements, Arbeitskämpfe) zugeschrieben werden. Schweden gilt dagegen als ein reifes modernes Industrieland mit hohem Produktivitätsstand, das jedoch wegen seiner vergleichsweise geringen Größe mit zusätzlichen Problemen konfrontiert ist (im Durchschnitt

---

[50] Eine solche Ausdehnung der Untersuchung wäre jedoch — unter Hintanstellung leicht vorstellbarer praktischer Schwierigkeiten in der Feldforschung — durchaus interessant. Inwieweit der hier zugrundegelegte Bezugsrahmen auch für solche Untersuchungen verwendet werden könnte, sei dahingestellt.

[51] Großbritannien steht in dieser Studie für das Vereinigte Königreich von Großbritannien und Nordirland (United Kingdom).

kleinere Unternehmensgrößen als in der Bundesrepublik Deutschland oder in Großbritannien, im Bereich der Mineralölverarbeitung nur Tochtergesellschaften nichtschwedischer Konzerne)[52].

Bei der Auswahl der Unternehmungen für die empirische Erhebung in den drei Ländern mußte davon ausgegangen werden, daß statistische Stichprobenverfahren nicht angewendet werden können, weil hier der Kreis der potentiellen Informationsquellen dadurch eingegrenzt wird, daß sich im allgemeinen nur jeweils wenige Unternehmen mit der betreffenden Technologie befassen und sich nicht alle von ihnen für Untersuchungen zur Verfügung stellen. Es wurde deshalb darauf abgestellt, für die Interviews diejenigen Unternehmen zu gewinnen, die nach den verfügbaren Informationen über die jeweilige Technologie einen wesentlichen Anteil an ihrem Innovationsprozeß hatten. Dabei zeigte sich, daß insbesondere Großfirmen am Innovationsprozeß mehrerer der ausgewählten 25 wichtigen Technologien auf dem Energiesektor Anteil haben, so daß die insgesamt 218 untersuchten Innovationsfälle bzw. Teilprozesse der Innovation dieser Technologien aus 126 westdeutschen, britischen und schwedischen Unternehmen stammen. Eine völlige Gleichverteilung der 126 Unternehmen auf die vier Energiebereiche (Erdöl, Steinkohle, Gas, Elektrizität), aus denen die untersuchten Technologien stammen, konnte dabei ebensowenig angestrebt werden wie eine Gleichverteilung dieser Unternehmen auf die Industriegruppen oder auf die einzelnen Größenklassen.

Tabelle 2 zeigt die Verteilung der 126 interviewten Unternehmen und der in ihnen untersuchten 218 Innovationsfälle auf die drei Länder und auf drei Unternehmensgrößenklassen.

Die prozentuale Verteilung auf die drei Länder lautet für:

	Unternehmen	Innovations-fälle
BR Deutschland	49	43
Großbritannien	30	37
Schweden	21	20

Die durchschnittliche Zahl der untersuchten Innovationsfälle je Unternehmen beträgt in der Größenklasse

unter 1000 Beschäftigte	1,3
1000 bis unter 5000 Beschäftigte	1,6
5000 und mehr Beschäftigte	2,3.

[52] Nicht zuletzt sprach für die Auswahl dieser drei Länder, daß die beteiligten Institute bereits bei der Erforschung der Verbreitung neuer Technologien und ihrer Bestimmungsgründe zusammengearbeitet hatten (vgl. Ifo 1970a und Nabseth/Ray 1974), also über Erfahrungen bei der engen Kooperation in multinationalen Forschungsprojekten verfügten.

Tabelle 2: **Verteilung der interviewten Unternehmen und der Innovationsfälle**

	BR Deutschland		Großbritannien		Schweden		Alle Länder	
	Anzahl	Anteil in %	Anzahl	Anteil in %	Anzahl	Anteil in %	Anzahl	Anteil in %
Interviewte Unternehmen								
mit einer Zahl der Beschäftigten 1972 von								
unter 1000	17	27	6	16	14	54	37	30
1000 bis unter 5000	26	42	13	34	8	31	47	37
5000 und mehr	19	31	19	50	4	15	42	33
Alle Unternehmen	62	100	38	100	26	100	126	100
Innovationsfälle								
in Unternehmen mit einer Zahl der Beschäftigten 1972 von								
unter 1000	22	24	6	8	21	47	49	22
1000 bis unter 5000	38	41	20	25	16	35	74	34
5000 und mehr	33	35	54	67	8	18	95	44
Alle Unternehmen	93	100	80	100	45	100	218	100

Die Großunternehmen sind also im Datenmaterial besonders stark vertreten.

Die vierte und letzte Auswahl, die der Interviewpartner, wurde in Abstimmung mit den Unternehmen vorgenommen. In der Regel handelte es sich um Gesprächspartner aus den oberen Führungsebenen, die am Innovationsprozeß der betreffenden Technologie aktiv teilgenommen hatten und die benötigten Detailkenntnisse besaßen[53]. Da Wert darauf gelegt wurde, möglichst nur abgeschlossene Innovationsprozesse zu untersuchen, d. h. solche, die bereits das Stadium der Anwendung erreicht hatten, besteht die Stichprobe fast ausschließlich aus „erfolgreichen" Innovationsprozessen[54]. Dies wiederum bedeutet, daß die in den Unternehmen durchgeführten innovativen Tätigkeiten zum Zeitpunkt der Interviews (1973 bis 1975) im allgemeinen bereits längere Zeit, d. h. in der Regel mehrere Jahre andauerten. Zu der üblichen Quelle für Fehlinformationen wie unterschiedliche subjektive Bewertung der Vorgänge oder Situationen und nicht völlig ausschließbarer persönlicher Einfluß des Interviewers kommt deshalb mangelnde oder fehlerhafte Erinnerung über zurückliegende Ereignisse oder Beweggründe. Da sich in solchen Fällen die Interviewpartner jedoch erkennbar daran orientierten, wie der Ablauf des konkreten Innovationsprozesses auf Grund der betriebsüblichen Praxis bei Innovationen hätte erwartungsgemäß eigentlich sein müssen, sind die untersuchten Innovationsfälle besonders typisch für die betreffenden Unternehmen.

Die Stichprobe von 218 Innovationsfällen kann nicht repräsentativ für alle Innovationsprozesse in westeuropäischen Industrieländern sein. Sie bezieht sich auf erfolgreiche Innovationsprozesse wichtiger Technologien in vorwiegend größeren Industrie- und Energieunternehmen von drei wichtigen westeuropäischen Industrieländern.

---

[53] Auf eine Erhebung der beruflichen Herkunft, der funktionalen Stellung in der Unternehmung und weiterer Persönlichkeitsdaten der Interviewpartner wurde verzichtet, weil nichts dafür spricht, daß diese Merkmale einen erkennbaren Einfluß auf die von den Interviewpartnern gegebenen Auskünfte besitzen. Stark vertreten waren im Kreis der Interviewpartner Mitglieder der Geschäftsleitung, Leiter von Forschungs- und Entwicklungsabteilungen sowie Angehörige technischer Stabsabteilungen. Damit kann der Kreis der Befragten als relativ homogen bezüglich seiner Stellung im Unternehmen angesehen werden.

[54] Da hier nicht der Frage nachgegangen werden soll, warum der Innovationsprozeß der einen Technologie scheitert, d. h. abgebrochen wird und der einer anderen alle hier unterschiedenen Phasen durchläuft, also nicht das „Warum" sondern das „Wie" des Ablaufs des Prozesses interessiert, ist die Stichprobe nicht repräsentativ für alle Innovationsprozesse. Ergebnisse anderer Untersuchungen (vgl. Mansfield et al. 1971, S. 40 ff.) sprechen dafür, daß der Anteil der nicht „erfolgreichen" Innovationsprozesse den der „erfolgreichen" weit übertrifft.

2.7 Ablauf der Untersuchung

Der Ablauf der Untersuchung bestand in einem ständigen Wechselspiel von mehr theoretisch und mehr empirisch orientierter Arbeit. Zunächst galt es, den Bezugsrahmen für die Untersuchung zu erstellen. Also mußten die Methoden und Ergebnisse der bisherigen Innovationsforschung kritisch erörtert werden. Nach den Erfahrungen der an der Untersuchung beteiligten drei Wirtschaftsforschungsinstitute aus ihren bisherigen Studien zu den Problemen der Verbreitung und Auswirkung neuer Technologien in der Industrie erschien es dringend geboten, die Informationen und — soweit vorhanden — Resultate der Wirtschaftswissenschaft, der Sozialwissenschaft im engeren Sinne und der naturwissenschaftlich-technischen Disziplinen zu verknüpfen. Deshalb wurden in dreierlei Hinsicht Arbeiten durchgeführt: Überblick über die technologische und wirtschaftliche Entwicklung im Energiebereich, Überblick über den Stand der ökonomischen Innovationsforschung und Überblick über den Stand der sozialwissenschaftlichen Innovationsforschung. Diese sind teilweise bereits publiziert[55].

Zur Auswahl der zu untersuchenden Technologien wurden die größeren, weltweit bereits zu beobachtenden oder zu erwartenden technologischen Veränderungen auf den Gebieten Kohle, Mineralöl, Gas und Elektrizität[56] von technischen Experten zusammengestellt, kurz beschrieben und nach ihrer Wichtigkeit geordnet. Entsprechend dieser Bewertung und der abzuschätzenden Möglichkeit, geeignete Unternehmen für Interviews über den Innovationsprozeß der betreffenden Technologien gewinnen zu können, erfolgte hieraus eine Auswahl von 25 zu untersuchenden Technologien (vgl. Tabelle 1). Über diese wurden dann ausführliche Beschreibungen ihrer technischen und wirtschaftlichen Aspekte angefertigt. Parallel dazu wurde die allgemeine Entwicklung der Energiesituation weltweit und in den drei untersuchten Ländern analysiert. Dieses gesamte Material ist im dritten Band dieses Endberichts ausführlich und zusammenhängend dargestellt.

Der Überblick über den Stand der sozialwissenschaftlichen Innovationsforschung bildet den ersten Band dieses Endberichts. Er konzentriert sich auf das individuelle Innovationsverhalten, den Einfluß der Persönlichkeit auf den Innovationsprozeß sowie auf organisationsbe-

---

[55] Zum Stand ökonomischer Innovationsforschung vgl. Ray 1974, Uhlmann 1974 a, Uhlmann 1974 b. Zum Stand der sozialwissenschaftlichen Innovationsforschung vgl. Hetzler 1974, Schienstock 1975.

[56] Die Nukleartechnologien wurden bewußt aus der Untersuchung ausgeklammert, weil hier von vornherein für die empirischen Erhebungen aus Geheimhaltungsgründen mit Schwierigkeiten zu rechnen war und weil in diesem Bereich der politische Einfluß in einem solchen Umfang dominiert, daß die dortigen Innovationsprozesse vermutlich kaum mit denen im übrigen Energie- und Industriebereich vergleichbar sind.

zogene Aspekte des Innovationsprozesses und auf den Einfluß der Umwelt auf das Innovationsverhalten. Während die Sammlung von technologischen und wirtschaftlichen Entwicklungslinien im Energiesektor vorwiegend für die Auswahl der zu untersuchenden Stichprobe bestimmt war und es ermöglichen sollte, intensivere Gespräche in den Unternehmen zu führen, dienten die Überblicke über den Stand der Forschung vor allem der Festlegung des Bezugsrahmens für das Innovationssystem. Dieser entstand in einem iterativen Prozeß; die endgültige Version ist in Abschnitt 3.1 behandelt und in Abbildung 4 dargestellt.

Der Bezugsrahmen enthält diejenigen — oben bereits aufgeführten — Variablenkomplexe (Merkmalsbündel) aus den Systemebenen Innovator, Organisation und Umwelt, die zur Typenbildung dienen. Der Bezugsrahmen diente als Suchschema bei der Erstellung des Erhebungsleitfadens für die Interviews über konkrete Innovationsfälle in Unternehmen. Dieser Erhebungsleitfaden entstand ebenfalls in einem iterativen Prozeß, wobei jede Version durch Testinterviews in Unternehmen auf die Eindeutigkeit und Beantwortbarkeit der Fragen geprüft wurde. Der deutsche Text der Fragen und der Antwortkategorien in der endgültigen Version, die bei den Interviews verwendet wurde, kann der Wiedergabe des erhobenen Urmaterials im Anhang entnommen werden.

Durch den Erhebungsleitfaden werden die Variablenkomplexe des Bezugsrahmens des Innovationssystems, soweit es möglich und bei Interviews durchführbar erschien, abgedeckt. Angesichts des unbefriedigenden Zustands der bisherigen Innovationsforschung, der insbesondere keine Anhaltspunkte dafür bietet, welche Variable für die Beschreibung des Gesamtprozesses der Innovation „wichtig“ und welche „weniger wichtig“ sind, mußte der Erhebungsleitfaden so ausführlich gehalten werden, wie es für die Interviewpartner nach den Erfahrungen mehrerer Probeinterviews, die zu einer starken Reduzierung des Umfangs des Fragenkatalogs führten, gerade noch zumutbar erschien. Es wurde dabei in Kauf genommen, daß von den über 300 Variablen im Erhebungsleitfaden eine größere Anzahl aus unterschiedlichen Gründen nicht würde ausgewertet werden können. Diese Gründe können einmal die mangelnde Zahl oder die zu vermutende Unzuverlässigkeit der Antworten sein, zum anderen die Tatsache, daß manche Variablen für den Innovationsprozeß eventuell keine oder nur eine zu vernachlässigende Rolle spielen, und ferner die Erfahrung, daß sich manche Variablen „überschneiden“, d. h. nur wenig voneinander unterschiedene Aspekte desselben Sachverhalts beschreiben und deshalb stark interkorreliert sind.

Insgesamt wurden 49 Fragen gestellt, wobei für 48 Fragen standardisierte Antwortkategorien vorgegeben waren; eine Frage, die letzte, war offen und bezog sich auf Vorschläge über Maßnahmen des Staates und der Unternehmen zur Verbesserung des Innovationsklimas. Mit den übrigen Fragen wurden allgemeine Angaben über das Unternehmen (u. a. Größenklasse, Branche, Besitzverhältnisse), über die untersuchten Technologien (u. a. Innovationsart) sowie über die vier Arten innovativer Tätigkeiten (Anstoß zur Beschäftigung des Unternehmens mit der Technologie, Suche nach Lösungen für Probleme dieser Technologie, Diskussion der Problemlösungen und Realisierung der ausgewählten Problemlösung) erhoben.

Die Analyse dieses Datenmaterials erfolgt in zwei Stufen. Zunächst wird der allgemeine Ablauf des Innovationsprozesses dargestellt (Abschnitt 4.1), der sich aus der Auszählung der Häufigkeit der einzelnen Antwortkategorien bei 274 Variablen auf die Fragen des Erhebungsleitfadens ergibt. Dabei werden die vier Phasen des Innovationsprozesses als Gliederungsprinzip der Darstellung benutzt. Anschließend erfolgt aus dem auf Angaben über 74 von 274 Variablen reduzierten Datenmaterial eine Verdichtung der Informationen in zwanzig Merkmalsbündel (Abschnitt 4.2). Mit Hilfe dieser Merkmalsbündel (Variablenkomplexe), deren Bildung teilweise durch eine Faktoren-Analyse erfolgt (vgl. zu dieser Methode Abschnitt 3.2.2), werden die vorherrschenden Merkmale der 218 Innovationsfälle, also der Grundtyp des Innovationsprozesses, beschrieben.

Die zweite Stufe besteht in der Bildung von achtzehn Typen von Innovationsfällen in einer Profil-Cluster-Analyse (vgl. zur Methode Abschnitt 3.2.3), von denen die elf häufigsten in Abschnitt 4.3 näher analysiert werden. Sie werden dort an Hand der zwanzig Merkmalsbündel beschrieben und durch ihre jeweiligen charakteristischen Merkmalsausprägungen voneinander und vom Grundtyp abgegrenzt. Den Schluß dieser zweiten Stufe der Auswertung des in Interviews erhobenen Datenmaterials bildet der Versuch, Gemeinsamkeiten und Abweichungen der Typen von Innovationsfällen bei den Variablenkomplexen noch schärfer herauszuarbeiten.

3. Methodische Grundlagen

Zweck dieses Kapitels ist es, die begrifflichen und methodischen Grundlagen für die empirischen Erhebungen und deren Auswertung vorzustellen. Zunächst wird mit der Aufstellung des Bezugsrahmens für das Innovationssystem der systemtheoretische Ansatz behandelt. Dabei wird als erstes die Struktur des Systems dargestellt, nämlich die drei Ebenen des Systems, der Zweck des Systems und seine Grenzen. Anschließend werden die Bestandteile des Systems, also seine Elemente, die zwischen ihnen bestehenden Beziehungen sowie die Variablen zur Beschreibung der Bestandteile erörtert. Im zweiten Hauptabschnitt wird auf die zur Gewinnung einer Typologie von Innovationsfällen verwendeten Analysemethoden eingegangen.

3.1 Bezugsrahmen des Innovationssystems

3.1.1 Struktur

3.1.1.1 Ebenen

Das Innovationssystem ist ein System, in dem Innovationsprozesse ablaufen. Es läßt sich unter zwei Aspekten, nämlich dem der Mengenverhältnisse der Elemente und dem der kausalen Verknüpfungen zwischen den Mengen, in drei Ebenen (Subsysteme) gliedern.

Die an der Durchführung innovativer Tätigkeiten unmittelbar beteiligten Aktoren und Produktionsfaktoren sowie die hieraus resultierenden Primärergebnisse stellen die Elemente des kleinsten Systems dar (kurz: Innovator). Diese Elemente bilden dabei einen Teil der Aktoren und Produktionsfaktoren des organisatorischen Systems (private sowie öffentliche Unternehmen und Betriebe[1]), dem sie angehören (kurz: Organisation); die Organisation wiederum stellt nur einen Ausschnitt aus den entsprechenden Elementen des Umweltsystems dar, das sie umgibt (kurz: Umwelt). Die für die Organisation relevante Umwelt als over

---

[1] Da hier die Innovation von Technologien in der Wirtschaft den Untersuchungsgegenstand bildet und dabei der produzierende Bereich im Vordergrund steht, wird der Begriff der Organisation auf Unternehmen und Betriebe beschränkt. Private Haushalte, die als Verbraucher von Endprodukten bzw. Anwender von Haushaltstechnologien an sich ebenfalls Teil des Innovationssystems sind, werden deshalb nicht betrachtet. Mit Innovationsaspekten in den privaten Haushalten befaßt sich die Konsumforschung.

all-System der Innovation ist selbst wiederum nur ein Teil der totalen Realität, der „äußersten Weltkomplexität“[2] und grenzt dadurch das Innovationssystem gegenüber anderen — hier nicht zu behandelnden — Reduzierungen der „freiflutenden Komplexität“[3] der Realität ab. Die Subsysteme „schöpfen“ dabei die Elementmenge des umfassenderen Systems nicht aus, da dort in der Regel noch andere als Innovationsprozesse ablaufen (in unternehmerischen Organisationen unterscheidet man z. B. noch das Produktionssystem, das Versorgungssystem, das Führungssystem etc.)[4]. Das Innovationssystem hat damit sowohl den Charakter eines Makrosystems (Umwelt, Organisation) als auch den eines Mikrosystems (Innovator).

Die zweite Art der Verknüpfung der Ebenen des Innovationssystems, die kausale, kann durch das Input-Output-Konzept dargestellt werden[5]. Innovator, Organisation und Umwelt stellen offene Systeme dar, die mit ihrer jeweiligen Umgebung Produktionsfaktoren und Primärergebnisse austauschen[6].

Der Austausch konkretisiert sich darin, daß durch einen Aktor eine Übertragung von Elementen aus dem jeweils umfassenderen System als Input — in ökonomischer Terminologie: eine Allokation der Produktionsfaktoren — in das kleinere System erfolgt, dort gegebenenfalls einen Prozeß auslöst, der wiederum zu einer Übertragung von Produktionsfaktoren in das nächst kleinere System führt. Auch das Umweltsystem ist gegenüber der „Welt“ offen[7]; die im System Innovator durch Erforschung, Entwicklung und Anwendung von Technologien bewirkten Veränderungen (Primärergebnisse) führen prinzipiell auch zu einer Übertragung von Produktionsfaktoren an die umfassenderen Systeme. Diese Rückkoppelung zeigt den kybernetischen Charakter des Innovationssystems.

---

[2] Luhmann 1968, S. 121.

[3] Klages 1971, S. 86.

[4] So z. B. Katz/Kahn 1966.

[5] Luhmann 1968, S. 171 ff.

[6] Je nach dem Ausmaß, das dieser Austausch annimmt, lassen sich verschiedene Grade der Offenheit unterscheiden. Vgl. Fuchs 1969, S. 161 ff. In der allgemeinen Systemtheorie wird vielfach ein Austausch von Materie, Energie und Information unterschieden. Hier wird jedoch die ökonomische Unterscheidung nach Produktionsfaktoren und Primärergebnissen vorgezogen.

[7] Die Austauschbeziehungen zwischen dem Innovationssystem und der totalen Realität sollen hier allerdings nicht untersucht werden. Dies würde die Schaffung eines Modells des „Weltsystems“ voraussetzen. Vielmehr sollen lediglich die Auswirkungen solcher Austauschbeziehungen auf die Umwelt innovierender Organisationen konstatiert und ihre weiteren Wirkungen innerhalb des Innovationssystems untersucht werden.

3.1.1.2 Systemzweck

Das Innovationssystem besteht aus drei Systemebenen: Umwelt, Organisation, Innovator. Jedes der drei Subsysteme soll als zielgerichtet[8] aufgefaßt werden. Das Ziel ist, entsprechend der hier getroffenen Annahme, jeweils das Zustandekommen des Outputs des Subsystems und damit des Inputs im jeweils kleineren Subsystem. Da innerhalb des Innovationssystems die Subsysteme durch Input-Output-Beziehungen verknüpft sind, bildet die Zielsetzung des kleineren Systems gleichzeitig die Zielsetzung des Gesamtsystems. Die Zielsetzung des Systems Innovator besteht in der Erzielung von Primärergebnissen[9], nämlich neuen Erkenntnissen, Prototypen und technischen Umstellungen. Das letztendliche Ziel des Innovationssystems sind somit technische Umstellungen.

Von dieser teleologischen Betrachtung des gedanklichen Konstrukts Innovationssystem[10] ist die Analyse der Zielsetzungen der Systemelemente zu unterscheiden[11]. Im ersten Fall ist zu fragen, wie und mit welchem Grad der Zielerfüllung die Prozesse innerhalb des Innovationssystems ablaufen, während im zweiten Fall die Zielsysteme von

---

[8] Die Zielorientierung als Mindestmerkmal von Systemen wird verschiedentlich auch in den Systembegriff aufgenommen. Vgl. Forrester 1972, S. 9.

[9] Die innovativen Tätigkeiten führen darüber hinaus noch zu weiteren (Sekundär- etc.) Ergebnissen, die in Veränderungen der Eigenschaften anderer Systemelemente bestehen. Diese Rückkoppelungseffekte verändern damit die Ausgangsbedingungen zeitlich nachfolgender Innovationsprozesse. Der Output des Systems Innovator wird dadurch tendenziell zum Input für das Umweltsystem.

[10] Im gleichen Sinn läßt sich von einer Funktion des Systems sprechen. Prozesse, die zur Funktionserfüllung beitragen, sind funktional, solche, die die Funktionserfüllung hemmen, dysfunktional. Es wird hier also ein anderer Funktionsbegriff verwendet als in der strukturell-funktionalen Theorie der Soziologie. Dort bezeichnet Funktion den Beitrag eines Elements zum Zustand des Systems, dem es angehört. Eine Brücke zwischen dieser und der hier vorgenommenen konventionalistisch-teleologischen Betrachtung läßt sich jedoch schlagen, wenn man das Innovationssystem als Element eines umfassenderen Systems sieht. Die Funktion des Innovationssystems beteht dann darin, durch Innovationsprozesse das umfassendere System zu verändern.

[11] Die hier vorgenommene teleologische Betrachtung ist in dem Sinne objektiv, daß sie nicht versucht, aus dem Handeln den Zweck des Handelns abzuleiten, also nicht nach einer Zweckwahrheit forscht, sondern vielmehr die Handlungen der im System verbundenen Personen daraufhin analysiert, ob sie — beabsichtigt oder unbeabsichtigt — den Innovationsprozeß fördern oder hemmen. Der Zweckbegriff wird also — entsprechend der Luhmannschen Forderung (vgl. Luhmann 1968, passim) — nicht von der Einzelhandlung sondern von der Systemfunktion her konzipiert. Allerdings stellen bei Luhmann Zwecke „subjektive Vorstellungen künftiger Wirkungen" (S. 129) dar, d. h. das System bzw. die Mitglieder des Systems setzen sich ihre Zwecke zur „Absorption von Komplexität und Veränderlichkeit" (S. 123) selbst. Dagegen erfolgt hier eine definitorische, an der systemanalytischen Praxis orientierte Zwecksetzung des Innovationssystems.

Aktoren[12] in der Umwelt, in der Organisation und im System Innovator untersucht werden müssen. Die Zielsetzungen der Aktoren können durchaus von der Zielsetzung des innovativen Systems abweichen, ihr sogar diametral entgegenstehen. Beide Ebenen der Zielsetzung können sich jedoch auch entsprechen, nämlich dann, wenn die Durchführung von Innovationen entweder auch eine Zielsetzung der Aktoren darstellt, oder wenn die Innovation ein Mittel zur Erreichung anderslautender Zielsetzungen der Aktoren bildet.

3.1.1.3 Abgrenzung

Die Funktion des Innovationssystems ist es, neue wissenschaftliche Erkenntnisse zu erzielen und sie in mehreren aufeinanderfolgenden Subprozessen in technische Umstellungen umzusetzen. Zeitlicher Ausgangspunkt ist damit der Beginn derjenigen Grundlagenforschung, die auf die für die jeweilige Technologie wesentliche wissenschaftliche Erkenntnis gerichtet ist[13]. Zeitlicher Endpunkt ist das Ende der Anwendung der auf dieser wissenschaftlichen Erkenntnis beruhenden Technik. Da, wie bereits dargelegt, der Innovationsprozeß meist nicht unilinear verläuft, sondern aus einer Erkenntnis mehrere neue Technologien entstehen können, ist der zeitliche Abschluß des Innovationsprozesses formal erst dann festzustellen, wenn keine dieser Folgetechnologien mehr angewandt wird. In praxi kann jedoch kaum ausgeschlossen werden, daß auch bei einer als obsolet geltenden Technologie doch noch ein technologischer oder technischer Fortschritt auftreten kann. Außerdem läßt sich das Ende der Anwendung einer Technik meist nicht eindeutig feststellen. Deshalb ist davon auszugehen, daß das Innovationssystem nach seinem Ende hin offen ist. Das macht eine abschließende Betrachtung von Innovationsprozessen unmöglich. Vielmehr sind nur Momentaufnahmen und Analysen der bisher abgelaufenen Subprozesse möglich.

Untersuchungsgegenstand ist die Innovation von Technologien. Der Innovationsprozeß einer Technologie kann mit den anderen Technologien, die auf derselben Erkenntnis basieren, die Subprozesse der Grundlagen- und der angewandten Forschung gemeinsam haben. Innerhalb eines Innovationsprozesses können die Subprozesse der technischen

---

[12] Bei der hier gewählten Einteilung der Systemelemente in Produktionsfaktoren und Aktoren wird davon ausgegangen, daß nur Aktoren, also dispositiv handelnde Personen und Gruppen, individuelle, das Innovationsgeschehen beeinflussende Zielsetzungen haben, nicht aber Produktionsfaktoren, also auch nicht die ausführenden Arbeitskräfte.

[13] Bereits in diesem relativ eindeutigen Fall treten Abgrenzungsprobleme auf, weil ja eine neue wissenschaftliche Erkenntnis regelmäßig auf einer Reihe bisheriger Erkenntnisse aufbaut. Der Beginn der für eine bestimmte Technologie relevanten Grundlagenforschung muß deshalb stets per Konvention festgelegt werden. Das gleiche Problem stellt sich auch bei den nachfolgenden Subprozessen der Innovation.

Entwicklung und der Anwendungsentwicklung mehrfach — gleichzeitig oder zeitlich verschoben — auftreten. In der Anwendungsphase ist dieses mehrfache Durchlaufen von Subprozessen die Regel, weil jede einzelne technische Umstellung der Produktion bei einem Hersteller bzw. der Anwendung oder des Verbrauchs bei einem Konsumenten das Ergebnis einer innovativen Tätigkeit darstellt.

Würde man den Begriff des Innovationsprozesses strikt an der absoluten Neuheit einer Technologie ausrichten, dürfte das Innovationssystem räumlich nicht begrenzt werden. Ein solches Weltsystem ist empirisch jedoch nicht analysierbar. Deshalb wird das Innovationssystem jeweils auf einen begrenzten Wirtschafts- und Gesellschaftsraum bezogen. Insoweit ein Transfer von Technologien vom Ursprungsland in andere Länder erfolgt, bestehen Transaktionsbeziehungen zwischen den nationalen Innovationssystemen. Diese sind demnach, systemtheoretisch gesprochen, tendenziell offen. Für die Analyse interessiert allerdings nur die Tatsache der Transaktion (z. B. des Imports einer Technologie durch die Lizenznahme eines inländischen Herstellers) und die innerhalb des Systems gültigen Gründe für diese Transaktion, nicht jedoch die im exportierenden System abgelaufenen Innovationsprozesse. Umgekehrt interessiert nur die Tatsache des Exports von Informationen und Gütern aus dem System, nicht dagegen ihr weiteres Schicksal in anderen Systemen. Im Fall konkreter Technologien ist es deshalb durchaus möglich, daß der als Studienobjekt dienende Innovationsprozeß in dem betreffenden Innovationssystem erst in einer der späteren Phasen innovativer Tätigkeit einsetzt.

3.1.2 Bestandteile

3.1.2.1 Elemente

Das Innovationssystem wurde als sozio-ökonomisch-technisches System bestimmt, dessen Elemente von Produktionsfaktoren, Aktoren und Primärergebnissen gebildet werden.

Die Ausstattung des Innovationssystems mit Produktionsfaktoren läßt sich in Anlehnung an ökonomische Gepflogenheiten in die vier Produktionsfaktoren (besser: Gruppen von Produktionsfaktoren) Arbeit, Kapital, Natur und Technologie gliedern. Die Produktionsfaktoren stellen für die einzelnen Subsysteme einen aus dem jeweils mengenmäßig größeren System stammenden Input dar. Sie bilden aber auch einen in das jeweils kleinere System eingehenden Output. Dadurch werden jedoch die zur Beschreibung der Produktionsfaktoren erforderlichen Elementvariablen nicht berührt; sie sind deshalb auf allen Systemebenen die gleichen, so daß die Produktionsfaktoren — soweit nicht ihre Menge angesprochen werden soll — unabhängig von der Systemebene beschrieben werden können.

Beim Produktionsfaktor Arbeit wird nach dispositiven und ausführenden Arbeitskräften (Beschäftigten) unterschieden. Die erste Gruppe besteht aus Personen, die in besonderem Maße durch ihre Entscheidungsmacht und ihr Fachwissen die Entwicklungsrichtung von Prozessen gestalten. Wenn es sich dabei um Innovationsprozesse handelt, werden sie als Aktoren bezeichnet; ihr Verhalten interessiert hier vor allem und wird deshalb gesondert behandelt. Die zweite Gruppe besteht aus ausführenden Arbeitskräften, die — in der Regel zusammen mit den übrigen Produktionsfaktoren — die Dispositionen der ersten Gruppe vollziehen, ohne wesentlich die Richtung des Prozeßablaufs beeinflussen zu können. Variablenkomplexe zur Beschreibung der Arbeitskräfte sind Qualität und Quantität.

Beim Produktionsfaktor Kapital[14] ist zu unterscheiden nach Realkapital und Finanzkapital. Das Realkapital besteht aus produzierten Produktionsmitteln und umfaßt das Sachanlagekapital (Maschinen, maschinelle Ausrüstungen, Werkzeuge, Apparaturen, Gebäude) und das Sachumlaufkapital (Rohstoffe, Energieträger, Halbfabrikate, Fertigfabrikate). Das Finanz-Kapital umfaßt die zur Durchführung der innovativen Tätigkeit erforderlichen (in unterschiedlichem Maße liquiden) Finanzmittel. Auch bei den beiden Kapitalarten dienen Quantität und Qualität als Variablenkomplexe.

Der Produktionsfaktor Natur ist einmal als Rohstoffquelle (einschließlich Luft und Wasser) und Bodenfläche, zum anderen unter dem Gesichtspunkt der geographischen Lage (einschließlich Klima) zu betrachten. Auch hier bieten sich wiederum Qualität und Quantität als Elementvariablenkomplexe zur Beschreibung von Rohstoffvorkommen und Bodenfläche an. Die geographische Lage wird durch Variable beschrieben, denen Standortkriterien, also qualitative Kategorien, zugrundeliegen.

Der Produktionsfaktor Technologie[15] besteht aus dem Wissen über die Eigenschaften und Einsatzbedingungen einer Technik. Hier läßt er sich verstehen als das „know how“ über die realisierten und weiteren möglichen Kombinationen der Produktionsfaktoren Arbeit, Kapital und Natur. Zur Technologie gehört sowohl das Wissen über die Faktorkombination zur Erzeugung von Gütern (Realtechnologie) als auch zur Hervorbringung kognitiver Ergebnisse (Intellektualtechnolo-

---

[14] Betriebswirtschaftlich meist als Vermögen bezeichnet.

[15] Es geht hier um die Fähigkeit, die zur Durchführung einer innovativen Tätigkeit (z. B. der Entwicklung einer Technologie) erforderliche Kombination der Produktionsfaktoren vorzunehmen, nicht um die zu entwickelnde Technologie selbst.

gie)[16]. Als Variablenkomplexe dienen die Eigenschaften (Art) und die technischen und sonstigen Einsatzbedingungen der Technologie.

Im Gegensatz zu den Produktionsfaktoren lassen sich die Aktoren zweckmäßigerweise nur im Zusammenhang mit der jeweiligen Systemebene behandeln, weil bei den Aktoren besonders enge Verknüpfungen mit den jeweils unterschiedlichen Struktur- und Prozeßvariablen bestehen. Es handelt sich bei den Aktoren jeweils um dispositiv handelnde Personen oder Gruppen von Personen[17].

Die Aktoren im System Innovator befassen sich mit (durch Prozeßvariable beschriebenen) innovativen Tätigkeiten — Forschung, Entwicklung, Anwendung — und kombinieren dabei die vom System Organisation bereitgestellten Produktionsfaktoren zur Erreichung von Primärergebnissen.

Die Aktoren des Systems Organisation nehmen die Bereitstellung[18] der Produktionsfaktoren für das System Innovator vor. Dabei können auch Personen bzw. Gruppen mitwirken, die dem System Innovator als Aktoren angehören.

Die Aktoren des Systems Umwelt nehmen die Bereitstellung von Produktionsfaktoren aus der Faktorausstattung des Systems Umwelt für das System Organisation vor, bei der wiederum Aktoren aus diesem kleineren System mitwirken können. Die Aktoren des Systems Umwelt beeinflussen durch diese Tätigkeit das Verhalten der Organisationen und der unmittelbar innovativ tätigen Aktoren[19].

Die Aktoren lassen sich danach unterscheiden, ob sie Einzelpersonen oder Personen in Unternehmen, Instituten, Verbänden oder Regie-

---

[16] Hierunter ist auch die Fähigkeit zur Durchführung von Forschungs- und Entwicklungsaufgaben sowie Managementaufgaben zu verstehen.

[17] Diese Auffassung vom Aktor als Element eines soziotechnischen Innovationssystems bedeutet eine Einengung des Begriffs gegenüber der soziologischen Auffassung von Aktoren als handelnde Einheiten sozialer Systeme. Bei soziologischer Systembetrachtung geht man regelmäßig davon aus, daß alle einem sozialen System angehörenden Personen Aktoren und bestimmten Rollenkomplexen zuzuordnen sind. Jeder Aktor liefert dabei eine funktionalen Beitrag zur Ausfüllung dieser Rollenkomplexe. Bei dieser Auffassung kann man jedoch nicht unterstellen, daß die Beiträge ihrer Art nach homogen sind. In dieser Untersuchung interessieren vor allem die Beiträge solcher Personen (Rollenträger), die dispositive Aufgaben erledigen. Das bedeutet, daß nicht alle einem Rollenkomplex zugehörigen Rollenträger betrachtet werden, sondern eine Beschränkung auf solche erfolgt, die im Sinne der hier verwendeten Definition Aktoren darstellen. Die übrigen Rollenträger werden als Produktionsfaktoren (Arbeitskräfte) behandelt.

[18] Bereitstellung ist hier in einem sehr weiten Sinn gemeint und umfaßt nicht nur mengenmäßige Allokationen der Produktionsfaktoren, sondern auch die Festlegung von Modalitäten für deren Einsatz.

[19] Die Aktoren der Systeme Umwelt und Organisation sind in diesem Sinn nur mittelbar innovativ tätig.

rungsstellen sind, die auf Grund ihrer Funktion in diesen Gruppierungen den Innovationsprozeß einer Technologie beeinflussen können. Zur Beschreibung der Aktoren dienen — ähnlich wie bei den Arbeitskräften — die Variablenkomplexe Qualität und Quantität.

Die Primärergebnisse stellen den Output des Systems Innovator dar. Sie lassen sich ebenfalls durch Qualität und Quantität beschreiben.

Die Variablenkomplexe zur Beschreibung der Elemente werden zusammen mit denen zur Beschreibung der Beziehungen innerhalb des Innovationssystems unten behandelt.

3.1.2.2 Beziehungen

Relativ dauerhafte Beziehungen zwischen den Elementen des Innovationssystems bestimmen die Struktur des Systems (Strukturbeziehungen). Kurzfristige aktuelle Ausprägungen solcher Beziehungen bestimmen das Verhalten des Systems (Prozeßbeziehungen). Dementsprechend sind Struktur- und Prozeßbeziehungen, jeweils bezogen auf die drei unterschiedenen Systemebenen, zu betrachten. Die als heuristisches Prinzip zugrundezulegende allgemeine Interdependenz aller Elemente eines Systems muß dabei eingeschränkt werden auf solche Elemente, deren Beziehung als für das Systemverhalten besonders bedeutsam erscheint. Die hierbei erforderliche Vernachlässigung einer großen Zahl möglicher, aber als relativ unwichtig erachteter Beziehungen ist — nach der Festlegung der Systemelemente — als weitere, notwendigerweise subjektive Einschränkung des Beobachtungsfeldes zu verstehen.

Entsprechend der Bestimmung der Elemente des Innovationssystems werden durch Strukturbeziehungen die Relationen zwischen Produktionsfaktoren, Primärergebnissen und Aktoren beschrieben. Da ex definitione nur Aktoren als dispositiv handelnde Personen und Gruppen den Innovationsprozeß gestalten, werden nur die Handlungen (Aktionen) der Aktoren durch Prozeßbeziehungen erfaßt.

Zwischen den Faktorausstattungen (Arbeit, Kapital, Natur und Technologie) der Systemebenen bestehen Mengenverhältnisse. Folgende Strukturvariablen sind zur Beschreibung dieser Beziehungen geeignet: Intensität eines Faktors (Verhältnis seiner Einsatzmenge zu der eines anderen Faktors), Anteile einzelner Qualitäten eines Faktors an seiner Gesamtmenge, gewichtete Summen von Faktoren oder Faktorgruppen[20]. Dabei kann der Produktionsfaktor Technologie nicht unmittelbar

---

[20] Dabei sind unterschiedliche Qualitäten eines Faktors oder die Mengen mehrerer Faktoren z. B. durch Bewertung mit ihren jeweiligen Preisen vergleichbar zu machen.

quantifiziert werden[21]. Deshalb bleibt nur der Weg, ihn mittelbar durch bestimmte Kennziffern zu illustrieren, die sich auf die anderen Produktionsfaktoren beziehen (z. B. Arbeitsproduktivität, Kapitalintensität).

Innovationsprozesse lassen sich ökonomisch als Produktionsprozesse interpretieren, da mit Hilfe von Input(=Produktions)faktoren ein Output (Primärergebnisse) erzielt werden soll; deshalb stellen Input-Output-Relationen Prozeßvariable zur Beschreibung der innovativen Tätigkeiten dar.

Im System Innovator lassen sich die Aktoren verschiedenen Rollenkomplexen zuordnen. Dabei wird unter einem Rollenkomplex ein Bündel von Verhaltenserwartungen (Rollenattributen) verstanden, durch das die einzelnen Dispositionen der Aktoren in einige wenige gleichförmige Gruppen von Handlungsbeiträgen gegliedert werden können. Man kann verschiedene solcher Einteilungen nach Rollenkomplexen vornehmen[22]. Hier sollen in Anlehnung an die Unterscheidung von vier Aufgabenbereichen bei Parsons[23] folgende Rollenkomplexe unterschieden werden: Initiator, Fachpromotor, Machtpromotor und Realisator.

Der Initiator ist diejenige Person oder Gruppe von Personen, die ein technologisches Problem wahrnimmt und den Anstoß für sich oder andere gibt, Lösungen für dieses Problem zu suchen. Der Rollenkomplex Fachpromotor hat die Aufgabe, solche Lösungen zu finden. Der Machtpromotor setzt sich für eine der Lösungen ein und betreibt ihre Durchsetzung. Der Realisator sorgt für die Realisierung der Lösung und ihre Integration in die jeweilige Organisation.

Ein Aktor kann dabei verschiedenen Rollenkomplexen angehören; ein Rollenkomplex kann von mehreren Aktoren ausgefüllt werden. Die Elementmenge der Aktoren im System Innovator wird durch die genannten Rollenkomplexe strukturiert. Strukturvariable des Systems Innovator sind also die vier Rollenkomplexe (vgl. Abbildung 4).

Im System Innovator bestehen die dort ablaufenden Prozesse in den innovativen Tätigkeiten (Grundlagenforschung, angewandte Forschung, technische Entwicklung, Anwendungsentwicklung, Produktion und Anwendung/Verbrauch) sowie in den bei jeder dieser Tätigkeiten anfal-

[21] Ansatzmöglichkeiten zur unmittelbaren Erfassung der Technik werden in Scholz 1976 aufgezeigt.

[22] Beispielsweise unterscheidet Witte den Fachpromotor und den Machtpromotor (Witte 1973). Vgl. auch die Unterscheidung Change Agent, Client System und Change Catalyst in Anlehnung an das amerikanische Schrifttum bei Dienstbach 1972, S. 61 ff. sowie den Überblick über die Rollenanalyse in der Innovationsforschung bei Schienstock 1975, S. 141 ff.

[23] Vgl. Parsons 1960, S. 59. Dort wird unterschieden nach Adoption, Goal Attainment, Integration sowie Latent Pattern Maintenance und Tension Management.

lenden Aktionen. Jede Tätigkeit, die auf eines der sechs im Innovationsprozeß nacheinander unterscheidbaren Primärergebnisse gerichtet ist, kann entsprechend deren Strukturierung in vier Rollenkomplexe in jeweils vier einzelne Aktionen unterteilt werden: Zuerst muß ein technologisches Problem wahrgenommen und als lösungsbedürftig (unter Festlegung des Zieles) empfunden werden, für dieses Problem muß anschließend mindestens eine Lösung gesucht werden, die gefundene(n) Lösung(en) ist (sind) zu diskutieren und zu akzeptieren (unter Umständen in einem mehrstufigen Rückkoppelungsprozeß von Lösungssuche und Lösungsdiskussion), die Lösung muß realisiert werden (die zur Lösung des Problems erforderliche Umstellung auf die neue Situation und die Stabilisierung der geänderten Situation durch Routinisierung in der Organisation muß erfolgen). Als Prozeßvariable zur Beschreibung der innovativen Tätigkeiten dienen Art und Zeitdauer.

Im System Organisation dienen die Dimensionen der Organisationsstruktur als Strukturvariable. Sie beschreiben die relativ dauerhaften Rahmenbeziehungen, die zwischen den Elementen dieses Systems bestehen und unter denen die Aktoren im konkreten Falle handeln. Als Dimensionen der Organisationsstruktur, von denen ex hypothesi angenommen werden kann, daß sie solche Rahmenbeziehungen darstellen, werden hier angesehen[24]: Größe[25], hierarchische Gliederung und Aufgabenverteilung, Organisationsform, Zielsetzung, Forschungs- und Entwicklungsaktivität, Konkurrenzlage, Konzernbeziehungen und Beziehungen zu anderen Unternehmen, Planungsverhalten, Kontrollpraxis, Praxis der Entscheidungsfindung, Praxis der Leistungsanreize sowie Regelung des Informationsflusses.

Der im System Organisation ablaufende Prozeß besteht in der Herausbildung von Rollen, deren Träger als Aktoren im System Innovator tätig werden. Die Rollendifferenzierung vollzieht sich durch Zuordnung der Arbeitskräfte auf die vier Rollenkomplexe Initiator, Fachpromotor, Machtpromotor und Realisator. Als Prozeßvariable dienen organisationsinterne Einflußfaktoren. Es handelt sich dabei um solche Faktoren, die von den Aktoren bei ihrer Entscheidung über die Ausfüllung von

---

[24] In der Organisationstheorie und -soziologie gibt es zahlreiche Kataloge von Dimensionen der Organisationsstruktur. Vgl. hierzu Schienstock 1975, S. 51 f.

[25] Die Größe einer Unternehmung wird üblicherweise an der Größe der Faktorausstattung (insbesondere an der mit Arbeitskräften) oder des Outputs (insbesondere an der des Umsatzes) gemessen. Dieser Rekurs auf die Elementmenge könnte es nahelegen, die Unternehmensgröße als Elementvariable anzusehen. Im Anschluß an die in der betriebswirtschaftlichen Organisationstheorie übliche Unterscheidung von Aufbau- und Ablauforganisation erscheint es jedoch zweckmäßig, die Unternehmensgröße als konstitutives Merkmal der Aufbauorganisation und damit im Zusammenhang mit den übrigen Strukturvariablen zu behandeln.

Rollen, d. h. bei der Durchführung innovativer Tätigkeiten berücksichtigt werden. Die organisationsinterne Einflußnahme auf die Aktionen der Aktoren geht im konkreten Innovationsfall insbesondere von folgenden Einflußfaktoren aus: Vorschriften über die Vorgehensweise, Kontrolle ihrer Einhaltung, Strategie der Lösungssuche, Mitwirkung bei der Entscheidung.

Im System Umwelt erfolgt die Strukturierung der Elementmenge der Aktoren durch die Unterscheidung von drei Gestaltungsbereichen der gesellschaftlichen Umwelt, nämlich Politik, Wirtschaft und Soziokultur[26].

Jeder der drei Gestaltungsbereiche der Gesellschaft kann wiederum untergliedert werden. Diese Unterscheidung ist an dem Kriterium zu orientieren, ob die zu Teilbereichen zusammengefaßten sozialen Gebilde, d. h. Gruppen und Aktoren, aus der Sicht der Organisation als verhältnismäßig homogen in ihrem Einfluß auf die Organisation angesehen werden[27].

Der Bereich Politik umfaßt einzel- und gesamtstaatliche sowie internationale Stellen und deren gegenseitige Kompetenzabgrenzung und Kooperationsform, insbesondere auch die Aufgabenverteilung zwischen einzelnen Behörden auf gleicher Ebene. Als Strukturvariable dienen deshalb die Regelungen der vertikalen und horizontalen Entscheidungsstruktur auf den für den Innovationsprozeß relevanten Politikgebieten.

Der Bereich Wirtschaft wird strukturiert durch die Ausstattung mit Produktionsfaktoren, den Stand der Technik, durch das Niveau und die Entwicklung der Wirtschaft sowie durch die internationale Konkurrenzfähigkeit, d. h. die außenwirtschaftliche Verflechtung.

Der Bereich Soziokultur läßt sich durch die Strukturvariablen Einstellung zum technologischen Wandel in der Gesellschaft und ihren Gliederungen und durch das erreichte zivilisatorische Niveau, insbesondere ausgedrückt durch den Lebensstandard, gliedern.

Prozeßvariable sind für den Bereich Politik staatliche Maßnahmen und Programme mit einem Einfluß auf den Innovationsprozeß.

[26] Vgl. die ähnliche Gliederung des Handbuchs der Soziologie (Ziegenfuß 1956): Staat, Wirtschaft, Kultur. — In der Literatur werden zahlreiche Strukturierungsversuche der Umwelt vorgetragen, die jedoch alle mit den hier unternommenen vereinbar sind. Am nächsten kommt die Einteilung bei Bright 1964.

[27] Bei der Betrachtung der Umwelt und der Aktoren in ihr vereinfacht sich das System Organisation „seine Umweltlage dadurch, daß es die objektive Situation durch eine subjektive ersetzt, d. h. sein Handeln nicht unmittelbar durch die Wirklichkeit bestimmen läßt, sondern es nach seiner Vorstellung von der Wirklichkeit ausrichtet" (Luhmann 1968, S. 125). Eine ähnliche Sicht vertritt Gross 1968, S. 113 ff., wenn er zwischen der für die Unternehmung relevanten unmittelbaren Umwelt (Kunden, Lieferanten, Konkurrenten etc.) und der allgemeinen Umwelt (soziale Organisation, Machtstrukturen, Wertstrukturen etc.) unterscheidet.

Im Gesellschaftsbereich Wirtschaft stellen die für die zu innovierende Technologie relevanten Marktverhältnisse und Preise sowie die Kooperationsformen mit anderen Firmen Prozeßvariable dar.

Im Bereich Soziokultur schließlich bildet die Einstellung von Arbeitnehmern, Gewerkschaften etc. zu der betreffenden Technologie die Prozeßvariablen.

Die vorstehende knappe Zusammenstellung von Struktur- und Prozeßvariablen (vgl. auch Abbildung 4) der drei Systemebenen sollte lediglich einen Überblick über vermutlich wichtige Beziehungen innerhalb des Innovationssystems geben. Ein solcher Katalog kann nicht erschöpfend sein, sondern nur eine subjektive Auswahl darstellen. Außerdem ist dieser Katalog für empirische Untersuchungen noch nicht operational. Es gilt deshalb, im nächsten Abschnitt Variablenkomplexe zu entwickeln, die sich für empirische Untersuchungen eignen.

Nicht alle der eben genannten Elemente und Variablen lassen sich allerdings in solche Untersuchungen einbeziehen. Abgesehen von „äußerlichen Gründen" — wie etwa Beschränkungen der Untersuchungen durch Mangel an Zeit, Finanzmittel etc. — lassen sich große Teile des Innovationssystems eines bestimmten Wirtschafts- und Gesellschaftsraumes nicht empirisch analysieren, weil sich die benötigten Variablen nicht sinnvoll operationalisieren lassen. So besteht etwa keine Chance, den Einfluß der Soziokultur auf den Innovationsprozeß mit Hilfe brauchbarer Skalen zur Erfassung der Soziokultur zumindest anzudeuten. Es wird deshalb darauf verzichtet, die allgemeine Einstellung gesellschaftlicher Gruppen zu neuen Technologien empirisch feststellen zu wollen. Ähnliches gilt bezüglich des Umweltbereiches Politik. Auch hier wird lediglich der Einfluß politischer Maßnahmen auf die Entscheidung über konkrete Technologien in Industrieunternehmen untersucht. Die Umweltbereiche Soziokultur und Politik werden damit nicht unmittelbar sondern nur mittelbar durch ihren Einfluß bei innovativen Tätigkeiten behandelt.

3.1.2.3 Variablenkomplexe zur Beschreibung des Innovationssystems

In der Reihenfolge der drei Arten von Variablen — Element-, Struktur- und Prozeßvariable — werden nachstehend diejenigen Variablenkomplexe vorgestellt, mit deren Hilfe das Innovationssystem empirisch untersucht werden kann. Abbildung 4 enthält eine schematische Übersicht über die Variablenkomplexe.

Zwanzig dieser Variablenkomplexe werden für diese Untersuchung jeweils in mehrere Einzelvariable aufgelöst. Aus erhebungstechnischen

Gründen war es nicht möglich, die zwanzig Variablenkomplexe in zusammenhängender Form nacheinander zu behandeln. Vielmehr mußten die Einzelvariablen der Variablenkomplexe in einer für die befragten Stellen geeigneten Form präsentiert werden. Der Inhalt des Erhebungsleitfadens läßt sich deshalb nicht blockweise den Variablenkomplexen zuordnen. Die Variablen, die jeweils einen Variablenkomplex näher bestimmen, werden, um Wiederholungen zu vermeiden, bei der Analyse der empirisch erhobenen Daten behandelt. Bei dieser Analyse wird es auch darum gehen, aus der Vielzahl der Variablen durch Verdichtung zu den hier vorgestellten Variablenkomplexen ein durch möglichst mehrere Indikatoren gesichertes Mosaikbild des Innovationssystems zu gewinnen. Die Variablenkomplexe stellen dann Merkmalsbündel zur Beschreibung empirisch vorgefundener Innovationstypen dar.

3.1.2.3.1 Komplexe von Elementvariablen

Elementvariable beschreiben die Eigenschaften der Produktionsfaktoren, Aktoren und der Primärergebnisse. Dabei sind jeweils Qualität und Quantität zu unterscheiden.

Bei den Produktionsfaktoren geht es darum, die Ausstattung der drei Systemebenen mit diesen Elementen zu beschreiben. Im Vordergrund stehen dabei Umfang und Qualifikationsstruktur der Arbeitskräfte, insbesondere des im Bereich Forschung und Entwicklung eingesetzten Teils der Arbeitskräfte. Aber auch der Stand der Technik in den Unternehmen und in den Volkswirtschaften sowie die Ausstattung mit Kapital sowie die natürlichen Gegebenheiten sind hier einzuordnen.

Bei den Aktoren ist im wesentlichen danach zu unterscheiden, ob es sich um Einzelpersonen oder um Gruppen von Personen in Unternehmen, Forschungsinstituten, Verbänden oder in Regierungsstellen handelt.

Auf die Primärergebnisse schließlich braucht hier nicht weiter eingegangen zu werden, da sie bei der Definition der Innovation bereits dargestellt wurden. Bei der Analyse des empirischen Datenmaterials wird auf die Unterscheidung von Basisinnovationen und Routineinnovationen abgestellt, je nachdem ob der Technologie ein wissenschaftlicher Fortschritt zugrundeliegt oder nicht.

3.1.2.3.2 Komplexe von Strukturvariablen

Bei den Strukturvariablen sind zu unterscheiden die Rollenkomplexe im System Innovator, die Organisationsdimensionen im System Organisation sowie die gesellschaftlichen Umweltbereiche im System Umwelt.

Bei den vier Rollenkomplexen — Initiator, Fachpromotor, Machtpromotor und Realisator — stehen jeweils folgende Aspekte im Vordergrund, die durch einzelne Variable gekennzeichnet werden:

— Träger der Rolle (Ausfüllung der Rolle durch Einzelperson oder Gruppe; hierarchische und funktionale Stellung in der Organisation; Beteiligung Dritter, d. h. externer Stellen an der Ausfüllung der Rolle)
— Umfang der Rolle (Vorgabe und Kontrolle bei der Rollenausfüllung).

Als Organisationsdimensionen werden folgende Variablenkomplexe unterschieden:

— Unternehmensgröße (gemessen durch die Zahl der Beschäftigten)[28]
— Branche (Energiesektor im engeren Sinne — also Mineralölverarbeitung, Kohlebergbau, Gasversorgung, Elektrizitätsversorgung — oder Zuliefer- bzw. Abnehmerbranchen aus der verarbeitenden Industrie)
— Land (hier: Bundesrepublik Deutschland, Großbritannien, Schweden)
— Besitzverhältnisse (Privatunternehmen oder Unternehmen in öffentlichem Besitz)
— Innovationspolitik (Einfluß etwaiger Mutterunternehmen oder Autonomie in der Innovationspolitik)
— Technologieorientierung (angestrebter Ausreifungsgrad von Technologien, d. h. Pioniertechnologie oder ausgereifte Technologie)
— Planung (Umfang, zeitliche Reichweite und Verbindlichkeit der Planung)
— Konkurrenzlage (wirtschaftliche und technologische Position der Unternehmung im Vergleich zur Branche im In- und Ausland)
— Art und Ort von Forschung und Entwicklung (Organisation der Forschungs- und Entwicklungsaktivitäten)
— Aufgabenverteilung (hierarchische und aufgabenmäßige Verteilung der Kompetenzen in Unternehmen)
— Entscheidungsfindung (autoritäre oder kollektive Entscheidung)

[28] Als Indikator der Unternehmensgröße verwendet man allgemein den Umsatz oder die Beschäftigtenzahl. Der Umsatz gibt für das vorliegende Untersuchungsmaterial keinen brauchbaren Indikator ab. Zum einen ist die internationale Vergleichbarkeit wegen der Wechselkursproblematik nur verzerrt herzustellen und zum anderen haben gleiche Umsätze in verschiedenen Branchen unterschiedliche Bedeutung für die organisatorische Struktur einer Unternehmung. Dieser letzte und entscheidende Grund spricht dafür, die Zahl der Beschäftigten als Indikator der Unternehmensgröße zu verwenden. Dies trägt auch dem Gesichtspunkt Rechnung, daß Unternehmungen als sozio-technische Systeme verstanden werden, in denen innovative Tätigkeiten unter dem Einfluß sozialer Beziehungen und Prozesse ablaufen.

— Organisationsform (Orientierung der Organisation am Funktional-, Divisional- oder Matrixprinzip)[29]
— Anreiz- und Kontrollsystem (System der Leistungsentlohnung und der fachlichen Aufsicht)
— Unternehmensziele (grundsätzliche Ziele des Unternehmens)

Die organisationsexterne Umwelt wird durch folgende Komplexe von Strukturvariablen beschrieben:

— Ziele der staatlichen Politik (grundsätzliche Ziele des Staates auf dem Gebiet der Innovations- incl. Forschungs- und Technologiepolitik)
— Kompetenzverteilung der staatlichen Politik (Verteilung der Aufgaben bei der Verfolgung der staatlichen Ziele auf einzelne Träger und deren Kooperation)
— System der Wissenschafts- und Forschungsorganisation (Umfang und Verteilung von Lehr- und Forschungsaktivitäten auf private und öffentliche Institutionen)
— Volkswirtschaftlicher Entwicklungsstand (Niveau und Rate des absoluten und des pro-Kopf-Sozialprodukts)
— Größe der Binnenmärkte (Größe des Landes, gemessen an der Bevölkerungszahl, an der Investitionssumme etc.)
— Außenwirtschaftliche Verflechtung (Export- und Importanteile insgesamt und nach Branchen, Warenarten und Ländern)
— Allgemeine Einstellung der Öffentlichkeit und ihrer Gruppierungen zur technischen Entwicklung (Technologiepolitik der Gewerkschaften und anderer Gruppierungen).

[29] Unter dem Funktionalprinzip ist die herkömmliche Gliederung des Unternehmens nach Verrichtungen wie z. B. Beschaffung, Fertigung, Absatz, Finanzierung, Verwaltung zu verstehen. Innerhalb dieser Bereiche sind die einzelnen Abteilungen bzw. Sachbearbeiter nur ihren direkten Linienvorgesetzten verantwortlich.

Beim Divisionalprinzip besteht dagegen eine Gliederung der Unternehmung nach Produktbereichen oder Produkten. Dabei wird ein Großteil der Verrichtungen in den einzelnen Sparten parallel durchgeführt. Zum Beispiel besitzt jede Sparte ihre eigene Vertriebsabteilung, ihre eigene Fertigungsabteilung etc. Die Existenz von Stäben bei der Unternehmensspitze durchbricht das Divisionalprinzip nicht.

Das Matrixprinzip ist eine Kombination von Funktionalprinzip und Divisionalprinzip. Zum Beispiel empfängt der Verkaufsleiter für ein bestimmtes Produkt seine Anweisungen sowohl vom Leiter des Verkaufs des Unternehmens als auch vom Produktmanager für das betreffende Produkt. Dabei bestimmt die Verkaufsleitung, d. h. die funktionale Gliederung, mehr den Rahmen der Aktivität, während das Management des betreffenden Produktes die konkreten Einzelheiten festlegt.

3.1.2.3.3 Komplexe von Prozeßvariablen

Bei den Prozeßvariablen sind zu unterscheiden die innovativen Tätigkeiten im System Innovator und die organisationsinternen bzw. organisationsexternen Einflußnahmen in den Systemen Organisation bzw. Umwelt.

Die innovativen Tätigkeiten, durch die die Primärergebnisse geschaffen werden können, werden durch ihre Art und Dauer sowie die Zahl der beteiligten Personen beschrieben. Hierbei sind zu unterscheiden die sechs Subprozesse des Innovationsprozesses von der Grundlagenforschung bis zur Anwendung sowie die vier an den Rollenkomplexen orientierten Arten von Aktionen, nämlich vom Anstoß zur Beschäftigung mit einer Technologie bis zur Realisierung der dabei gefundenen Lösung. Dementsprechend dient die Art der Rollenausfüllung (individuell oder kollektiv) als Beschreibungsvariable.

Die organisationsinterne Einflußnahme wird durch ein Bündel von Einflußfaktoren beschrieben. Im einzelnen handelt es sich um folgende Variablenkomplexe:

- Zielsetzung (wirtschaftlicher Erfolg, technische Verbesserung etc.)
- Kontrolle der Lösungssuche (Vorschriften über die Vorgehensweise, die zur Verfügung stehende Zeit und die Finanzmittel, Turnus der Berichterstattung)
- Strategie der Lösungssuche (bewußte Suche nach Alternativlösungen oder Konzentration auf eine Lösung; Art der Beschaffung der für die Lösungssuche benötigten Spezialkenntnisse)
- Entscheidungsfindung (Verfahren zur Vorbereitung einer Entscheidung, Diskussion der gefundenen Lösung, Finden einer Entscheidung, Mitbestimmung bei der Entscheidung)
- Wissensweitergabe (Verwendung und Weitergabe des bei der Lösungssuche angefallenen neuen Wissens durch Patente, Lizenzen etc.).

Bei der organisationsexternen Einflußnahme sind solche Einflußfaktoren zu betrachten, die vom System Umwelt ausgehend den Ablauf des Innovationsprozesses beeinflussen. Im einzelnen sind folgende Variablenkomplexe zu betrachten:

- Politische Maßnahmen und Programme zur Beeinflussung von Innovation (incl. Forschung) und Technologie (Forschungsförderungsprogramme, Innovationsförderungsprogramme, direkte Förderung von Technologien, Auflagen für Technologien, Beschaffungswesen des Staates; hierzu gehören aber auch Maßnahmen, die nicht unmittelbar auf eine Beeinflussung des Innovationsprozesses abzielen, wie z. B. Steuerrecht, Patentrecht, Wettbewerbsrecht, die aber trotz-

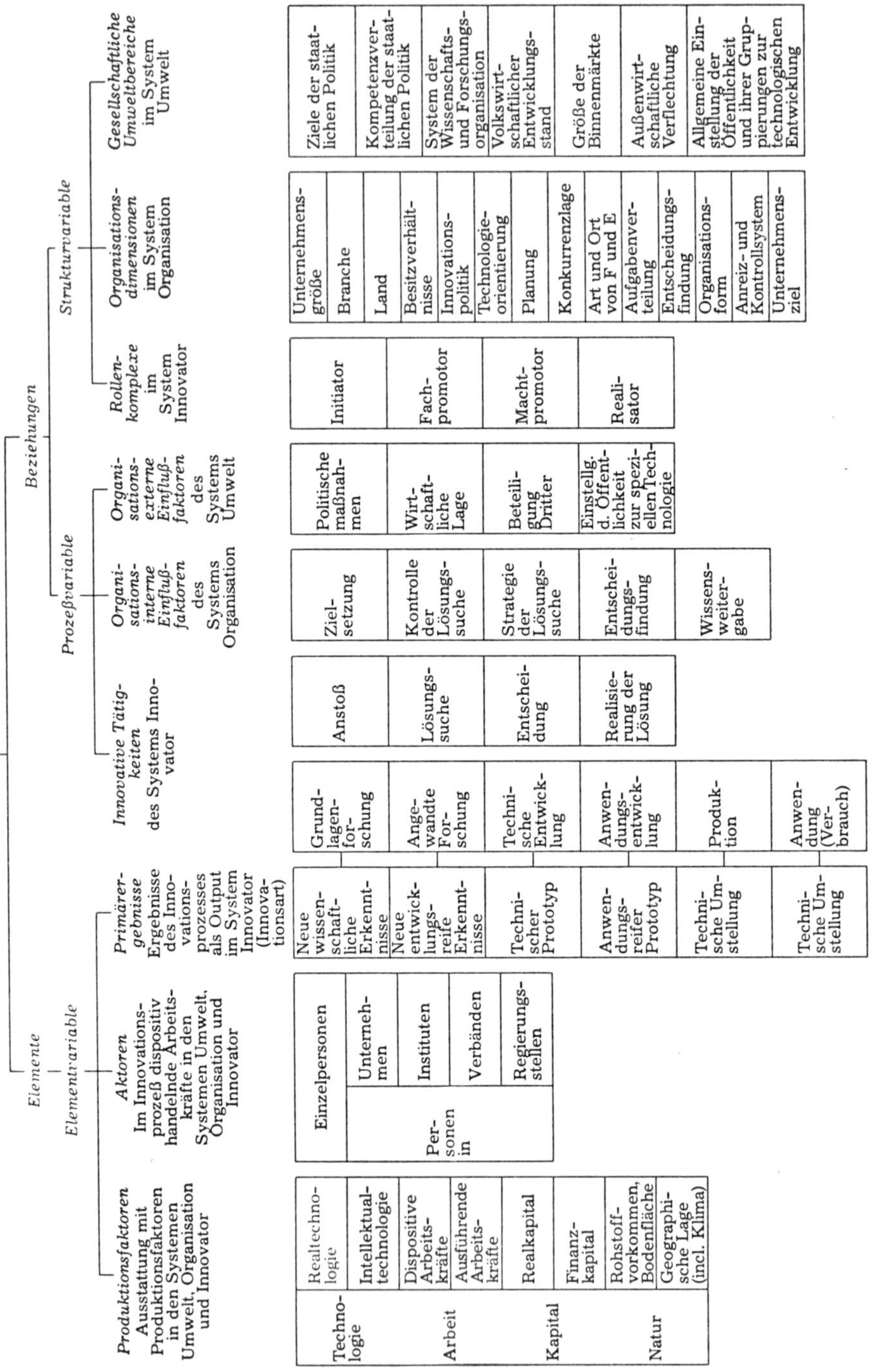

Abbildung 4: *Bezugsrahmen (Variablenkomplexe) des Innovationssystems*

dem fallweise für den Innovationsprozeß von Bedeutung sein können)

- Wirtschaftliche Lage (Absatzaussichten der betreffenden Technologie; wirtschaftliche Erfolgsaussichten unter Berücksichtigung der Preisverhältnisse)
- Beteiligung Dritter (direkte Einflußnahme anderer, z. B. auch von Mutterunternehmen, beim Anstoß zur Beschäftigung mit der Technologie, bei der Lösungssuche, bei der Entscheidung und bei der Realisierung der Lösung)
- Einstellung der Öffentlichkeit zur speziellen Technologie (Einstellung verschiedener Interessengruppen wie etwa der Gewerkschaften oder Verbände).

3.2 Analysemethoden

3.2.1 Problemadäquate Methoden und Datenaufbereitung

Eines der Hauptargumente für die Durchführung des hier beschriebene Forschungsprojekte war der unbefriedigende Zustand der bisherigen Innovationsforschung, der es nicht erlaubt, den Gesamtprozeß der Erforschung, Entwicklung und Anwendung von Technologien in einer Gesamtschau zu sehen, die der Interdependenz von innovativ tätig werdenden Personen, Organisationen und organisationsexterner Umwelt Rechnung trägt. Die bisherige Innovationsforschung litt vor allem unter der Schwäche, daß sie jeweils nur Teilabschnitte aus diesem Prozeß bzw. aus dem Innovationssystem betrachtete und deshalb selbstverständlich auch nicht in der Lage war, aus den dadurch erzielten fragmentarischen Erkenntnissen ein in sich geschlossenes allgemeines Bild des Innovationsprozesses zu gewinnen. Aus dieser Sackgasse, insbesondere der ökonomischen Innovationsforschung, kann nur eine Methode führen, die von vornherein eine Vielzahl der Einzelaspekte, konkret gesprochen der Variablen des Innovationssystems im Zusammenhang analysiert. Eine solche Methode darf also nicht, wie in der herkömmlichen Innovationsforschung üblich, bivariat, sie muß multivariat sein. Das setzt jedoch voraus, daß darauf verzichtet wird, von vornherein mit Hypothesen über Zusammenhänge zwischen bestimmten Variablen an das Datenmaterial heranzugehen, da bei einer „echten" multivariaten Analyse, wie sie hier vorzunehmen ist, die Zahl der Variablen so groß ist, daß sinnvolle Vorstellungen über das gemeinsame Auftreten zahlreicher Merkmale nur in Ausnahmefällen vor der Analyse vorliegen können. Vielmehr muß die multivariate Analyse diese Zusammenhänge aufdecken, und anschließend ist zu prüfen, ob diese durch formale Verfahren aufgedeckten Zusammenhänge im Material auch unter theoretischen Gesichtspunkten glaubwürdig sind, ob sie also eine sinnvoll erscheinende Erklärungsskizze der untersuchten Tatbestände bieten.

Die einzige Art von Hypothesen, die multivariate Analysen voraussetzen, sind Vermutungen darüber, daß bestimmte Variable eine ausreichend bedeutsame Rolle für den Innovationsprozeß spielen, um sie überhaupt in die Untersuchung einzubeziehen.

Das Schwergewicht der Analyse des vorliegenden Datenmaterials über 218 Innovationsfälle muß deshalb bei multivariaten Methoden liegen, die ein „vorurteilsloses" Herangehen an die Realität fordern und gestatten. Bei bivariaten Analysen wird von Zusammenhängen zwischen den jeweils übrigen Variablen abstrahiert. Das bedeutet letztlich, daß solche Zusammenhänge in höchst unrealistischer Weise als nicht störend und damit als nicht existent unterstellt werden. Solche heroischen Annahmen sind jedoch bei hochkomplexen und interdependenten Untersuchungsbereichen äußerst problematisch. Wie zu zeigen sein wird, ist gerade die multivariate Cluster-Analyse frei von dieser Beschränkung.

Multivariate Methoden basieren auf der gleichzeitigen Betrachtung aller als relevant erachteten Variablen. Die Relevanz der Variablen kann dabei nur auf Grund theoretischer Überlegungen vorab vermutet werden.

In multivariaten Analysen werden alle m Variablen über die aus n Beobachtungen (hier: Innovationsfälle) Daten vorliegen in einer aus m Spalten und n Zeilen bestehenden Datenmatrix zusammengefaßt. Da hier mit einem Minimum an theoretischen Vorüberlegungen ausgekommen werden soll und nach Möglichkeit alle als relevant angesehenen Variablen berücksichtigt werden sollen, muß sich die multivariate Analyse stets auf die ganze Datenmatrix beziehen und darf keine ihrer Spalten oder Zeilen vernachlässigen. Die multivariate Analyse kann dann nur in einer sinnvollen Umgruppierung der Datenmatrix bestehen, wobei entweder Spalten oder Zeilen, die jeweils auf Grund gewisser Kriterien als zusammengehörig anzusehen sind, zu Gruppen zusammengefaßt werden. Als ein solches Umgruppierungskriterium kann sinnvollerweise nur die Ähnlichkeit in den Werten der Variablen angesehen werden. Die Faktoren- Analyse will jeweils diejenigen aus den m Variablen zusammenfassen, bei denen die Werte in den n Beobachtungen (Innovationsfälle) einander ähneln; sie läuft also auf spaltenweise Umgruppierungen nach der Ähnlichkeit der Profile der Variablen hinaus. Die Profil-Cluster-Analyse will demgegenüber jeweils diejenigen aus den n Innovationsfällen zusammenfassen, bei denen die Werte der m Variablen einander ähneln; sie bezweckt deshalb zeilenweise Umgruppierungen nach der Ähnlichkeit der Profile der Fälle. Beide Methoden werden nachstehend kurz skizziert. Zunächst ist jedoch auf die Zahl der einbeziehbaren Variablen einzugehen.

Da bei multivariaten Methoden der Rechenaufwand sehr schnell mit der Zahl der einbezogenen Variablen ansteigt und die Kapazität selbst der größten Datenverarbeitungsanlagen sowohl speichermäßig als auch was eine vertretbare Rechenzeit anbelangt übersteigt, ist eine Beschränkung in der Zahl der Variablen erforderlich. Deshalb wurden aus den 274 im Erhebungsleitfaden für die 218 Interviews in Unternehmen enthaltenen Variablen auf Grund der Ergebnisse der Grundauszählung 74 Variable ausgewählt. Von diesen 74 Variablen wurde vermutet, daß mit ihnen besonders wichtige und für die oben unterschiedenen Variablenkomplexe charakteristische Elemente und Beziehungen erfaßt werden. Ebenso wie die Unterscheidung der Variablenkomplexe und der zu ihrer Analyse in den empirischen Erhebungen unterschiedenen Variablen ist natürlich auch die Auswahl der 74 Variablen zur multivariaten Analyse eine subjektive, in der Forschungsgruppe abgestimmte Entscheidung. Dies ist jedoch bei jeder Art von sozialwissenschaftlichen Forschung unvermeidlich. Während die 274 im Erhebungsleitfaden enthaltenen Variablen aus der im Anhang wiedergegebenen Grundauszählung ersichtlich sind, werden die 74 ausgewählten Variablen nachstehend aufgeführt:

Lfd. Nr.[a]	Variable	Nr. der Frage im Erhebungsleitfaden
1	Land	
2	Branche	1
3	Innovationsart	19
4	Beschäftigtengrößenklasse	4
5	Anteil der Ausgaben für F und E am Umsatz	7
6	Eigene Kapitalbeteiligung ab 25 %	8
7	Fremde Kapitalbeteiligung ab 25 %	8
8	Einfluß des Mutterunternehmens auf die Innovationspolitik	8
9	Zeithorizont des Absatzplans	9
10	Zeithorizont des Investitionsplans	9
11	Zeithorizont des F- und E-Plans	9
12	Zeithorizont des Personalplans	9
13	Forschung erfolgt im Unternehmen	10
14	Forschung erfolgt im Konzern	10
15	Forschung erfolgt in Verbands- und Vertragsinstitut	10
16	Entwicklung erfolgt im Unternehmen	10
17	Entwicklung erfolgt im Konzern	10

Lfd. Nr.[a]	Variable	Nr. der Frage im Erhebungsleitfaden
18	Entwicklung erfolgt in Verbands- oder Vertragsinstitut	10
19	Staatliche Zuschüsse zu F und E gewährt	10
20	Budgets für F und E vorhanden	10
21	Organisationsprinzip	12
22	Anzahl der Entscheidungsebenen im Unternehmen	12
23	Organisationseinheit zur Beobachtung der technologischen Entwicklung vorhanden	13
24	Einstellung zur Technologie	14
25	Rigidität der Planung	14
26	Entwicklungsstand der Technologie	15
27	Position des Unternehmens im Vergleich zum Inland	20
28	Position des Unternehmens im Vergleich zum Ausland	20
29	Kostensenkung als Zweck	21
30	Umsatzsteigerung als Zweck	21
31	Füllen einer Marktlücke als Zweck	21
32	Qualitätsverbesserung als Zweck	21
33	Aufholen eines technologischen Rückstands als Zweck	21
34	Erzielung eines technologischen Vorsprungs als Zweck	21
35	Hauptanstoß aus dem F- und E-Bereich	25
36	Hauptanstoß aus dem Produktionsbereich	25
37	Hauptanstoß aus dem Verkaufsbereich	25
38	Lösungssuche erfolgt durch Einzelperson	26
39	Lösungssuche erfolgt durch bestehende Organisationseinheit	26
40	Lösungssuche erfolgt durch neue Organisationseinheit	26
41	Beteiligung aus dem Inland an der Lösungssuche	30
42	Beteiligung aus dem Ausland an der Lösungssuche	30
43	Zeit wird bei der Lösungssuche vorgegeben	33
44	Lösungswege werden bei der Lösungssuche vorgegeben	33
45	Häufigkeit der Fortschrittskontrolle bezüglich Zeit	34
46	Häufigkeit der Fortschrittskontrolle bezüglich Lösungswege	34
47	Vorstudie über die möglichen Lösungsansätze wird angefertigt	35
48	Die für die Lösungssuche erforderlichen Spezialkenntnisse sind vorhanden	36
49	Mehrere alternative Lösungen werden gesucht	37
50	Die Lösung(en) wird/werden diskutiert	39
51	An der Lösungsdiskussion nehmen auch nicht unmittelbar Betroffene teil	40
52	Ebene der Entscheidung über die Realisierung einer Lösung	43
53	Arbeitsmarkt, Lohnniveau, Arbeitskräfte im Unternehmen als Einflußfaktor der Entscheidung	43

Lfd. Nr.a)	Variable	Nr. der Frage im Erhebungsleitfaden
54	Einstellung von Arbeitnehmern und Gewerkschaften zur Technologie als Einflußfaktor der Entscheidung	43
55	Kapitalmarkt, Zinsniveau, Kapitalausstattung des Unternehmens als Einflußfaktor der Entscheidung	43
56	Technische, wirtschaftliche und Absatzaussichten als Einflußfaktor der Entscheidung	43
57	Stand der Technik im Unternehmen und außerhalb als Einflußfaktor der Entscheidung	43
58	Einstellung der Öffentlichkeit zur Technologie als Einflußfaktor der Entscheidung	43
59	Energie-, Umweltschutzpolitik, staatliche Planung als Einflußfaktor der Entscheidung	43
60	Subvention, öffentlicher Auftrag als Einflußfaktor der Entscheidung	43
61	Konzernverflechtung als Einflußfaktor der Entscheidung	43
62	Art der dauerhaften organisatorischen Aufgabenverteilung als Einflußfaktor der Entscheidung	43
63	Art der Entscheidungsfindung als Einflußfaktor der Entscheidung	43
64	Zusammenarbeit mit Kunden, Lieferanten, Beratern als Einflußfaktor der Entscheidung	43
65	Verwendung formalisierter Verfahren zur Entscheidungsfindung	44
66	Realisierung durch weitere F und E	45
67	Realisierung erfolgt durch Einzelperson	46
68	Realisierung erfolgt durch bestehende Organisationseinheit	46
69	Realisierung erfolgt durch neue Organisationseinheit	46
70	Beteiligung aus dem Inland an der Realisierung	47
71	Beteiligung aus dem Ausland an der Realisierung	47
72	Schutzrecht wird angemeldet	48
73	Schutzrecht wird verkauft, Lizenzvertrag, Know how-Vertrag	48
74	Eine allgemein zugängliche Publikation erfolgt	48

a) Entspricht der Numerierung der Variablen in den folgenden Tabellen.

Im folgenden sollen die beiden multivariaten Methoden skizziert werden, die angewandt wurden: die Faktoren-Analyse und die Profil-Cluster-Analyse[30]. Zunächst sind jedoch noch einige Bemerkungen zur Datenaufbereitung zu machen.

[30] Vgl. zu den nachstehenden Ausführungen Schlosser 1976.

Bei den in 218 Interviews in Unternehmen aus drei Ländern erhobenen Daten handelt es sich um 274 Variablen (Antwortkategorien), die aus den Fragen 1 bis 48 des Erhebungsleitfadens für Interviews gebildet wurden (vgl. Anhang). Durch entsprechende Verschlüsselung der Antwortkategorien (z. B. ja — nein) bei den einzelnen Variablen ließ sich dieses Datenmaterial für die Computerauswertung aufbereiten.

Im Erhebungsleitfaden für die Interviews sind mehrere Fragen enthalten, die nicht in die Auswertung einbezogen werden konnten. Es handelt sich dabei um die Fragen Umsatzerlöse insgesamt, Anteil des Auslandsumsatzes, Anteil des Rohertrags an der Gesamtleistung (Nettoquote), Anteil der Löhne und Gehälter sowie sozialen Abgaben an den Umsatzerlösen (Lohnquote), Art der Gründung des Unternehmens, produktionstechnische Verbindung mit anderen Unternehmen, Vorteile und noch bestehende Schwächen der zugrundeliegenden Technologie sowie die Dauer innovativer Tätigkeiten. Für den Ausschluß dieser Daten aus der Analyse sind vor allem zwei Gründe maßgebend. Einmal zeigte sich in den Diskussionen, die während der Interviews mit Mitarbeitern der Unternehmen geführt wurden, daß ein enger Zusammenhang zwischen diesen Tatbeständen und dem Ablauf des Innovationsprozesses nicht wahrscheinlich ist, daß von den Antworten auf die betreffenden Fragen also kein Erklärungswert für den Innovationsprozess zu erwarten ist. Auch eine Abhängigkeit des Prozeßablaufs von der Entwicklung solcher Daten (z. B. Veränderung der Umsatzerlöse 1972 gegenüber 1965) ließ sich nicht postulieren. Der zweite Grund liegt darin, daß der internationale Vergleich dieser Daten nicht in der wünschenswerten Exaktheit möglich ist. Unterschiede in den nationalen betrieblichen Abrechnungssystemen hätten, ganz abgesehen von der Wechselkursproblematik, einen nicht vertretbaren Arbeitsaufwand erfordert, um die Angaben über die 218 Fälle wirklich vergleichbar zu machen. Im übrigen handelt es sich gerade bei diesen Fragen teilweise um solche, bei denen die Unternehmen am häufigsten die Antwort verweigerten. Schließlich zeigte sich, daß die Unterscheidung der sechs Subprozesse der Innovation zwar analystisch brauchbar ist, von den Unternehmen aber, weil sich die Phasen meist überlappen und nicht klar voneinander zu trennen sind, nicht mit der für eine Auswertung wünschenswerten Zuverlässigkeit beantwortet werden konnten. Diese Unterscheidung brachte jedoch eine Erleichterung bei der Einordnung der Tätigkeit der Unternehmen, da sie Antwortkategorien als Anhaltspunkte vorgibt.

Zum Teil auch aus den genannten Gründen erwies es sich als zweckmäßig, mehrere vorgegebene Antwortkategorien zusammenzufassen. Dies gilt insbesondere für die als Indikator der Organisationsgröße dienende Beschäftigtenzahl. Hier werden entsprechend den Erfahrungen während der statistischen Auswertung drei Größenklassen — nämlich unter 1000 Beschäftigte, 1000 bis unter 5000 Beschäftigte sowie 5000 und mehr Beschäftigte — gebildet. Damit wurde zwar ein objektiver Maßstab für die Organisationsgröße geschaffen. Unter Berücksichtigung der Größe eines Landes muß jedoch auch diese Einteilung relativiert werden, weil Unternehmen, die in Schweden als „groß" gelten, in der Bundesrepublik Deutschland und in Großbritannien eher zu den „mittleren" Unternehmen gezählt werden. Ein zweiter Fall dieser Art ist die Transformation der sechs als Antwortkategorien vorgegebenen Subprozesse der Innovation in die beiden Innovationsarten Basis- und Routineinnovationen (vgl. Abbildung 2).

Eine weitere Frage, die nicht zur maschinellen Auswertung aufbereitet werden konnte, war die letzte (49.) Frage des Erhebungsleitfadens („Was könnte von seiten der Unternehmen, des Staates und sonstiger Bereiche zur Verbesserung des Innovationsklimas getan werden? Welche staatlichen Maßnahmen haben sich bisher günstig bzw. ungünstig ausgewirkt?"). Da es sich hierbei um eine offene, nicht standardisierte Frage handelt, war von vornherein zu erwarten, daß die Standardisierung und Verschlüsselung der Antworten auf Schwierigkeiten stoßen würde. Es ergab sich jedoch, daß, abgesehen von Ausnahmefällen, die Interviewpartner von dieser Frage überfordert waren und keine fundierten Ansichten äußern konnten.

Die 218 untersuchten Innovationsfälle stammen aus insgesamt 126 Unternehmen. Deshalb mußten die allgemeinen Angaben über das Unternehmen für die Fälle, in denen je Unternehmen mehrere Fälle untersucht wurden, jeweils bei der Datenaufbereitung dupliziert werden. Dies betrifft die Teile A1 und A2, in einigen Fällen auch den Teil B des Erhebungsleitfadens. Verzerrungen bei der Analyse der Innovationsprozesse sind durch diese mehrfache „Gewichtung" allgemeiner Unternehmensdaten zwar nicht auszuschließen, aber nicht von vornherein als gravierend zu betrachten. Bei den folgenden Tabellen (Abschnitt 4.1) über die Häufigkeit der einzelnen Antwortkategorien ist jeweils die Gesamtzahl der Innovationsfälle, für die Daten vorliegen, angegeben. Bei den Fragen, bei denen Mehrfachnennungen von Antwortkategorien möglich waren, ist ebenfalls die Gesamtzahl (N) der Fälle angegeben, auf die sich die ausgewiesenen Anteilszahlen der Antwortkategorien beziehen.

Da den Interviewpartnern Vertraulichkeit ihrer Angaben zugesichert werden mußte, ist es nicht möglich, das Urmaterial — auch nicht in verschlüsselter Form — zu veröffentlichen oder für weitere Auswertungen allgemein zugänglich zu machen.

3.2.2 Faktoren-Analyse

Die Faktoren-Analyse zielt darauf ab, miteinander korrelierende Variable, d. h. bei den 218 Innovationsfällen häufig zusammen auftretende Merkmalsausprägungen zu Variablenkomplexen (sogenannte Faktoren) zu gruppieren. Es geht also darum, latente Interkorrelationen zwischen den Variablen aufzudecken und die Vielzahl der Variablen in zusammenhängenden Variablenkomplexen zusammenzufassen. Ein solcher Variablenkomplex repräsentiert dann einen gemeinsamen, den Einzelvariablen übergeordneten Aspekt. Die Variablenkomplexe (Faktoren) werden dabei als voneinander unabhängig (unkorreliert) aufgefaßt[31].

Insgesamt wurden elf Faktoren-Analysen der 74 Variablen durchgeführt, die zwischen 6 und 18 Faktoren erbrachten. Aus diesen elf Analysen wurde diejenige ausgewählt, die die 74 Variablen auf 15 Faktoren zuordnete. Diese Auswahl erfolgte nach dem Gesichtspunkt, Faktoren zur Reduzierung der 74 Variablen zu gewinnen, die inhaltlich möglichst aussagekräftig sind. Als Kriterien für die Zuordnung einer Variable zu einem Faktor wurde eine Faktorladung von mindestens $\pm$ 0,40 der betreffenden Variablen gewählt. Auf diese Weise ließen sich bis auf acht alle Variablen auf die 15 Faktoren zuordnen[32]. Die Zuordnung mit den zugehörigen Faktorladungen ist in Tabelle 3 wiedergegeben.

Die Faktoren-Analyse führt auf Grund verschiedener, in ihr enthaltener Annahmen[33] gegebenenfalls zu sinnlosen, unbrauchbaren Ergeb-

---

[31] Rechentechnisch geschieht die Faktorenbildung durch Rotation der Koordinatenachsen einer räumlichen Konfiguration der Vektoren der Datenmatrix so, daß die Koordinatenachsen nach der Rotation möglichst durch die Zentren von Bündeln hoch interkorrelierter Variablen verlaufen. Diese neuen Achsen stellen die Faktoren dar. Die einzelnen Variablen sind demjenigen Faktor zuzuordnen, dem sie am nächsten liegen, mit dem also ihr Vektor den kleinsten Winkel bildet. Zur Beurteilung der Zuordnung dient die sogenannte Faktorladung, die senkrechte Projektion eines Vektors auf alle Faktoren. Je höher der Absolutwert der Faktorladung, desto stärker wird eine Variable durch den betreffenden Faktor definiert. Die Faktorladung einer Variablen kann zwischen -1 und $+1$ liegen; sie entspricht der Korrelation der Variablen mit dem Faktor. Das Vorzeichen ist dabei für die Stärke der Korrelation unerheblich.

[32] Bei den nicht zugeordneten Variablen handelt es sich um (vgl. die Numerierung in der vorstehenden Aufstellung; in Klammern die Nummer der Frage im Erhebungsleitfaden): 16 Entwicklung im Unternehmen (10), 19 Staatliche Zuschüsse zu Forschung und Entwicklung (10), 21 Organisationsprinzip (12), 36 Hauptanstoß aus dem Produktionsbereich (25), 37 Hauptanstoß aus dem Verkaufsbereich (25), 49 Suche nach Alternativlösungen (37), 52 Hierarchische Ebene der Entscheidung (40), 65 Verwendung formalisierter Verfahren zur Entscheidungsfindung (44).

[33] Es handelt sich dabei insbesondere um die Annahme linear voneinander unabhängiger (orthogonaler) Variablen, die zu unterschiedlichen Faktoren gehören. Diese Annahme braucht in der Realität durchaus nicht erfüllt zu

nissen. Deshalb konnten die Ergebnisse der Faktoren-Analyse nur bedingt für die weitere Analyse typischer Abläufe des Innovationsprozesses herangezogen werden. Vielmehr wurde unter Berücksichtigung der Ergebnisse der Faktoren-Analyse und der theoretischen Überlegungen ein Bündel von zwanzig Faktoren (Variablenkomplexe) gebildet, mit dem die Ergebnisse der gleichfalls durchgeführten Profil-Cluster-Analyse (kurz: Cluster-Analyse) kombiniert wurden.

3.2.3 *Profil-Cluster-Analyse*

Die Cluster-Analyse hat die Aufgabe, die 218 Innovationsfälle nach ihrer Ähnlichkeit zu klassifizieren, d. h. in Gruppen (Cluster) einander ähnlicher Fälle, also in Innovationstypen, einzuordnen. Sie trägt mit diesem Grundgedanken der Tatsache Rechnung, daß in der Realität kaum jemals identische Merkmalskombinationen auftreten, sondern vielmehr die beobachteten Innovationsfälle untereinander nur jeweils eine mehr oder minder ausgeprägte Ähnlichkeit aufweisen. Die Cluster-Analyse macht also typische Datenkonstellationen sichtbar und weist dadurch gruppenspezifisch unterschiedliche Merkmalszusammenhänge aus. Sie ist damit die geeignete Methode, um ohne theoretische Vorentscheidungen und damit ohne unnötige vorherige Beschränkung typische latente Zusammenhänge im gegebenen Datenmaterial aufzudecken. Die Antworthäufigkeiten bei den einzelnen Variablen lassen sich unter den Clustern und auch mit der Gesamtheit aller 218 Innovationsfälle vergleichen. Hieraus werden zum einen die typischen Unterschiede und zum anderen das Ausmaß der Übereinstimmung zwischen den Clustern, d. h. die allgemeinen charakteristischen Züge des Innovationsprozesses erkennbar.

Die Cluster-Analyse beschreibt somit die in den Gruppen von Innovationsfällen schwerpunktmäßig vorherrschenden Verhältnissen. Dabei wird eine gewisse Schwankungsbreite der Fälle innerhalb eines Clusters zugelassen, die den Homogenitätsgrad (Ähnlichkeitsgrad) der Innovationsfälle bestimmt. Die Ähnlichkeit wird dabei durch ein Abstandsmaß definiert, das den durchschnittlichen paarweisen Abstand zwischen den Merkmalswerten (dem jeweiligen Merkmalsprofil) zweier Innovationsfälle innerhalb eines Clusters erfaßt[34]. Der Ähnlichkeitsgrad muß dabei vorgegeben werden; von ihm hängt die Anzahl der zu bildenden Cluster ab. Im vorliegenden Fall wurde nach mehreren Versuchen eine Clusterstruktur ermittelt, nach der die 218 Innovationsfälle in insgesamt 18 Cluster klassifiziert wurden, die maximal

sein. Vielmehr können zwischen den zu verschiedenen Faktoren gehörenden Variablen durchaus nicht-lineare Zusammenhänge bestehen. Vgl. zu dieser Schwäche der Faktoren-Analyse insbesondere Schlosser 1976, S. 32.

[34] Zu den rechentechnischen Einzelheiten vgl. Schlosser 1976, S. 158 ff.

Tabelle 3: **Ergebnisse der Faktoren-Analyse für 74 ausgewählte Variablen bei 218 Innovationsfällen**

Lfd. Nr.	Nr. der Frage im Erhebungs-leitfaden[c)]	Faktoren														
		1	2	3	4	5	6	7	8	9	10	11	12	13	14	15
1		-0,23	-0,19	-0,07	0,12	-0,02	0,25	-0,27	-0,15	-0,19	-0,21	0,16	0,09	0,23	-0,46[b)]	-0,07
2	1	-0,12	-0,06	-0,02	0,67[b)]	0,25	0,09	-0,01	-0,12	-0,04	0,04	-0,03	0,13	-0,02	-0,00	-0,05
3	19	-0,07	-0,10	0,02	-0,11	0,01	0,26	-0,61[b)]	0,03	-0,01	0,11	-0,01	-0,14	-0,06	0,12	-0,04
4	4	0,10	0,10	-0,08	0,62[b)]	-0,20	-0,11	0,20	-0,34	0,08	-0,03	-0,23	0,10	0,04	-0,02	0,16
5	7	0,12	0,27	0,04	-0,40[b)]	0,03	-0,09	0,30	-0,11	-0,19	0,22	0,06	0,05	0,17	-0,03	0,24
6	8	0,02	-0,08	-0,10	0,34	-0,07	-0,25	0,09	-0,11	-0,05	0,07	0,01	0,23	0,15	0,53[b)]	0,08
7	8	0,00	-0,10	-0,03	0,13	0,74[b)]	-0,03	-0,03	0,05	-0,03	0,00	0,00	0,02	0,06	0,02	0,03
8	8	0,07	0,10	-0,17	-0,32	0,71[b)]	0,11	0,01	0,02	-0,08	-0,02	0,02	-0,10	-0,06	0,04	0,02
9	9	0,09	0,08	-0,06	0,07	0,01	-0,03	-0,05	-0,86[b)]	0,05	-0,03	0,09	0,03	0,00	0,11	-0,07
10	9	0,06	0,07	-0,09	0,05	0,05	0,04	-0,01	-0,88[b)]	0,11	0,02	0,02	-0,00	0,06	0,17	-0,06
11	9	0,16	0,29	0,06	0,06	-0,06	-0,14	0,19	-0,73[b)]	0,02	-0,04	-0,07	0,03	-0,02	-0,07	0,09
12	9	0,15	0,09	-0,03	0,06	0,03	-0,01	-0,02	-0,88[b)]	0,01	-0,03	0,09	0,04	0,08	-0,01	-0,00
13	10	0,15	0,13	-0,10	-0,20	0,00	-0,04	0,31	-0,25	0,12	-0,11	-0,19	0,53[b)]	-0,03	-0,07	-0,12
14	10	0,04	0,02	-0,70[b)]	0,05	0,18	0,04	-0,09	-0,21	-0,02	0,00	-0,05	0,26	0,00	0,08	0,07
15	10	0,03	0,05	0,18	0,55[b)]	-0,16	-0,06	0,11	-0,17	-0,16	-0,06	0,05	-0,13	0,42[b)]	-0,20	0,11
16[a)]	10	0,15	0,14	-0,07	-0,36	0,01	-0,03	0,22	-0,32	0,06	-0,05	-0,20	0,32	-0,24	-0,27	-0,07
17	10	0,02	-0,02	-0,73[b)]	0,01	0,05	0,06	0,01	-0,20	-0,07	0,04	0,00	0,29	0,11	-0,01	-0,06

18	10	-0,11	0,12	0,21	0,67[b)]	-0,10	-0,03	0,03	-0,12	-0,10	0,12	0,03	-0,04	0,14	-0,37	-0,03
19[a)]	10	0,04	0,01	0,23	0,02	0,20	-0,15	0,38	-0,06	-0,10	0,11	-0,13	-0,32	0,30	-0,24	0,06
20	10	0,22	0,31	-0,05	-0,16	-0,16	-0,19	0,35	-0,44[b)]	0,02	-0,07	0,08	0,12	-0,24	-0,10	0,13
21[a)]	12	0,12	0,07	-0,23	0,01	-0,13	-0,07	0,24	-0,05	-0,12	-0,27	-0,03	0,04	-0,21	-0,06	0,37
22	12	0,05	0,13	-0,15	0,22	-0,13	0,06	0,20	-0,68[b)]	-0,03	-0,10	0,07	0,14	0,01	-0,10	-0,21
23	13	0,00	0,17	-0,04	0,18	0,02	0,15	0,44[b)]	-0,36	-0,16	0,00	0,16	0,06	-0,04	0,12	-0,07
24	14	0,09	0,05	0,05	-0,12	-0,03	0,08	-0,07	-0,05	-0,03	-0,09	0,15	0,04	-0,11	0,74[b)]	0,11
25	14	0,00	0,01	0,05	-0,21	0,15	0,10	-0,04	-0,13	-0,00	-0,17	0,06	-0,10	0,05	0,68[b)]	0,07
26	15	-0,03	-0,08	-0,01	0,13	-0,08	0,23	-0,02	-0,02	-0,04	0,04	0,10	0,46[b)]	0,16	-0,27	-0,05
27	20	-0,00	0,05	-0,42[b)]	-0,19	-0,07	-0,04	0,07	0,12	0,18	-0,16	0,08	-0,24	0,05	-0,05	0,08
28	20	-0,03	0,02	-0,59[b)]	-0,07	0,03	0,01	0,03	-0,00	0,07	-0,04	0,05	-0,21	-0,15	-0,04	-0,00
29	21	-0,02	-0,11	0,16	-0,05	-0,07	0,05	0,07	-0,06	-0,04	-0,10	0,06	-0,17	0,05	-0,20	-0,57[b)]
30	21	0,14	0,08	0,09	-0,16	-0,04	-0,16	-0,00	-0,02	0,11	-0,01	0,00	-0,05	0,14	0,18	0,47[b)]
31	21	0,29	0,18	-0,27	-0,04	-0,15	-0,25	-0,10	0,13	0,11	0,27	0,08	0,01	0,32	-0,05	0,43[b)]
32	21	-0,09	-0,20	-0,06	-0,05	0,03	0,00	0,13	-0,15	0,09	-0,53[b)]	0,06	0,01	0,09	0,11	-0,04
33	21	0,05	-0,12	-0,11	0,04	-0,31	-0,10	-0,09	-0,03	-0,28	0,10	0,04	0,01	0,49[b)]	0,07	-0,10
34	21	0,15	0,16	-0,03	-0,06	0,05	0,01	0,18	0,02	0,17	-0,13	0,14	-0,07	0,07	0,17	0,59[b)]
35	25	0,08	0,06	0,02	0,08	-0,01	-0,28	0,60[b)]	-0,02	0,08	0,01	0,00	0,06	0,11	-0,06	0,07
36[a)]	25	0,08	0,20	-0,09	-0,04	-0,06	0,11	0,12	-0,06	-0,09	-0,06	-0,01	0,13	0,12	-0,04	-0,36
37[a)]	25	0,13	0,13	-0,25	0,27	-0,23	-0,00	-0,14	-0,03	0,03	-0,29	-0,05	-0,05	0,04	0,28	0,17
38	26	0,21	0,00	0,26	-0,11	-0,10	-0,01	0,17	-0,20	0,05	-0,15	0,53[b)]	0,14	0,08	-0,09	-0,17

Tabelle 3 (Fortsetzung)

Lfd. Nr.	Nr. der Frage im Erhebungs-leitfaden[c)]	Faktoren														
		1	2	3	4	5	6	7	8	9	10	11	12	13	14	15
39	26	0,28	0,12	-0,06	0,01	-0,05	0,05	0,17	-0,08	0,70[b)]	0,01	-0,09	-0,01	-0,14	0,08	0,07
40	26	-0,15	0,10	-0,04	0,04	0,13	-0,17	-0,13	0,02	-0,73[b)]	0,11	-0,14	0,02	0,05	0,00	-0,04
41	30	0,23	0,20	-0,07	-0,08	-0,21	-0,09	0,01	-0,05	-0,04	0,19	0,16	-0,09	-0,53[b)]	-0,05	-0,35
42	30	0,14	0,23	-0,19	0,02	0,03	0,15	0,07	0,05	-0,03	0,06	0,60[b)]	0,14	-0,13	0,13	-0,00
43	33	0,13	0,75[b)]	-0,05	0,10	-0,04	-0,03	0,04	-0,19	-0,06	0,10	0,10	0,12	-0,03	0,13	0,03
44	33	0,21	0,67[b)]	-0,15	0,05	-0,02	-0,06	0,19	-0,08	0,02	0,17	-0,01	0,10	0,04	0,14	0,02
45	34	0,15	0,70[b)]	0,08	0,02	0,12	-0,25	0,02	-0,28	-0,01	-0,04	0,13	0,06	-0,00	-0,09	0,04
46	34	0,22	0,78[b)]	0,02	-0,06	0,01	-0,11	0,09	-0,12	-0,01	0,01	0,10	0,04	-0,04	-0,14	0,09
47	35	0,35	0,50[b)]	-0,12	-0,13	-0,19	0,00	0,19	-0,09	-0,02	0,00	-0,19	-0,33	-0,21	0,07	-0,10
48	36	0,12	0,36	0,10	-0,19	-0,02	0,01	0,30	-0,18	0,42[b)]	-0,04	0,10	-0,02	0,04	-0,10	0,05
49[a)]	37	0,37	0,37	-0,11	0,03	-0,01	-0,15	0,23	-0,12	0,04	-0,09	0,10	-0,29	0,03	-0,16	0,08
50	39	0,44[b)]	0,49[b)]	0,04	-0,05	-0,07	0,03	-0,08	-0,16	0,12	0,14	-0,07	-0,32	-0,12	0,18	-0,17
51	40	0,44[b)]	0,41[b)]	0,02	-0,07	-0,01	-0,03	-0,16	-0,07	0,08	-0,14	-0,25	-0,32	-0,07	0,24	-0,14
52[a)]	43	0,00	0,21	0,00	0,28	-0,05	-0,17	-0,02	-0,38	0,13	-0,27	0,14	0,19	-0,17	-0,35	-0,07
53	43	0,76[b)]	0,08	0,02	-0,01	0,03	-0,00	-0,09	-0,03	0,09	-0,00	0,17	-0,01	0,23	0,04	-0,15
54	43	0,75[b)]	0,11	0,11	0,11	0,02	-0,01	0,10	-0,04	0,07	-0,10	0,09	-0,00	0,07	-0,01	-0,19
55	43	0,77[b)]	0,08	-0,03	-0,07	-0,00	0,07	0,04	-0,02	0,07	-0,10	0,02	0,06	0,21	-0,05	-0,04

56	43	0,78[b)]	0,20	-0,03	-0,14	-0,04	-0,11	0,02	-0,03	0,05	0,02	0,03	-0,06	-0,02	0,08	0,12
57	43	0,76[b)]	0,10	-0,02	-0,02	-0,06	-0,10	0,04	-0,07	0,08	0,18	-0,05	-0,05	-0,15	0,11	0,14
58	43	0,69[b)]	0,08	-0,03	0,09	-0,08	0,04	0,13	-0,14	0,04	0,17	0,06	-0,04	-0,07	0,00	0,11
59	43	0,64[b)]	0,19	0,18	-0,01	0,09	-0,10	0,12	-0,01	0,14	0,37	-0,09	0,02	-0,06	-0,04	0,04
60	43	0,61[b)]	0,16	0,07	-0,09	-0,10	-0,16	0,25	0,04	0,11	0,15	0,04	0,09	0,11	0,03	0,00
61	43	0,77[b)]	0,05	-0,07	-0,10	0,14	-0,13	-0,08	-0,07	-0,03	-0,13	0,04	0,11	-0,11	-0,01	0,04
62	43	0,77[b)]	0,05	-0,06	0,01	0,05	-0,12	0,01	-0,15	-0,06	-0,14	-0,05	0,10	-0,02	-0,02	-0,02
63	43	0,77[b)]	0,00	-0,10	-0,03	0,08	-0,05	-0,00	-0,18	-0,03	-0,04	0,01	0,07	-0,07	0,01	0,06
64	43	0,65[b)]	0,04	-0,02	0,02	-0,09	-0,11	0,05	0,09	0,16	0,09	0,02	0,02	-0,36	0,14	0,11
65[a)]	44	0,30	0,18	-0,24	-0,10	-0,04	-0,16	0,09	-0,19	0,13	0,27	-0,09	-0,08	-0,03	0,25	-0,36
66	45	0,15	0,15	0,01	-0,15	-0,04	-0,58[b)]	0,18	-0,11	0,05	0,03	0,13	-0,25	-0,11	0,02	0,18
67	46	-0,06	-0,09	0,03	-0,13	-0,01	-0,27	-0,09	-0,20	0,16	-0,29	0,57[b)]	0,00	0,13	-0,06	-0,03
68	46	0,08	-0,01	-0,12	0,03	0,06	-0,38	-0,15	-0,06	0,64[b)]	0,06	-0,18	0,08	-0,10	0,04	-0,02
69	46	0,01	0,09	0,06	0,02	-0,02	0,23	0,12	0,03	-0,71[b)]	0,02	-0,12	-0,05	-0,08	0,07	-0,02
70	47	0,07	0,01	-0,10	-0,03	-0,19	-0,31	-0,08	-0,07	0,11	0,08	0,15	-0,18	-0,60[b)]	-0,04	-0,29
71	47	0,00	0,14	-0,20	0,05	0,16	-0,32	-0,03	-0,14	-0,00	0,04	0,51[b)]	-0,10	-0,20	0,20	-0,04
72	48	0,14	0,09	-0,00	-0,05	-0,12	-0,73[b)]	0,23	0,13	0,10	-0,05	0,00	0,08	-0,01	0,03	0,03
73	48	0,10	0,08	-0,07	0,16	0,14	-0,68[b)]	0,09	-0,18	0,04	-0,00	0,18	0,05	0,08	0,05	0,08
74	48	0,16	0,10	0,14	0,05	-0,03	-0,73[b)]	0,17	-0,08	-0,01	0,01	-0,04	0,05	-0,00	-0,12	-0,03

a) Variable, deren Faktorladung bei keinem Faktor $\pm$ 0,40 erreicht. – b) Faktor mit der höchsten Ladung (mindestens $\pm$ 0,40) der Variable. – c) Vergleiche den Erhebungsleitfaden für die Interviews in Unternehmen im Anhang.

23 und minimal 3 Innovationsfälle umfassen. Der durchschnittliche Ähnlichkeitsgrad schwankt bei den 18 Clustern zwischen + 0,39 und + 0,58[35].

Zur Verkürzung der erforderlichen Rechenzeit und um das Auswertungsprogramm an die zur Verfügung stehende Speicherkapazität anzupassen, wurden aus den 74 ausgewählten Variablen wiederum 42 als besonders wichtig erachtete ausgewählt, an Hand derer die Bildung der Cluster erfolgte. Die 42 (in Tabelle 4 durch * gekennzeichneten) Variablen stellen demnach gruppendefinierende (Leit-)Variablen dar. Die restlichen 32 Variablen dienen dagegen nur zur weiteren Beschreibung der ermittelten Cluster. Die 42 Variablen werden somit als diejenigen erachtet, die aus der Gesamtheit von 274 Variablen (über die empirisches Material erhoben und ausgewertet wurde) den Innovationsprozeß besonders prägnant beschreiben.

Die Cluster-Analyse liefert je Cluster ein charakteristisches Profil, d. h. die Mittelwerte und Standardabweichungen für alle 74 Variablen aus den in das Cluster einbezogenen Innovationsfällen[36]. Diese Mittelwerte sind in Tabelle 4 wiedergegeben. Zur Beurteilung der Cluster wurden darüber hinaus für jede der 74 Variablen die Mittelwerte pro Cluster gegenüber denen der übrigen Cluster paarweise auf signifikante Unterschiede überprüft, um ein Maß für die charakteristischen Abweichungen der Cluster untereinander zu erhalten. In die weitere Auswertung einbezogen wurden dann nur noch solche Variablen bzw. Mittelwerte pro Variable, bei denen sich der Mittelwert des Clusters gegenüber den entsprechenden Mittelwerten von mindestens drei anderen Clustern mit einem t-Wert[37] von mindestens 5,00 unterscheidet. Sinn dieses Vorgehens ist es, die für einen Typ besonders charakteristischen, d. h. gegenüber den anderen Typen differenzierenden Variablen

---

[35] Der Wert + 1 würde Identität der Merkmalswerte aller Variablen für alle Innovationsfälle innerhalb eines Clusters bedeuten, also totale Ähnlichkeit, der Wert 0 Unähnlichkeit und der Wert — 1 totales Entgegengesetztsein — analog den Korrelationswerten + 1, 0 und — 1.

[36] Tabelle 4 enthält je Innovationstyp die Mittelwerte aus den in dieses Cluster einbezogenen Fällen. Da nicht für alle der 218 Fälle Angaben über alle der 274 ursprünglichen bzw. alle der 74 ausgewählten Variablen von den Unternehmen erhältlich waren, beziehen sich die Mittelwerte teilweise auf eine geringere Zahl von Fällen als die in den jeweiligen Innovationstyp insgesamt eingeordnete Zahl von Fällen. Für die Cluster-Analyse wurden — weil die Datenmatrix auf 218 Fälle mit 74 Variablenwerten aufgefüllt werden mußte — die fehlenden Angaben jeweils durch den theoretischen Mittelwert der Variablen ersetzt. Bei dichotomen Variablen (Ja = 1; Nein = 0) wurde beispielsweise der theoretische Mittelwert 0,5 in die Datenmatrix eingesetzt.

[37] Verhältnis von Mittelwert zur Standardabweichung. Der Wert $t \geqslant 5$ bedeutet für die elf größten Cluster (minimale Anzahl der Innovationsfälle: 11) eine Wahrscheinlichkeit von unter 1 % dafür, daß die Unterschiede zwischen den Clustermittelwerten je Variable zufällig zustandegekommen sind.

herauszufinden. Im Umkehrschluß lassen sich dann diejenigen Variablen, die nicht oder nicht entsprechend den oben angeführten Bedingungen zur Unterscheidung der Typen beitragen, als für die Gesamtheit der Innovationsfälle charakteristisch bezeichnen.

Außer der Feststellung, welche der 74 Variablen für die Cluster entscheidend sind, lassen sich noch weitere Aussagen ableiten. Einmal werden die einzelnen Cluster durch die Mittelwerte der Variablen beschrieben; dabei sind für die einzelnen Cluster besonders diejenigen Variablen charakteristisch, bei denen die Mittelwerte besonders stark vom Mittelwert der Gesamtheit aller 218 Innovationsfälle abweichen. Diese Variablen zeigen die für die Cluster typischen Aspekte an. Bei dieser Analyse werden nicht nur diejenigen Variablen herangezogen, die für die Clusterbildung insgesamt von Bedeutung sind, sondern ergänzend auch solche Variablen, bei denen sich unter Umständen nur das betreffende Cluster von der Gesamtheit aller Fälle unterscheidet, die also nicht gegenüber mindestens drei anderen Clustern differenzieren. In diese Analyse wurden nur die elf größten Cluster einbezogen, die jeweils mindestens elf (zusammen 82 %) der 218 Fälle enthalten. Die restlichen sieben der 18 Cluster stellen jeweils ein Sammelsurium „atypischer" extremer Fälle dar, deren Einbeziehung in die Beschreibung der Cluster (Innovationstypen) nicht sinnvoll ist.

Zum anderen kann festgestellt werden, für welche Cluster die einzelnen Variablen charakteristisch sind.

Als methodisch optimales Vorgehen hätte sich eine Kombination von Faktoren- und Cluster-Analyse angeboten. Nach der Bildung der Cluster hätte entsprechend der Verdichtung der 74 Variablen zu 15 Variablenkomplexen (Faktoren) eine demgemäße Verdichtung der charakteristischen Aspekte jedes Clusters erfolgen können. Für jedes der elf Cluster hätte sich eine inhaltliche Aussage über jeden der 15 Variablenkomplexe treffen lassen. Dies scheiterte an der — wie bereits geschildert — teilweise unbefriedigenden Klassifizierung der Variablen durch die Faktoren-Analyse. Deshalb wurde aufbauend auf den Ergebnissen der Faktoren-Analyse eine eigene Bündelung von Variablen zu Variablenkomplexen vorgenommen und diese Variablenkomplexe zur Beschreibung der Cluster verwendet[38] (vgl. Tabelle 27).

Im folgenden Kapitel wird der Ablauf von Innovationsprozessen in westeuropäischen Industrieländern an Hand von 218 konkreten Inno-

[38] Der Vergleich der Ergebnisse der Faktoren- und der Cluster-Analyse bestätigt die Resultate der beiden bisher bekanntgewordenen Versuche, mit demselben empirischen Datensatz beide Verfahren zu verwenden. Auch diese beiden Versuche bekräftigen auf Grund inhaltlicher Beurteilungskriterien, daß die Cluster-Analyse im sozialwissenschaftlichen Bereich der Faktoren-Analyse überlegen ist (vgl. Schlosser 1976, S. 209).

Tabelle 4: **Ergebnisse der Profil-Cluster-Analyse für 74 ausgewählte Variablen bei 218 Innovationsfällen**

– Mittelwerte der Variablen je Cluster –

Lfd. Nr.	Nr. der Frage im Erhebungs-leitfaden[b)]	Cluster																		Alle Innova-tions-fälle
		1	2	3	4	5	6	7	8	9	10	11	12	13	14	15	16	17	18	
1*[a)]		1.26	2.00	1.62	1.06	2.12	1.69	1.40	2.92	1.64	1.82	3.00	2.00	1.14	1.17	1.67	2.60	1.60	2.33	1.78
2*[a)]	1	0.30	1.00	0.25	0.33	1.00	0.36	0.80	0.11	0.55	0.00	0.91	1.00	0.14	0.17	0.83	1.00	0.20	0.33	0.47
3*[a)]	19	0.17	0.32	0.48	0.83	0.71	0.69	0.87	0.92	0.82	0.27	1.00	0.50	0.57	0.50	1.00	1.00	0.60	0.00	0.61
4*[a)]	4	2.96	3.00	2.29	2.00	2.59	1.37	1.47	1.69	2.45	2.45	1.36	2.37	1.57	2.83	2.17	2.00	1.40	2.67	2.21
5*	7	1.91	1.00	1.65	1.94	1.00	2.53	1.08	1.77	1.40	2.00	1.22	1.29	2.00	2.00	1.00	1.00	1.80	1.67	1.67
6	8	0.91	0.64	0.67	0.67	0.47	0.25	0.53	0.38	0.73	0.64	0.45	0.87	0.71	1.00	0.83	0.80	0.60	1.00	0.65
7	8	0.48	0.73	0.48	0.67	0.53	0.87	0.47	0.46	0.91	0.36	0.82	0.62	0.71	0.50	1.00	0.80	0.60	0.33	0.58
8*	8	1.00	2.00	1.00	1.69	1.00	2.07	0.67	0.62	1.00	0.86	1.75	3.00	1.40	1.20	2.00	3.00	2.25	0.00	1.31
9*	9	2.68	2.76	2.48	2.29	3.00	2.31	2.13	3.00	2.73	2.00	2.00	2.62	2.00	2.33	2.33	2.80	1.60	2.33	2.49
10*	9	2.86	2.76	2.67	2.35	3.00	2.62	2.40	3.00	2.82	1.91	2.25	2.87	1.33	2.67	2.50	2.80	1.40	2.33	2.58
11*	9	2.68	2.67	2.52	2.19	2.88	2.50	1.00	2.25	2.40	1.82	0.60	2.50	1.33	2.67	2.17	3.00	0.80	1.67	2.24
12*[a)]	9	2.55	2.67	2.48	2.00	2.71	2.25	2.07	3.00	2.64	1.82	2.33	2.87	1.00	2.50	2.00	2.75	1.40	2.33	2.37
13	10	0.68	1.00	0.63	0.61	0.53	0.44	0.33	0.36	0.55	0.91	0.11	0.50	0.33	0.33	0.83	0.20	0.80	0.67	0.58
14	10	0.68	0.33	0.42	0.50	0.47	0.12	0.07	0.27	0.36	0.55	0.67	1.00	0.00	0.40	0.67	1.00	0.40	0.33	0.43
15[a)]	10	0.52	0.95	0.57	0.11	0.06	0.00	0.07	0.92	0.09	0.00	0.27	0.62	0.29	0.50	0.00	0.40	0.00	0.67	0.36
16	10	0.77	1.00	0.89	0.94	1.00	1.00	0.67	1.00	0.82	1.00	0.44	0.50	0.83	0.67	1.00	0.40	1.00	0.67	0.85
17	10	0.45	0.36	0.32	0.33	0.41	0.12	0.07	0.36	0.36	0.55	0.67	1.00	0.00	0.33	0.67	1.00	0.40	0.33	0.39
18	10	0.30	0.95	0.38	0.00	0.47	0.25	0.13	0.38	0.09	0.00	0.27	0.62	0.14	0.50	0.17	0.40	0.00	0.33	0.33
19[a)]	10	0.87	1.00	0.43	0.39	0.06	0.81	0.07	0.85	0.64	0.09	0.45	0.00	0.57	1.00	0.33	0.40	0.80	0.00	0.49
20[a)]	10	1.00	0.95	1.00	0.89	1.00	0.94	0.13	1.00	0.60	1.00	0.25	1.00	0.50	1.00	1.00	0.50	0.20	1.00	0.84

21*a)	12	1.87	1.55	2.14	1.50	1.24	1.69	1.13	1.62	1.36	1.64	1.50	1.75	1.83	1.67	2.67	1.60	1.20	2.33	1.77
22*a)	12	4.87	5.73	4.10	4.28	5.94	3.81	3.73	5.33	3.73	3.55	3.50	5.00	3.67	4.60	4.50	4.60	2.80	4.67	4.50
23a)	13	1.00	0.91	0.57	0.83	0.94	0.87	0.07	0.92	0.18	0.09	0.78	1.00	0.00	1.00	0.83	0.60	0.40	1.00	0.70
24*a)	14	0.60	0.00	0.55	0.56	0.67	0.31	0.57	0.33	0.40	0.20	0.86	0.87	0.83	0.20	0.83	0.00	0.00	1.00	0.51
25*a)	14	0.72	0.00	0.20	0.06	0.25	0.08	0.07	0.46	1.00	0.00	0.56	0.25	0.17	0.60	0.83	0.40	0.00	0.00	0.34
26*	15	2.72	2.95	2.76	2.69	3.62	2.00	3.00	2.60	3.00	2.82	3.00	2.62	2.33	1.60	2.17	2.75	3.00	2.67	2.77
27*	20	2.42	2.27	2.63	2.50	2.36	2.31	2.30	2.78	2.18	2.20	2.00	2.00	2.00	2.20	2.00	2.33	2.60	2.00	2.34
28*a)	20	2.24	2.08	2.28	2.12	1.94	2.21	2.10	1.87	2.20	2.22	2.09	2.00	2.00	2.75	1.83	2.60	1.40	2.00	2.20
29a)	21	0.22	0.91	0.29	0.11	0.71	0.75	0.67	0.69	0.27	0.36	0.36	0.37	0.14	0.33	0.67	0.80	0.80	0.00	0.48
30	21	0.65	0.27	0.71	0.61	0.29	0.62	0.27	0.38	0.55	0.73	0.18	0.25	0.57	0.50	0.50	0.40	0.60	0.33	0.48
31a)	21	0.57	0.14	0.48	0.50	0.00	0.12	0.07	0.08	0.27	0.82	0.09	0.25	0.43	0.50	0.50	0.00	0.80	0.00	0.31
32	21	0.48	0.36	0.43	0.56	0.35	0.62	0.40	0.77	0.27	0.27	0.64	0.50	0.29	0.17	0.50	0.20	0.20	0.33	0.44
33a)	21	0.04	0.09	0.14	0.06	0.00	0.31	0.07	0.54	0.09	0.45	0.27	0.37	0.14	0.50	0.00	0.20	0.80	0.33	0.19
34a)	21	0.83	0.23	0.86	0.89	0.06	0.25	0.13	0.62	0.55	0.64	0.18	0.25	0.29	0.67	0.50	0.20	0.60	1.00	0.49
35	25	0.83	0.59	0.48	0.33	0.41	0.62	0.13	0.15	0.18	0.73	0.00	0.25	0.29	0.33	0.17	0.00	0.40	0.67	0.41
36a)	25	0.04	0.45	0.10	0.00	0.24	0.19	0.13	0.38	0.27	0.18	0.18	0.25	0.14	0.33	0.00	0.00	0.00	0.00	0.18
37a)	25	0.17	0.00	0.38	0.28	0.12	0.00	0.20	0.08	0.18	0.09	0.00	0.62	0.14	0.50	0.67	0.00	0.00	0.00	0.18
38a)	26	0.04	0.32	0.14	0.00	0.24	0.19	0.07	0.54	0.00	0.09	0.20	0.00	0.14	0.00	0.17	0.20	1.00	0.00	0.17
39a)	26	0.74	0.55	0.86	1.00	0.35	0.50	0.87	0.15	1.00	0.82	0.20	0.25	0.00	0.00	0.83	0.20	0.20	0.00	0.58
40a)	26	0.22	0.32	0.00	0.00	0.29	0.37	0.07	0.15	0.00	0.09	0.73	0.75	0.86	1.00	0.17	0.40	0.00	1.00	0.25
41a)	30	0.35	0.45	0.24	0.61	0.71	0.94	1.00	0.31	0.64	0.36	0.00	0.87	0.71	0.67	0.50	0.20	0.50	1.00	0.55
42a)	30	0.17	0.09	0.05	0.56	0.18	0.19	0.07	0.38	0.09	0.09	0.75	0.62	0.29	0.00	0.50	1.00	0.75	0.33	0.25
43	33	0.83	0.45	0.48	0.78	0.75	0.62	0.20	0.69	0.50	0.60	0.80	1.00	0.57	1.00	0.33	0.75	0.00	0.67	0.61
44	33	0.91	0.50	0.43	0.83	0.44	0.62	0.13	0.42	0.60	0.80	0.40	1.00	0.57	1.00	0.67	0.75	0.40	0.67	0.60

Tabelle 4 (Fortsetzung)

Lfd. Nr.	Nr. der Frage im Erhebungs-leitfaden[b)]	Cluster																		Alle Innova-tionsfälle
		1	2	3	4	5	6	7	8	9	10	11	12	13	14	15	16	17	18	
45*	34	2.82	2.68	2.43	2.33	2.62	2.62	1.80	2.64	2.22	2.44	2.60	3.00	2.29	2.67	2.00	2.67	1.80	2.67	2.48
46*	34	2.74	2.45	2.67	2.50	2.56	2.62	1.87	2.67	2.20	2.80	2.40	3.00	2.29	2.67	2.17	2.33	2.20	2.67	2.43
47[a)]	35	1.00	0.50	0.52	0.56	0.65	0.94	0.67	0.77	0.27	0.91	0.60	0.87	0.57	1.00	1.00	0.00	0.20	0.33	0.67
48[a)]	36	0.87	0.68	0.86	0.83	0.65	0.62	0.47	0.46	0.73	0.64	0.20	0.37	0.43	0.17	0.00	0.00	0.80	0.00	0.61
49	37	0.87	0.76	0.90	0.61	0.47	0.62	0.47	0.62	0.55	0.55	0.40	1.00	0.86	1.00	0.83	0.25	0.80	1.00	0.70
50	39	0.95	0.59	0.80	0.83	0.82	0.93	1.00	1.00	0.91	0.91	1.00	0.75	0.86	1.00	0.67	0.00	0.80	0.67	0.84
51[a)]	40	1.00	0.87	1.00	0.73	0.57	0.93	0.93	0.69	0.90	1.00	1.00	1.00	1.00	1.00	1.00	0.00	1.00	0.50	0.89
52*	43	1.79	3.50	2.20	2.20	3.71	1.67	1.50	2.60	1.91	1.73	1.00	3.57	1.43	1.33	3.60	2.50	1.25	2.33	2.30
53	43	0.13	0.05	0.05	0.06	0.08	0.25	0.13	0.08	0.00	0.09	0.80	0.43	0.29	0.17	0.50	0.00	0.40	0.00	0.15
54	43	0.09	0.18	0.00	0.00	0.25	0.06	0.13	0.08	0.09	0.09	0.40	0.29	0.14	0.17	0.00	0.00	0.00	0.00	0.11
55[a)]	43	0.30	0.00	0.16	0.00	0.17	0.12	0.13	0.08	0.18	0.27	0.80	0.29	0.14	0.00	0.50	0.00	0.80	0.67	0.19
56[a)]	43	0.91	0.45	0.95	0.94	0.50	1.00	0.73	0.92	0.64	0.91	0.80	1.00	0.86	1.00	0.83	0.00	1.00	0.67	0.81
57	43	0.96	0.41	0.74	0.72	0.75	0.62	0.60	0.50	0.64	0.64	0.20	0.57	0.57	0.67	1.00	0.00	0.80	0.33	0.65
58[a)]	43	0.22	0.23	0.16	0.28	0.00	0.06	0.00	0.17	0.09	0.18	0.20	0.14	0.14	0.33	0.00	0.00	0.20	0.33	0.16
59	43	0.39	0.45	0.26	0.44	0.17	0.37	0.33	0.08	0.36	0.27	0.60	0.14	0.57	0.67	0.33	0.00	0.20	0.00	0.34
60	43	0.35	0.23	0.16	0.17	0.00	0.19	0.07	0.17	0.18	0.55	0.00	0.00	0.43	0.50	0.50	0.00	0.20	0.00	0.22
61	43	0.13	0.09	0.11	0.29	0.33	0.25	0.07	0.18	0.09	0.45	0.20	0.14	0.29	0.17	0.67	0.00	0.00	0.33	0.20
62	43	0.17	0.14	0.28	0.29	0.25	0.25	0.00	0.18	0.09	0.27	0.40	0.57	0.57	0.17	0.50	0.00	0.00	0.33	0.23
63[a)]	43	0.04	0.05	0.22	0.47	0.42	0.19	0.00	0.09	0.09	0.36	0.60	0.71	0.43	0.17	0.50	0.00	0.00	0.00	0.22
64	43	0.52	0.41	0.67	0.88	0.33	0.62	0.53	0.27	0.73	0.55	0.00	0.57	0.71	0.50	0.67	0.00	0.60	0.67	0.55
65[a)]	44	0.91	0.35	0.15	0.33	0.71	0.62	0.80	0.67	0.20	0.80	0.80	0.87	0.29	1.00	0.50	0.00	0.00	0.00	0.54

66[a)]	45	0.77	0.36	0.90	0.56	0.18	1.00	0.13	0.70	0.09	0.64	0.22	0.00	0.71	0.83	0.17	0.00	0.40	1.00	0.51
67[a)]	46	0.05	0.15	0.19	0.00	0.06	0.06	0.20	1.00	0.00	0.00	0.11	0.00	0.00	0.00	0.50	0.60	1.00	0.00	0.17
68[a)]	46	0.77	0.75	0.90	1.00	0.47	0.87	0.73	0.10	0.91	1.00	1.00	0.62	0.00	0.00	0.50	0.20	0.20	0.33	0.68
69[a)]	46	0.22	0.18	0.05	0.06	0.47	0.12	0.07	0.23	0.09	0.00	0.18	0.37	1.00	1.00	0.00	0.20	0.00	0.67	0.18
70[a)]	47	0.23	0.67	0.24	0.83	0.82	0.75	0.93	0.60	0.82	0.36	0.00	0.87	0.86	0.67	0.17	0.20	0.25	0.33	0.57
71[a)]	47	0.27	0.10	0.19	0.61	0.29	0.31	0.20	0.20	0.00	0.00	0.44	0.62	0.43	0.33	0.00	0.60	0.25	0.33	0.27
72[a)]	48	0.77	0.43	0.50	0.17	0.00	0.56	0.07	0.00	0.09	1.00	0.00	0.12	0.71	0.67	0.00	0.00	0.40	0.67	0.36
73[a)]	48	0.14	0.24	0.20	0.22	0.06	0.25	0.00	0.00	0.00	0.09	0.00	0.12	0.14	0.67	0.17	0.00	0.20	0.33	0.15
74[a)]	48	0.64	0.95	0.35	0.33	0.06	0.94	0.00	0.00	0.18	0.45	0.00	0.00	1.00	0.50	0.00	0.00	0.20	1.00	0.40
Anzahl der Innovationsfälle je Cluster		23	22	21	18	17	16	15	13	11	11	11	8	7	6	6	5	5	3	218
Anteil der Cluster an allen Innovationsfällen in %		11	10	10	8	8	7	7	6	5	5	5	4	3	3	3	2	2	1	
Kumulierte Anteile der Cluster in %		11	21	30	39	46	54	61	67	72	77	82	85	89	91	94	96	99	100	
Durchschnittliche Ähnlichkeit je Cluster		0.49	0.49	0.41	0.46	0.47	0.46	0.58	0.41	0.49	0.50	0.46	0.44	0.39	0.49	0.46	0.52	0.46	0.47	

a) Clusterdefinierende (Leit-) Variable. – b) Vergleiche den Erhebungsleitfaden für die Interviews in Unternehmen im Anhang.

Legende: Verschlüsselung der Antwortkategorien der mit * gekennzeichneten Variablen, bei denen nicht 0 = Nein, 1 = Ja bedeutet, so daß z.B. der %-Satz der Ja-Antworten durch Multiplikation des angegebenen Wertes mit 100 ermittelt werden kann. Sinngemäß läßt sich aus den folgenden Codes der Anteil der Antwortkategorien bei den übrigen Variablen ablesen. In ( ) die laufende Nummer der Variable: (1) 1 = BRD, 2 = GB, 3 = S; (2) 0 = Verarbeitende Industrie, 1 = Energiesektor; (3) 0 = Basisinnovation, 1 = Routineinnovation; (4) 1 = Unter 1000 Beschäftigte, 2 = 1000 bis unter 5000 Beschäftigte, 3 = 5000 und mehr Beschäftigte; (5) 1 = Unter 2 %, 2 = 2 bis unter 5 %, 3 = 5 bis unter 10 %, 4 = 10 % und mehr; (8) 0 = Kein Einfluß, 1 = Geringer Einfluß, 2 = Beträchtlicher Einfluß, 3 = Dominanter Einfluß; (9) – (12) 0 = Kein Plan, 1 = Bis einschließlich 1 Jahr, 2 = Über 1 bis 3 Jahre, 3 = 4 und mehr Jahre; (31) 1 = Funktionalprinzip, 2 = Divisionalprinzip, 3 = Matrixprinzip; (22) 1 = Oberste Ebene; (24) 0 = Position als technischer Spitzenreiter wird angestrebt, 1 = Position als Anbieter (Verwender) ausgereifter Technologien wird angestrebt; (25) 0 = Planung als Richtschnur, 1 = Planung als strenge Zielvorgabe; (26) 1 = Gerade beginnende Entwicklung, 2 = Schnelle intensive Entwicklung, 3 = Verlangsamte Entwicklung, 4 = Ausgereifte Technologie; (27) – (28) 1 = Rückstand, 2 = Gleichstand, 3 = Vorsprung, 4 = Keine Konkurrenz; (45) – (46) 1 = Keine Kontrolle, 2 = Fallweise, 3 = Regelmäßig; (52) Vgl. Variable 22.

vationsfällen in 126 Unternehmen aus drei Ländern untersucht. Dabei erfolgt eine Zusammenschau der Grundauszählung (die Aufschluß gibt über die Häufigkeit des Vorkommens der einzelnen Elemente und Beziehungen des Innovationsprozesses) der Faktoren-Analyse (die eine Zusammenschau und Verdichtung der Variablen bietet) und schließlich der Profil-Cluster-Analyse (die typische Abweichungen vom generellen Ablauf des Innovationsprozesses aufzeigt).

Diese methodische Vielfalt soll gleichzeitig Wege für die künftige Innovationsforschung aufweisen, indem sie sie aus der Phase simpler Tests von Hypothesen über einzelne Aspekte des Prozesses hinführt zu einer allein problemadäquaten Gesamtschau, d. h. zu einer multivariaten Analyse.

Der erkenntnistheoretische Hintergrund dieses Vorgehens ist die bereits angesprochene Einsicht, daß sozialwissenschaftliche Forschung nur Erklärungsskizzen mit beschränktem Exaktheits- und damit Prognosegehalt liefern kann, daß sich aber andererseits die Aussagekraft sozialwissenschaftlicher Resultate am Vergleich mit und in der Beschreibung von immer neuen Beobachtungsfällen erweisen muß.

4. Typische Abläufe von Innovationsprozessen

Das folgende Kapitel hat eine zweifache Aufgabe. Im ersten Teil wird der Ablauf des Innovationsprozesses vom Anstoß bis zur Realisierung an Hand einer Häufigkeitsauszählung der Ergebnisse empirischer Erhebungen aus allen 218 untersuchten Innovationsfällen dargestellt. Dadurch wird die Häufigkeit des Vorkommens der einzelnen Ausprägungen des Prozeßablaufs und damit der allgemeine Ablauf dieses Prozesses deutlich. Anschließend wird mit Hilfe von zwanzig Merkmalsbündeln (Variablenkomplexe) der im Datenmaterial enthaltene Grundtyp des Innovationsprozesses herausgearbeitet. Dabei werden auch solche Merkmalsbündel behandelt, die die Organisation beschreiben, in der der Innovationsprozeß abläuft. Der dritte Teil dient dazu, typische Abweichungen von diesem Grundtyp aufzuzeigen und dadurch auch die generellen Aspekte dieses Prozesses zu verdeutlichen. Dies geschieht durch die Bildung von Gruppen ähnlicher Innovationsfälle, also von Innovationstypen (Profil-Cluster-Analyse). Darauf aufbauend erfolgt im vierten Teil der Versuch, die Bedeutung wichtiger Variablen im Innovationsprozeß herauszuarbeiten.

4.1 Der allgemeine Ablauf

In Kapitel 2 wurden der Anstoß zur Beschäftigung mit einer Technologie, die Suche nach Lösungen für dadurch aufgeworfene technologische Probleme, die Diskussion und Entscheidung über eine gefundene Lösung sowie die anschließende Realisierung dieser Lösung als innovative Tätigkeiten bezeichnet. Nachstehend ist der Ablauf dieser vier Tätigkeiten (Prozeßphasen) am Beispiel von 218 Innovationsfällen aus drei Ländern zu beschreiben[1]. Die Fragen nach dem Träger eines Rollenkomplexes und nach der verfolgten Strategie werden bei allen vier Prozeßphasen behandelt. Bei den Trägern der Rollenkomplexe interessieren insbesondere die Probleme Einzelperson oder Organisationskollektiv sowie hierarchische und funktionale Differenzierung. Die Frage nach der verfolgten Strategie zielt auf die Vorgehensweise bei der Durchführung der innovativen Tätigkeiten. Außerdem wird bei jeder Prozeßphase auf einen phasenspezifischen Problemkreis eingegangen,

---

[1] Bei Fragen, bei denen Mehrfachnennungen möglich waren, bezeichnet N die Zahl der Fälle (maximal 218), nicht die Summe der Einzelantworten.

nämlich den mit dem Anstoß verfolgten Zweck, die Kontrolle der Lösungssuche, die Einflußfaktoren der Entscheidung und den Wissenstransfer in der Phase der Realisierung.

4.1.1 Anstoß

4.1.1.1 Initiator

Die Frage, ob der Innovationsprozeß eher durch die Technologie (technology push) oder durch die Bedürfnisse des Marktes, genauer der Verwender von Technologien (demand pull), ausgelöst werde, ist eines der Hauptprobleme der bisherigen Innovationsforschung. Die Diskussion dieser Frage wurde ausgelöst durch Carter und Williams[2]. Bei der Analyse von 567 Innovationsfällen durch Myers und Marquis[3] zeigte sich, „that the primary factor in only 21 percent of the successful innovations was the recognition of a technical opportunity. Market factors were reported as the primary factor in 45 percent of the innovations and manufacturing factors in 30 percent, indicating that three-fourths of the innovations could be classed as responses to demand recognition“[4]. Der „technology push“ hat also insgesamt eine untergeordnete Rolle gespielt.

Die Beantwortung der Frage „demand pull“ oder „technology push“ ist auf jeden Fall sehr schwierig, da es sich letztlich um ein „Henne-Ei-Problem“ handelt. Ohne das Zusammenwirken beider Kräfte kann ohnedies kein Innovationsprozeß ablaufen. Wichtiger erscheint deshalb die Frage, wer in einem Unternehmen die Initiative ergreift, sich mit einer Technologie zu beschäftigen. Dies ist die Frage nach dem Träger der Rolle des Initiators, die einmal funktional, zum anderen personal gesehen werden kann. Als wichtigste Quelle des Hauptanstoßes erwies sich der F- und E-Bereich, von dem in 41 % aller 218 Fälle der Hauptanstoß allein kam oder auch kam (vgl. Tabelle 5). Die übrigen Bereiche spielten demgegenüber eine weniger wichtige Rolle. Aus diesem Ergebnis darf jedoch nicht geschlossen werden, die Initiative zur Innovation würde von einem relativ marktfernen Bereich ausgehen. Vielmehr darf angenommen werden, daß auch der F- und E-Bereich über die Bedürfnisse bei den potentiellen Abnehmern und die Entwicklung von Kon-

---

[2] Vgl. Carter/Williams 1957. Die Analyse von 204 Innovationsfällen in 116 Unternehmen ergab eine dominierende Rolle der Marktorientierung gegenüber dem technischen Entwicklungsdruck. Zahlreiche spätere Untersuchungen brachten ähnliche Ergebnisse. Besonders deutlich wurde die Wichtigkeit der Beobachtung des Marktes durch die „Sappho-Studie“ herausgearbeitet. Vgl. Achilladelis et al. 1971. Für die Bundesrepublik Deutschland wurde die Bedeutung des „demand pull“ auch deutlich durch die Studie von Geschka et al. 1975.

[3] Myers/Marquis 1969, S. 38 f.

[4] Myers/Marquis 1969, S. 31.

Tabelle 5

Herkunft des Hauptanstoßes zur Beschäftigung mit einer Technologie

Herkunftsbereich	Anzahl	Anteil in %
Von innen:		
Forschungs- und Entwicklungsbereich	90	41
Produktionsbereich	39	18
Verkaufsbereich	39	18
Sonstige Bereiche im Unternehmen	25[a)]	11
Von außen:		
Konzern	31	14
Kunden	34	16
Lieferanten	24	11
Berater	6	3
Sonstige Stellen außerhalb des Unternehmens	26	12
	N = 218	

a) Darunter neunmal aus der Geschäftsleitung.
Mehrfachnennungen möglich.

kurrenzprodukten Bescheid weiß. Immerhin verfügten 57 % von 122 Unternehmen über eine Abteilung, die sich hauptsächlich und systematisch mit der Beobachtung der technischen Entwicklung (Literatur, fremde Patentanmeldungen, Konkurrenzaktivität etc.) beschäftigt. Die starke Verbindung mit der Umwelt des Unternehmens wird auch dadurch deutlich, daß zwar in 89 % aller 218 Fälle der Hauptanstoß allein oder auch aus dem Unternehmen selbst kam, jedoch in 56 % aller Fälle der Anstoß allein von außen oder auch von außen ausging. In 96, d. h. 44 % aller Fäle kam damit der Anstoß sowohl von innen als auch von außen.

Der personale Aspekt der Frage nach dem Träger des Hauptanstoßes ist vor dem Hintergrund des Problems zu sehen, inwieweit die Innovation eine Sache von einzelnen „Heroen“ oder von im Grunde auswechselbaren Mitgliedern von Kollektiven ist. In immerhin 36 % der Fälle konnte der Hauptanstoß zur Beschäftigung mit der Technologie eindeutig auf eine einzelne Person aus dem Unternehmen zurückgeführt werden. In der Mehrzahl der Fäle, in denen der Anstoß aus dem Unternehmen kam, stammte jedoch der Impuls aus einer der formell gebildeten Abteilungen des Unternehmens, ohne daß eine solche Zuordnung möglich war. Informell gebildete Gruppen spielten demgegenüber keine Rolle (vgl. Tabelle 6). Betrachtet man nur die 157 Fälle, in denen der Anstoß nicht ausschließlich von außen kam, so ist sogar in 46 % der Fälle eine Einzelperson als Träger der Rolle des Initiators identifizierbar gewesen. Jedoch war bei dieser Betrachtung in 52 % der Fälle der Anstoß zur Beschäftigung mit einer Technologie eine innovative Tätigkeit, die quasi anonym in einer der durch das Unternehmen organisierten Gruppe (Abteilung) durchgeführt wurde.

Tabelle 6

Initiator

Art der Rollenausfüllung	Anzahl	Anteil in %
Einzelperson	72	36
Durch das Unternehmen organisierte Gruppe	81	40
Nicht durch das Unternehmen organisierte Gruppe	4	2
Anstoß kam nur von außen	45	22
Insgesamt	202	100

Innovation ist, wie die Schumpetersche These eventuell mißverstanden werden könnte, nicht nur ein Charakteristikum der schöpferischen Unternehmerpersönlichkeit, also der Unternehmensspitze, vielmehr zeigt sich, daß gerade das mittlere Management initiativ wird. Man kann sogar behaupten, daß es gerade die Aufgabe dieser Ebene im hierarischen Gefüge des Unternehmens ist, das „Alltagsgeschäft" der Innovation und damit auch der Initiative hierzu zu übernehmen. Bei einer durchschnittlichen Zahl der Entscheidungsebenen von 4,1 gehörte die Einzelperson bzw. der Ranghöchste in der Gruppe, von der der Anstoß ausging, im Durchschnitt zur Ebene 2,4 (vgl. Tabelle 7).

Tabelle 7

Hierarchische Einstufung des Initiators[a)]

Entscheidungsebene	Anzahl	Anteil in %
1. (= oberste) Ebene	53	33
2. Ebene	40	25
3. Ebene	31	19
4. Ebene	26	16
5. Ebene	12	7
Insgesamt	162	100

a) Einzelperson oder ranghöchste Person je Gruppe.

4.1.1.2 Strategie

Die Strategie der Weitergabe des Anstoßes zeigt sich in der Art der Weitergabe. Wenn der Anstoß nur oder auch aus dem Unternehmen kam, wurde er in der meisten Zahl der Fälle als Weisung an eine untergeordnete Stelle, etwas weniger häufig aber auch als Empfehlung an eine übergeordnete Stelle weitergegeben (vgl. Tabelle 8). In dieser Tatsache spiegelt sich auch wider, daß der Anstoß im Durchschnitt aus einer mittleren hierarchischen Ebene stammte.

Tabelle 8

Weitergabe des Anstoßes

Art der Weitergabe	Anzahl	Anteil in %
Als Weisung an eine untergeordnete Stelle, Problemlösungen zu suchen	69	39
Als Empfehlung an eine übergeordnete Stelle	56	31
Als Empfehlung an eine gleichgeordnete Stelle	13	7
Die den Anstoß gebende Person/Gruppe hat die Problemlösungen selbst gesucht	40	23
Insgesamt	178	100

4.1.1.3 Verfolgter Zweck

Die wichtigsten Zwecke, die die Unternehmen durch die Beschäftigung mit der Technologie anstrebten, waren in jeweils rund der Hälfte der Fälle der Wunsch, gegenüber der Konkurrenz einen technologischen Vorsprung zu erzielen, den Umsatz zu steigern, die Kosten zu senken, die Qualität der Produkte zu verbessern (vgl. Tabelle 9). Insgesamt ergibt sich somit das Bild einer überwiegend marktorientierten Politik der Unternehmen.

Daß man jedoch auch bei einer solchen Politik finanzielle und technische Risiken zu begrenzen versucht, zeigt die Tatsache, daß 55 % von 110 Unternehmen im allgemeinen und langfristig eher Anbieter oder Verwender ausgereifter Technologien sein wollen als technische Spitzenreiter, und daß man in 79 % von 100 Unternehmen einen kleinen, aber sicheren Gewinn einem hohen, aber risikobehafteten Gewinn vorzieht.

Die Resultate aus Tabelle 9 zeigen wiederum die erwartungsgemäß starke Marktorientierung der Unternehmen bei ihrer Technologiepolitik.

Die Unternehmen stehen bei den untersuchten Innovationsfällen im übrigen in der Regel in Konkurrenz mit anderen Unternehmen. In 78 % der 218 Fälle war bekannt, daß sich auch andere inländische, in 89 %, daß sich auch andere ausländische Unternehmen mit der betreffenden Technologie befassen. Nur in 14 der 218 Innovationsfälle wurde angegeben, daß weder im Inland noch im Ausland bei der betreffenden Technologie Konkurrenz vorhanden sei; in 161 Fällen (79 % der 204 Fälle mit Konkurrenz) waren sowohl im Inland als auch im Ausland

Tabelle 9

Mit der Innovation verfolgte Zwecke
(In der Reihenfolge der Nennungen)

Verfolgter Zweck[a)]	Anzahl	Anteil in %
1. Erzielung eines technologischen Vorsprungs gegenüber der Konkurrenz	106	49
2. Umsatzsteigerung	104	48
3. Kostensenkung	104	48
4. Qualitätsverbesserung	95	44
5. Füllen einer Marktlücke	67	31
6. Kapazitätserweiterung	62	29
7. Abrundung des Produktionsprogramms	52	24
8. Verwertung einer aus dem Unternehmen/Konzern stammenden Erfindung	44	20
9. Aufholen eines technologischen Rückstands gegenüber der Konkurrenz	41	19
10. Durchführung eines von außen kommenden Auftrags	39	18
11. Verbesserung der Produktionsbedingungen	39	18
12. Ausbeutung von Rohstoff-/Energiequellen	38	18
13. Reaktion auf Rohstoff-/Energieverknappung	33	15
14. Anpassung an Rechtsvorschriften oder Auflagen	31	14
15. Unabhängigkeit vom Beschaffungsmarkt	15	7
16. Ausgleich eines Arbeitskräftemangels	12	6
	N = 218	

a) Ohne sonstige Zwecke.
Mehrfachnennungen möglich.

Konkurrenzunternehmen bekannt. Bei etwa der Hälfte der Fälle wurde dabei jeweils ein Gleichstand zur Konkurrenz konstatiert; ein Vorsprung wurde eher im Inland (39 % der Fälle), ein Rückstand dagegen eher gegenüber dem Ausland verzeichnet (21 % der Fälle). Die Bedeutung der untersuchten Technologien für das betreffende Unternehmen war dabei in 85 % von 203 Fällen von wenigstens mittlerer Bedeutung, darunter in 6 % sogar von existenzerhaltender Bedeutung für das Unternehmen. Die untersuchten und nach ihrer Wichtigkeit ausgewählten Technologien stellten demnach auch für die Unternehmen wichtige Probleme dar. Diese Tatsache erlaubt die Annahme, daß der Ablauf der untersuchten Innovationsprozesse von den Unternehmen relativ stark geplant und geregelt wurde und relativ wenig dem Zufall überlassen blieb.

4.1.2 Lösungssuche

4.1.2.1 Fachpromotor

In mehr als der Hälfte der Fälle wurde die Lösungssuche allein oder in einer auf Dauer eingerichteten, bereits bestehenden Abteilung durchgeführt (vgl. Tabelle 10). Immerhin wurde jedoch in rund einem Viertel eine ad hoc geschaffene, temporäre oder auf Dauer berechnete Organisationseinheit damit betreut. Innovationen bedeuten also auch vielfach organisatorische Umgestaltungen.

Tabelle 10

Fachpromotor

Art der Rollenausfüllung	Anzahl	Anteil in %
Eine Einzelperson aus dem Unternehmen	36	17
Auf Dauer eingerichtete bestehende Organisationseinheit	124	58
Für diesen Zweck auf Dauer neu eingerichtete Organisationseinheit	31	15
Für diesen Zweck neu eingerichtete, zeitlich begrenzte Organisationseinheit	23	11
Sonstige Stellen	9	4
Es wurde ein Forschungs-/Entwicklungsauftrag vergeben	10	5
	N = 212	

Mehrfachnennungen möglich.

In nur 17 % der Fälle war der Fachpromotor eine Einzelperson. Dieses Ergebnis spricht nicht gerade für die Rolle, die einem „key individual" oder „product champion" für den Fortgang und erfolgreichen Abschluß eines Innovationsprozesses zugesprochen wird.

Beim Vergleich zahlreicher Kriterien an Hand einer erfolgreichen Innovation einer Technologie und einer gescheiterten, die beide auf demselben Markt konkurrierten, stellte sich heraus, daß in Fällen erfolgreicher Innovationen die fachliche Kompetenz und die Einsatzbereitschaft für die Technologie größer war und daß bei gescheiterten Innovationen diese Eigenschaften fehlten oder vergleichsweise schwach ausgeprägt waren[5]. In der vorliegenden Untersuchung waren von vornherein nur als technisch und wirtschaftlich erfolgreich erachtete Innovationen enthalten[6], die — wie ausgeführt — für die Unternehmen von wesentlicher Bedeutung waren bzw. wurden. Wenn dabei in so geringem Umfang Einzelpersonen als treibende Kraft bei der Lösungssuche (Fachpromotor) identifiziert werden können und sich vielmehr, wie schon bei der Rolle des Initiators, eine (bestehende oder neu eingerichtete) Organisationseinheit als Rollenträger erweist, so darf der Schluß gezogen werden, daß ein „key individual" für den Ablauf des Innovationsprozesses zwar notwendig, im allgemeinen aber auch in der Organisation vorhanden bzw. in der Aufgabenverteilung vorgesehen ist. Erst wenn diese Aufgabenverteilung unzweckmäßig erfolgt oder die Aufgabe des Fachpromotors von der innerhalb einer Organisationseinheit dafür bestimmten Person oder Gruppe nicht ausreichend wahrgenommen wird, kommt es zum Scheitern der Innovation.

Diese These, daß in der Industrie im allgemeinen jemand vorhanden ist, der die Lösungssuche für Probleme neuer Technologien qua Amt vornimmt, also ein „key individual" — wenn auch nicht unbedingt als Einzelperson, sondern häufiger als eine Gruppe von Personen —, in der Organisation von vornherein „eingebaut" ist, wird durch ein weiteres empirisches Ergebnis gestützt. Für die 90 Innovationsfälle, in denen die Lösungssuche einer Einzelperson oder einer neu eingerichteten Organisationseinheit übertragen wurde, wurden in 80 Fällen Angaben über die Persönlichkeitskriterien dieser Einzelperson bzw. des Leiters der neu eingerichteten Organisationseinheit gemacht. Es zeigte sich, daß insbesondere der Komplex fachliche Ausbildung/Berufserfahrung sowie die sachliche Zuständigkeit den Ausschlag gaben (vgl. Tabelle 11). Erst an dritter Stelle wurde das Engagement für die Technologie von den Unternehmen genannt. Bei aller Vorsicht, mit der die Angaben der Inter-

---

[5] Vgl. Achilladelis 1971 passim sowie den jüngsten Bericht über das Sappho-Projekt Rothwell/Teubal 1976.

[6] Nur in 4 von 212 Fällen wurde entschieden, die weitere Beschäftigung mit der Technologie einzustellen.

viewpartner über Persönlichkeitseigenschaften ihrer Kollegen im Unternehmen zu werten sind, darf doch aus diesen Einschätzungen der Persönlichkeit des Fachpromotors geschlossen werden, daß die Fälle, in denen eine Innovation nur durch den außergewöhnlichen Einsatz eines Einzelnen, der für seine Idee, notfalls auch gegen den Widerstand anderer, eventuell vorgesetzter Personen kämpft, relativ selten sind.

Tabelle 11

Persönlichkeitskriterien von Fachpromotoren

Persönlichkeitskriterien	Anzahl	Anteil in %
Sachliche Zuständigkeit (Aufgabenbereich)	42	53
Fachliche Ausbildung/Berufserfahrung	52	65
Erfahrung mit der speziellen Technologie	27	34
Organisationstalent	17	21
Führungseigenschaften	22	28
Einsatzbereitschaft für die Technologie/das Unternehmen	37	46
Kreativität	28	35
Dienstrang	11	14
Sonstige	4	5
	N = 80	

Mehrfachnennungen möglich.

Die Rolle des Fachpromotors ist in der Industrie durch die hierarchische und funktionale Aufgabenverteilung vorgegeben. In der Regel ist dies die Forschungs- und Entwicklungsabteilung. Nur 13 % von 120 der untersuchten Unternehmen betreiben keine eigene Forschung oder lassen im Konzern oder in Verbands- oder Vertragsinstituten forschen; bei der Entwicklung lautet der entsprechende Anteil 7 % von 121 Unternehmen. 52 % betreiben dagegen im Unternehmen Forschung, Entwicklung sogar 82 %.

Ebenso wie bei der Rolle des Initiators ist auch bei der des Fachpromotors festzustellen, daß diese Funktion nicht nur von Personen oder Gruppen innerhalb des Unternehmens wahrgenommen wird, sondern sehr häufig unter Beteiligung unternehmensexterner Stellen. In 116 Fällen (= 55 %) waren inländische und in 53 Fällen (= 25 %) ausländische Stellen an der Lösungssuche beteiligt (vgl. Tabelle 12). Der Innovationsprozeß ist also kein Vorgang, der sich isoliert in einem Unternehmen abspielt; vielmehr wirken in der Mehrzahl der Fälle externe

Stellen in nennenswertem Ausmaß mit. Überragende Bedeutung kommt dabei der Zusammenarbeit mit Lieferanten zu.

Tabelle 12

Beteiligung Dritter an der Rolle des Fachpromotors

Beteiligte Dritte	Anzahl		Anteil in %	
	Inland	Ausland	Inland	Ausland
Berater	29	4	14	2
Kunde	25	9	12	4
Lieferant	54	14	26	7
Andere(s) Unternehmen der gleichen Branche	20	11	9	5
Konzern	16	18	8	9
Sonstige Stelle	10	3	5	1
Keine Beteiligung	95	157	45	75
	Inland: N = 211 Ausland: N = 210			

Mehrfachnennungen möglich.

4.1.2.2 Strategie

Ein weiteres Indiz für das systematische Vorgehen bei der Lösungssuche liegt darin, daß in 67 % von 209 Innovationsfällen zunächst eine Vorstudie des technologischen Problems angefertigt wurde, die die möglichen Grundkonzeptionen, d. h. die möglichen Lösungswege aufzeigen sollte. Dabei ist zu berücksichtigen, daß in bestimmten Fällen von vornherein nur eine Lösung möglich oder denkbar ist. In 70 % von 210 Fällen versuchten die Unternehmen mehrere alternative Lösungswege; diese Bemühungen hatten nur teilweise (in 57 % dieser 146 Fälle) Erfolg. In fünf Fällen stellte sich ein Ergebnis ein, obwohl nicht nach Alternativen gesucht wurde. Dieser sogenannte Serendipitätseffekt trat damit in immerhin 8 % von 64 Fällen auf, in denen nicht nach Alternativen gesucht wurde. „Ungewollte" Resultate spielen also keine zu vernachlässigende Rolle, treten aber doch — bezogen auf die Gesamtzahl von 210 Innovationsfällen — relativ selten, d. h. nur in etwa jedem vierzigsten Fall auf.

Die Schwierigkeit, vor der sich die Unternehmen bei der Lösungssuche oft gestellt sehen, wird nicht nur aus der bereits angesprochenen starken Beteiligung externer Stellen deutlich sondern auch daraus, daß in 39 % von 212 Innovationsfällen die für die Lösungssuche erforderlichen Spezialkenntnisse nicht im Unternehmen vorhanden waren. Als wichtigste Beschaffungsart für die benötigten Spezialkenntnisse wurde dabei die Weiterbildung der vorhandenen Mitarbeiter bezeichnet (vgl. Tabelle 13). In fast der Hälfte der Fälle, in denen das Know how nicht vorhanden war, wurde diese Maßnahme ergriffen. Wenn die Spezialkenntnisse nicht vorhanden waren, mußten in jedem vierten Fall sogar Mitarbeiter mit entsprechenden Kenntnissen erst eingestellt werden.

Tabelle 13

Beschaffung von Spezialkenntnissen

Art der Beschaffung	Anzahl	Anteil in %
Einstellung von entsprechenden Mitarbeitern	21	10
Weiterbildung der vorhandenen Mitarbeiter	38	18
Kauf von Patenten, Lizenznahme, Know how-Vertrag	15	7
Vergabe von Forschungsaufträgen	19	9
Hilfestellung durch Konzernunternehmen	17	8
Sonstige Maßnahmen	15	7
Spezialkenntnisse waren bereits vorhanden	129	61
	N = 212	

Mehrfachnennungen möglich.

4.1.2.3 Kontrolle

Die Tatsache, daß innovative Tätigkeiten arbeitsteilige Vorgänge sind und der schöpferische Unternehmer-Innovator im Schumpeterschen Sinne, der im Alleingang und in eigener Verantwortung an einer Technologie arbeitet, eine seltene, aber dann meist spektakuläre Ausnahme bildet, wird auch dadurch erhärtet, daß der Fachpromotor in aller Regel in mehrfacher Hinsicht kontrolliert wird. In vier Fünftel aller Fälle bestand eine sachlich zuständige Stelle für die Aufsicht bei der Lösungssuche. Immerhin fand jedoch in etwa jedem achten Fall keine solche Kontrolle statt, d. h. die in der Lösungssuche engagierte Person/Organisationseinheit hatte über ihre Tätigkeit keine laufende sachliche Rechenschaft abzulegen (vgl. Tabelle 14).

Die Kontrolle des Fachpromotors bezieht sich insbesondere auf drei Sachverhalte: auf die für die Lösungssuche zur Verfügung stehende

Tabelle 14

Sachliche Kontrolle des Fachpromotors

Sachliche Kontrollinstanz	Anzahl	Anteil in %
Für die sachliche Aufsicht zuständige Stelle im Unternehmen	171	81
Mutterunternehmen oder eine andere Stelle außerhalb des Unternehmens	22	10
Keine laufenden sachlichen Kontrollen	26	12
	N = 211	

Mehrfachnennungen möglich.

Zeit, auf die dabei verwendeten finanziellen Mittel sowie auf die bei der Lösungssuche einzuschlagenden Wege, d. h. auf den Arbeitsinhalt der Lösungssuche.

In rund drei Fünftel aller untersuchten Innovationsfälle gab es detaillierte Vorgaben bezüglich der zur Verfügung stehenden Zeit, der finanziellen Mittel und der für die Lösung einzuschlagenden Wege (vgl. Tabelle 15). In den Fällen, in denen solche Vorgaben erfolgten und die

Tabelle 15

Objekt der Kontrolle

Objekt der Kontrolle	Vorgabe		Einhaltung	
	Anzahl	Anteil in %	Anzahl	Anteil in %
Zeit	127	61	92	79
Finanzielle Mittel	123	59	99	85
Arbeitsinhalt (Lösungswege)	125	60	109	94
	N = 208		N = 116	

Mehrfachnennungen möglich.

Lösungssuche bereits soweit abgeschlossen war, daß die Einhaltung der Vorgaben überblickt werden konnte, zeigte sich, daß am ehesten Abweichungen bei der Zeit[7] vorkamen, während es fast immer bei den

[7] In sechs Fällen starke Überschreitungen und in vier Fällen starke Unterschreitungen, in vierzehn Fällen kleinere Abweichungen.

vorgegebenen Lösungswegen blieb. Im übrigen ergab sich, daß fast immer alle drei Objekte der Kontrolle zusammen vorgegeben wurden.

In rund 40 % von 208 Fällen wurden weder die Zeit noch die finanziellen Mittel oder die Lösungswege vorgegeben. Solche detaillierte Vorgaben erübrigten sich z. B. in den Fällen, in denen der Innovationsprozeß in den untersuchten Unternehmen vor allem in der Anwendung eines auf dem Markt angebotenen oder beim Produzenten bestellten Produkts bzw. Verfahrens bestand, so daß von vornherein der zeitliche und finanzielle Umfang der Innovation feststand und mit dem Produzenten lediglich die Übernahme bzw. Installation festzulegen war. Andererseits mußte die mit dieser Aufgabe betreute Person oder Gruppe im allgemeinen doch über diese ihre Tätigkeit berichten, stand also unter sachlicher Kontrolle. Diese Kontrolle konnte sich dann sehr wohl — obwohl keine Vorgabe erfolgt war — auf die drei Objekte der Kontrolle beziehen (vgl. Tabelle 16). Bei der zeitlichen Häufigkeit bestehen Unterschiede zwischen den drei Objekten der Fortschrittskontrolle. Insgesamt überwog zwar die regelmäßige, periodische Kontrolle[8], doch zeigte sich, daß Zeit und Arbeitsinhalt deutlich öfter fallweise kontrolliert wurden.

Tabelle 16

Häufigkeit der Fortschrittskontrolle

Kontrollhäufigkeit	Zeit		Finanzielle Mittel		Arbeitsinhalt	
	Anzahl	Anteil in %	Anzahl	Anteil in %	Anzahl	Anteil in %
Fallweise	46	23	25	12	54	26
Regelmäßig	119	59	128	64	119	58
Nach Projektabschluß	7	4	14	7	9	5
Keine Kontrolle	29	14	34	17	23	11
Insgesamt	201	100	201	100	205	100

Die Tatsache der in der weit überwiegenden Zahl der Innovationsfälle stattfindenden Kontrolle wird auch illustriert durch das Ergebnis, daß 88 % von 112 Unternehmen eine schriftlich fixierte Planung für Forschung und Entwicklung besitzen, deren zeitliche Reichweite aller-

[8] Es wurde jeweils die kürzeste Kontrollperiode vermerkt. Dabei zeigte sich, daß die Kontrolle des Arbeitsfortschritts und der Zeit in den kürzesten Intervallen erfolgten. In mehr als einem Drittel der Fälle geschehen sie mindestens monatlich; der Verbrauch der finanziellen Mittel wurde dagegen in diesen Intervallen nur in gut einem Viertel der Fälle kontrolliert.

dings hinter der Investitions-, der Absatz- und der Personalplanung zurückbleibt. So planen nur 45 % der Unternehmen im F- und E-Bereich mehr als vier Jahre voraus, dagegen hat der Investitionsplan bei 62 % diese Reichweite.

Die Planung — die im übrigen eher als Richtschnur (63 % von 109 Unternehmen) denn als strenge Zielvorgabe betrachtet wird — findet ihren konkreten Niederschlag in den Jahresbudgets. 77 % von 114 Unternehmen besitzen F- und E-Budgets, die in rund zwei Drittel dieser Unternehmen nach Projekten (Kostenträger), in rund einem Drittel dagegen nur nach Bereichen (Kostenstellen) gegliedert sind. Dementsprechend ist auch der häufigste Gesichtspunkt (49 % von 88 Unternehmen) für die Aufstellung des F- und E-Budgets der vermutliche Aufwand für die Projekte.

Alle diese Ergebnisse sprechend dafür, daß die innovative Tätigkeit der Lösungssuche ein geplanter und kontrollierter Prozeßabschnitt ist, der in der Industrie reglementiert ist.

4.1.3 Entscheidung

4.1.3. 1 Machtpromotor

In etwa zwei Fünftel aller Fälle fiel die Entscheidung darüber, ob und wie die gefundene Lösung oder welche der gefundenen Lösungen für das technologische Problem zu realisieren sei, auf der obersten hierarchischen Ebene des Unternehmens (vgl. Tabelle 17). Insgesamt ergab sich ein mit der Anzahl der Innovationsfälle gewichteter Durchschnitt für die Entscheidungsebene des Machtpromotors von 2,3; dies entspricht dem Durchschnitt der hierarchischen Ebene des Initiators[9].

Tabelle 17

Hierarchische Ebene des Machtpromotors

Entscheidungsebene	Anzahl	Anteil in %
1. (= oberste) Ebene	73	39
2. Ebene	48	25
3. Ebene	30	16
4. Ebene	20	10
5. Ebene	20	10
insgesamt	191	100

[9] Damit soll natürlich nicht behauptet werden, Initiator und Machtpromotor seien im allgemeinen identisch.

In mehr als einem Drittel der Fälle fiel die Entscheidung auf der dritten bis fünften Ebene, also der des middle managements. Auch dies darf als Beweis dafür gewertet werden, daß Innovationen nicht unbedingt der Unternehmensspitze vorbehalten sind, sondern vielmehr eine Aufgabe darstellen, die häufig delegiert wird. Entscheidungen im Innovationsprozeß sind kein einmaliges spektakuläres Ereignis, sondern gehören zum Alltag der Industrie und sind demgemäß reglementierbar.

Schließlich sind Entscheidungen über die Realisierung im allgemeinen keine „einsamen“ Beschlüsse, sondern fallen vielmehr nach einer routinemäßigen Diskussionsphase. An der Entscheidung hatten in 88 % von 203 Innovationsfällen die an der Lösungssuche unmittelbar beteiligten Personen (Fachpromotor) ein Mitspracherecht. Insofern kam es also zu einer personalen Verknüpfung der Rollenkomplexe des Fach- und des Machtpromotors.

Die Entscheidung über die Realisierung einer Lösung für ein technologisches Problem fiel nur in jedem sechsten Fall ohne eine vorhergehende Diskussion dieser Lösung. In 84 % von 208 Fällen fand eine solche Diskussion statt. In 89 % von 177 Fällen nahmen an dieser Diskussion auch solche Personen teil, die nicht unmittelbar an der Lösungssuche, an der offiziellen Entscheidung oder an der Durchführung der Lösung(en) beteiligt waren. Zu denken ist bei diesem Personenkreis der nicht unmittelbar Betroffenen etwa an Angehörige des Finanzbereichs, des Personalbereichs etc.

Die Durchführung einer solchen Diskussion ist im allgemeinen eine betriebsübliche Praxis (vgl. Tabelle 18). Wie für den Rollenkomplex des Fachpromotors hat sich demnach auch für den Rollenkomplex des Machtpromotors eine in der Industrie übliche Art der Rollenausfüllung herausgebildet.

Tabelle 18

Grund der Lösungsdiskussion

Grund	Anzahl	Anteil in %
Spezielle Anordnung	17	10
Betriebsübliche Praxis	130	77
Wunsch der an der Lösungssuche Beteiligten	22	13
insgesamt	169	100

4.1.3.2 Strategie

Zur Vorbereitung der Entscheidung wurden in 54 % von 195 Fällen formalisierte Verfahren benutzt. In fast zwei Dritteln dieser 105 Fälle handelte es sich dabei um eine statische Investitionsrechnung[10], in einem Drittel um eine dynamische Investitionsrechnung[11] (vgl. Tabelle 19). Die übrigen Prognosemethoden wurden nur in geringerem Umfang angewendet. Daraus darf jedoch nicht auf einen Mangel an rationalem Vor-

Tabelle 19

Anwendung formalisierter Verfahren zur Entscheidungsfindung

Verfahren	Anzahl	Anteil in %
Statische Investitionsrechnung (Kostenvergleich, Amortisationszeit, Rentabilität)	67	64
Dynamische Investitionsrechnung (Kapitalwert, interner Zinssatz, Annuitäten)	35	33
Netzplantechnik	25	24
Technologische Vorausschau	29	28
Ökonometrische Erforschung der Absatzaussichten	20	19
Sonstige Methode	10	10
	N = 105	

gehen im Innovationsprozeß geschlossen werden, da nicht jeder Schritt im Innovationsprozeß eine nennenswerte Investition erfordert. Interessant ist jedoch, daß bei den Interviews immer wieder die Meinung vertreten wurde, es lohne sich angesichts der nur ungenügenden Vorhersehbarkeit der wirtschaftlichen und technischen Entwicklung ohnehin nicht, die ausgeklügelten Methoden aus den Lehrbüchern anzuwenden, weil die Datenbasis für solche Berechnungen zu schmal und unsicher sei. Im übrigen fielen viele Entscheidungen auf Grund übergeordneter anderweitiger unternehmenspolitischer Zielsetzungen.

Wie bei der Lösungssuche zeigen die Unternehmen auch bei ihrer Entscheidung über die zu realisierende Lösung eine gewisse Vorsicht

[10] Die Kostenvergleichsrechnung stellt die Kosten von zwei oder mehr Investitionsalternativen einander gegenüber, um die kostenmäßig günstigste Anlage zu ermitteln. Die statische Amortisationszeitrechnung (auch Kapitalrückflußrechnung, Pay-back-, Pay-off- oder Pay-out-Rechnung genannt) ermittelt den Zeitraum, in welchem der Kapitaleinsatz einer Investition über die Erlöse wieder in die Unternehmung zurückgeflossen ist. Die statische Rentabilitätsrechnung setzt den durchschnittlichen Jahresgewinn einer Investition zum Kapitaleinsatz ins Verhältnis.

[11] Bei der Kapitalwertmethode bildet der Kapitalwert einer Investition das Kriterium für ihre Vorteilhaftigkeit. Nach dieser Methode ist eine Investition um so vorteilhafter, je höher bei gegebenem Kalkulationszinssatz ihr Kapitalwert ist. Die interne Zinssatzmethode (discounted cash flow method) unterscheidet sich von der Kapitalwertmethode dadurch, daß nach dem Diskontierungszinssatz aufgelöst wird. Man sucht also einen Diskontsatz, für den der Kapitalwert Null wird. Bei der Annuitätenmethode wird der Barwert der Investitionssumme und der Rückfluß in jeweils gleiche Jahresbeträge umgerechnet und miteinander verglichen.

durch eine Parallelstrategie. So wurde in 27 % von 203 Fällen beschlossen, mehrere Lösungen zu realisieren, die zum Teil allerdings nur Varianten eines einzigen Lösungsweges darstellen. In 72 % wurde eine einzige Lösung realisiert[12].

4.1.3.3 Einflußfaktoren

Bei der Diskussion der Lösung(en) bzw. der Entscheidung über die Realisierung der Lösung(en) spielen eine Reihe von Einflußfaktoren eine Rolle, die teils als wirtschaftlich-soziale Faktoren dem Bereich der organisationsexternen Umwelt des Systems Organisation, teils als organisatorische Faktoren der organisationsinternen Umwelt des Systems Innovator angehören. Den Interviewpartnern wurde eine Liste von zwölf wirtschaftlich-sozialen Faktoren und acht organisatorischen Faktoren als Antwortkategorien vorgegeben, die teilweise, um den Umfang der Frage auf ein für Interviews noch tragbares Ausmaß zu beschränken, jeweils mehrere Einzelaspekte zusammenfassen. Es zeigte sich, daß die folgenden Faktoren in jeweils mehr als der Hälfte aller Innovationsfälle genannt wurden (vgl. Tabelle 20):

— Technische, wirtschaftliche und Absatzaussichten
— Stand der Technik innerhalb und außerhalb des Unternehmens
— Unternehmensziele
— Zusammenarbeit mit Kunden, Lieferanten und Beratern.

Dieses Ergebnis war nach den bereits bei der Frage nach dem Zweck der Beschäftigung mit der Technologie und der Frage nach der Beteiligung externer Stellen an den Rollenkomplexen des Initiators und des Fachpromotors erzielten Ergebnissen zu erwarten. Dort ergab sich ein Überwiegen der markt- und konkurrenzorientierten Zwecke und eine starke Beteiligung externer Stellen an den innovativen Tätigkeiten. Dies ist ein wohlbekanntes Ergebnis der bisherigen Innovationsforschung, die immer wieder die Marktorientierung und die Kooperation als wesentliche Vorbedingung erfolgreicher Innovationen hervorhebt[13]. Die Tatsache, daß dabei in rund drei Fünftel aller Fälle die Unternehmensziele ein Diskussions- bzw. Entscheidungsargument darstellten, ist ein weiterer Indikator für die Zielgerichtetheit innovativer Tätigkeiten.

Gegenüber den genannten vier Einflußfaktoren spielten die übrigen organisationsinternen und -externen Faktoren nur eine untergeordnete Rolle. An insgesamt fünfter Stelle der Nennungen steht — aus der

[12] In zwei Fällen (= 1 %) wurde entschieden, die Lösung nicht zu realisieren.

[13] Vgl. z. B. die Überblicke von Ray 1974, Uhlmann 1974a und Uhlmann 1974b über den Stand der Innovationsforschung im nicht-deutschsprachigen und im deutschsprachigen Raum.

Tabelle 20

Einflußfaktoren der Diskussion/Entscheidung
(in der Reihenfolge der Nennungen)

A. Wirtschaftliche und soziale Faktoren[a]	Anzahl	Anteil in %
1. Technische, wirtschaftliche und Absatzaussichten	162	81
2. Stand der Technik im Unternehmen und außerhalb	130	65
3. Energie-, Umweltschutzpolitik, staatliche Planung	68	34
4. Preisniveau und Verfügbarkeit von Vorleistungen	56	28
5. Subvention, öffentlicher Auftrag	43	22
6. Kapitalmarkt, Zinsniveau, Kapitalausstattung des Unternehmens	38	19
7. Einstellung der Öffentlichkeit zur Technologie	31	16
8. Arbeitsmarkt, Lohnniveau, Arbeitskräfte im Unternehmen	30	15
9. Wettbewerbsrecht, Steuerrecht, Patentrecht	25	13
10. Einstellung von Arbeitnehmern und Gewerkschaften zur Technologie	21	11
11. Standort, Infrastruktur	19	10
12. Soziale Probleme (Umschulung, Arbeitsschutz)	18	9
B. Organisatorische Faktoren des Unternehmens[a]		
1. Unternehmensziele	119	61
2. Zusammenarbeit mit Kunden, Lieferanten, Beratern	108	55
3. Art der dauerhaften organisatorischen Aufgabenstellung	45	23
4. Art der Entscheidungsfindung	43	22
5. Innerbetrieblicher Informationsfluß, Vorschlagwesen	41	21
6. Konzernverflechtung	39	20
7. System der Entlohnung und Leistungskontrolle	9	5
8. Art und Umfang der Mitbestimmung	8	4

a) Ohne sonstige Faktoren.
Mehrfachnennungen möglich. Die Zahl der Antworten (N) schwankt bei den einzelnen Faktoren, in der Regel liegt sie knapp unter 200.

Konzentration der Untersuchung auf den Energiesektor verständlich — der Faktor Energiepolitik, Umweltschutzpolitik und staatliche Planung. Die „allgemeinen" Sparten staatlicher Politik wie Wettbewerbsrecht, Steuerrecht und Patentrecht haben dagegen nur in Einzelfällen Bedeutung; meistens handelt es sich dabei — wie die Interviews ergaben — um Rechtsfragen bei bestehenden Patenten von Konkurrenten. Probleme der Produktionsfaktoren Arbeit[14] und Kapital[15] sowie rein innerorganisatorischen Probleme[16] spielten jeweils nur vergleichsweise selten eine erwähnenswerte Rolle.

Aus dem Ergebnis der Nennungen muß der Schluß gezogen werden, daß die Unternehmen bei ihrer Entscheidung im wesentlichen nur spezifisch auf die jeweilige Technologie bezogene Einflußfaktoren ins Auge fassen. Politische und wirtschaftliche Umwelteinflüsse sowie innerorganisatorische Strukturvariablen, die für sie kurzfristig unbeeinflußbare generelle Randbedingungen darstellen, werden nur dann akut, wenn im speziellen Fall davon eine Auswirkung erwartet wird. Hierdurch erfolgt eine Verkürzung und Rationalisierung des Entscheidungsprozesses durch gedankliche Reduktion der im Prinzip unüberschaubar komplexen Umwelt. Das kann auf der anderen Seite jedoch die Gefahr von Fehlentscheidungen durch eine willentlich oder unwillentlich in Kauf genommene Vernachlässigung von Einflußfaktoren mit sich bringen. Ein Vergleich der Rangfolge der Nennungen in der Phase der Diskussion/Entscheidung und der Phase der Realisierung zeigt jedoch faktisch völlige Übereinstimmung. Daraus ist zu schließen, daß die in der Lösungsdiskussion maßgeblichen Faktoren auch bei der Realisierung entscheidend waren. Überraschungen für dic Innovatoren blieben also aus. Diese Aussage gilt nicht nur im Querschnittsvergleich aller Fälle, sondern im wesentlichen auch für die einzelnen Unternehmen, wie entsprechende Vergleiche an Hand des Urmaterials der Erhebungsleitfäden bewiesen.

Eine Analyse der Ergebnisse einer schriftlichen Umfrage in der westdeutschen Industrie[17] zeigt allerdings, daß Fehlentscheidungen infolge von Perzeptionsdefiziten in der Industrie von nicht geringer Bedeutung sind. Die Unternehmen wurden gefragt, welche Gründe ihrer Erfahrung nach häufig zum Abbruch von F- und E-Projekten führen. Von 1334 Firmen nannten als Gründe, die als Folgen von Perzeptionsdefiziten interpretiert werden müssen:

Absatzaussichten wurden falsch eingeschätzt	42 %
Die Konkurrenz kommt dem eigenen Projekt zuvor	19 %
Staatliche Auflagen machen das Vorhaben in seiner ursprünglichen Form unmöglich	12 %
Benötigte Vorleistungen nicht erhältlich	7 %

[14] Arbeitsmarkt, Lohnniveau, Arbeitskräfte im Unternehmen; soziale Probleme (Umschulung, Arbeitsschutz; System der Entlohnungs- und Leistungskontrolle).

[15] Kapitalmarkt, Zinsniveau, Kapitalausstattung des Unternehmens.

[16] Art der dauerhaften organisatorischen Aufgabenverteilung; Art der Entscheidungsfindung; innerbetrieblicher Informationsfluß, Vorschlagswesen; Art und Umfang der Mitbestimmung.

[17] Vgl. Röthlingshöfer/Sprenger 1977, S. 60.

Selbst wenn also die technischen, wirtschaftlichen und Absatzaussichten meist bei der Entscheidung berücksichtigt werden, kommt es doch häufig zu Fehlentscheidungen, weil dieser Einflußfaktor nicht genau genug eingeschätzt werden kann. Zu der Reduktion der Umwelt auf einige Ausschnitte kommt also auch noch eine Informationslücke.

Dieses Ergebnis wird durch eine Untersuchung von Mansfield[18] über die Gründe für das Scheitern von 220 F- und E-Projekten in der chemisch-pharmazeutischen Industrie der USA bestätigt. 43 % der begonnenen Projekte wurden aus technischen Gründen abgebrochen[19]. Von den technisch zu Ende geführten wurden wiederum 45 % nicht wirtschaftlich genutzt, weil ungünstigere Informationen über die wirtschaftlichen Aussichten der Projekte vorlagen. Von den wirtschaftlich genutzten wiederum waren 62 % kein wirtschaftlicher Erfolg. Sieben von acht begonnenen Projekten führten damit nicht zu einem wirtschaftlichen Erfolg.

Ähnliche Ergebnisse erzielte auch eine Untersuchung des A. D. Little-Instituts[20]. In 120 Interviews in neunzehn Unternehmen unterschiedlicher Branchen (z. B. elektrotechnische Industrie, chemische Industrie, Maschinenbau, Fahrzeugbau, Eisen- und Stahlindustrie) wurden diejenigen „barrier factors" erfragt, die nach der Erfahrung von Managern aus den verschiedenen am Entscheidungsprozeß über Innovationen beteiligten betrieblichen Funktionsbereichen als Barrieren wirken. Als Fazit der Befragung wird festgestellt, „that the perceived barriers relate primarily to marketing". Als höchste Barriere („beträchtlich" bis „sehr beträchtlich") erwies sich der Mangel an Informationen, die für Marketing-Entscheidungen benötigt werden. Weil die Industrie meist keine ausreichenden Informationen über die Kundenwünsche, die Größe, die Struktur und die Entwicklung eines Marktes hat, wird die Einrichtung einer kooperativen Clearingstelle für Marktinformationen empfohlen. Eine ähnliche Unsicherheit über die Entwicklung besteht auch bezüglich der Eingriffe der US-Bundesregierung in die Wirtschaft. Als nur von mittlerer Bedeutung wurde gegenüber diesem Informationsmangel der Mangel an Produktionsfaktoren (Kapitalausstattung, Arbeitskräfte, F- und E-Fonds) bezeichnet. Die Gruppe technischer Barrierefaktoren (z. B. ungenügendes technisches Wissen, Abhängigkeit von komplementären Erfindungen, Übergang vom Prototyp zur Produktion) hat insgesamt nur eine Randbedeutung („marginally significant"). Als Hauptbarriere des Innovationsprozesses hat sich demnach die nicht

---

[18] Mansfield et al. 1971, S .56 ff.

[19] Trotz dieser relativ hohen „technischen" Erfolgsquote haben nach der Untersuchung Mansfields die Unternehmen Schwierigkeiten vorauszusagen, welche Projekte technisch realisierbar sind; die „Trefferquote" beträgt hierbei nur 30 %.

[20] Little 1973, S. i.

genügend abgesicherte oder fehlerhafte Einschätzung der Umsatzaussichten und ihrer Entwicklung herausgestellt. Die Barriere der Markteinführung neuer Technologien ist die Intransparenz des Marktes.

Welche Schwierigkeiten die interviewten Unternehmen haben, den Stand der Technik objektiv einzuschätzen, zeigt die Frage nach dem Stand der jeweilig untersuchten Hülltechnologie in den drei Ländern. Die Unternehmen wurden gebeten, jeweils die Rangfolge von Bundesrepublik, Großbritannien und Schweden anzugeben. Da die Hülltechnologien in sich abgegrenzt und überschaubar sind und das Gespräch darüber mit den entsprechenden Fachexperten geführt wurde, sollte man für jede Hülltechnologie ein eindeutiges Ergebnis erwarten.

In der Auswertung wurde die Einschätzung durch das Unternehmen eines Landes jeweils der Einschätzung durch die Unternehmen der beiden anderen Länder gegenübergestellt. Die Unternehmen jedes Landes schätzten den technologischen Stand ihres Landes bei den untersuchten Technologien weitaus am höchsten ein (vgl. Tabelle 21). In 84 % von 82 Innovationsfällen in Westdeutschland gaben die deutschen Unternehmen an, die Bundesrepublik sei bei dieser Technologie führend. Die entsprechenden Zahlen für die jeweils führende Position des eigenen Landes lauten für Großbritannien 72 % von 53 Fällen und für Schweden 73 % von 29 Fällen[21].

Tabelle 21

Fremd- und Selbsteinschätzung des technologischen Standes
(bei den untersuchten Hülltechnologien)

Einordnung an ... Stelle[a)] / eingeordnet von	BR Deutschland				Großbritannien				Schweden			
	Anteil in %				Anteil in %				Anteil in %			
	1.	2.	3.	N =	1.	2.	3.	N =	1.	2.	3.	N =
BR Deutschland	84	16	0	82	30	58	12	81	8	13	79	63
Großbritannien	36	56	8	50	72	26	2	53	20	17	63	30
Schweden	28	45	27	29	3	38	59	29	73	17	10	29

a) Jeweils einschließlich der Nennungen „mit an . . . Stelle". Die Zahl N schwankt für jedes Land, weil nicht immer über jedes der beiden anderen Länder Urteile abgegeben wurden.

---

21 Gewichtet man die jeweils vorgegebene Rangziffer mit der Zahl der Urteile im In- und Ausland, so ergeben sich folgende durchschnittliche Rangziffern für den Stand der Technik je Land:

BR Deutschland 1,5
Großbritannien 1,8
Schweden . . . . 2,3.

Im Gesamturteil liegt also die Bundesrepublik vorne, Schweden hinten.

Offensichtlich liegen gravierende Divergenzen in der Eigen- und Fremdbeurteilung vor. Es müssen also, wo auch immer, erhebliche Fehleinschätzungen vorgekommen sein. Ähnlich starke Unterschiede in der Einschätzung zeigten sich bei der Frage, ob bei den untersuchten Technologien weltweit ein anderes Land außer den drei an der Studie beteiligten technologisch führend ist. In 46 % von 88 untersuchten Fällen hielt man in der BR Deutschland bei der betreffenden Technologie die USA für weltweit führend. Für Großbritannien lauten die entsprechenden Angaben 34 % von 61 Fällen, für Schweden 16 % von 38 Fällen. In bezug auf den Entscheidungsprozeß bei Innovationsprozessen wiegen die offenkundigen Fehleinschätzungen um so schwerer, als die wichtigsten Einflußfaktoren, wie dargestellt, technische, wirtschaftliche und Absatzaussichten sowie der Stand der Technik im Unternehmen und außerhalb waren. Berücksichtigt man weiter, daß als häufigste Zwecke für die Beschäftigung mit der jeweiligen Technologie die Erzielung eines technologischen Vorsprungs und die Umsatzsteigerung genannt wurden, so kann gefolgert werden, daß auch in den untersuchten Innovationsfällen erhebliche Fehleinschätzungen bezüglich entscheidend wichtiger Einflüsse angenommen werden müssen.

Die Existenz von Perzeptionsdefiziten wird durch einen weiteren Umstand deutlich. Den Unternehmen wurde in den Interviews auch die (offene) Frage gestellt, was nach ihrer Erfahrung von staatlicher und sonstiger Seite getan werden könnte, um das Innovationsklima zu verbessern. Brauchbare Vorschläge hierfür waren jedoch so gut wie nicht zu bekommen. Soweit überhaupt Anregungen gegeben werden konnten, erschöpften sie sich überwiegend in Gemeinplätzen wie Forderung nach mehr staatlicher Unterstützung, Klagen über mangelnde Leistungsbereitschaft, zu hohe Steuern und ähnliches.

4.1.4 Realisierung

4.1.4.1 Realisator

Ebenso wie bei der Lösungssuche zeigt sich auch in der Phase der Realisierung der Lösung, daß die Durchführung innovativer Tätigkeiten überwiegend ein kollektiver Vorgang ist. Nur in 17 % von 209 Innovationsfällen war die Realisierung im wesentlichen die Aufgabe einer Einzelperson (vgl. Tabelle 22). In 18 % der Fälle wurde für diesen Zweck eine neue Organisationseinheit auf Dauer oder für einen begrenzten Zeitraum eingerichtet. Diese neue Organisationseinheit ging — wie die Interviews ergaben — meist aus der mit der Lösungssuche betrauten Stelle hervor. In mehr als zwei Drittel aller Fälle konnte dagegen auf eine bereits bestehende Organisationseinheit zurückgegriffen werden. Immerhin bedeuten Innovationsprozesse damit für das betreffende Unternehmen oft eine entsprechende Umgruppierung seiner Organisation und Aufgabenverteilung.

Tabelle 22

Realisator

Art der Rollenausführung	Anzahl	Anteil in %
Einzelperson aus dem Unternehmen	35	17
Auf Dauer eingerichtete bestehende Organisationseinheit	143	68
Für diesen Zweck auf Dauer neu eingerichtete Organisationseinheit	24	11
Für diesen Zweck neu eingerichtete, zeitlich begrenzte Organisationseinheit	14	7
	N = 209	

Mehrfachnennungen möglich.

An der Realisierung waren außer Personen oder Gruppen aus den Unternehmen in 57 % von 210 Fällen inländische und in 27 % dieser Fälle ausländische externe Stellen beteiligt (vgl. Tabelle 23). Diese Anteile decken sich in etwa mit denen, die sich bei der Frage nach der Beteiligung inländischer (55 %) und ausländischer Stellen (25 %) an der Lösungssuche ergaben. Diese hohe Übereinstimmung bedeutet natürlich nicht, daß es sich dabei in jedem Fall um identische Innovationsfälle handelt. Im allgemeinen ist es aber — wie die Interviews zeigten — so, daß die an der Lösungssuche beteiligten Stellen (insbesondere Kunden und Lieferanten) auch mit der Realisierung der Lösung befaßt sind.

Tabelle 23

Beteiligung Dritter an der Rolle des Realisators

Beteiligte Dritte	Anzahl		Anteil in %	
	Inland	Ausland	Inland	Ausland
Berater	24	10	11	5
Kunde	36	13	17	6
Lieferanten	63	19	30	9
Konzern	14	18	7	9
Sonstige Stelle	5	5	2	2
Keine Beteiligung	91	153	43	73
	N = 210			

Mehrfachnennungen möglich.

Der Innovationsprozeß ist demnach nicht nur ein weitgehend kollektiver, sondern auch ein stark kooperativer Prozeß. Trotz der starken internationalen Arbeitsteilung werden dabei jedoch inländische Stellen aus mannigfachen Gründen (größere Nähe, Sprachprobleme etc.) gegenüber ausländischen bevorzugt. Nur im Falle der Konzerne liegt der Anteil der Beteiligung aus dem Ausland über dem aus dem Inland. Dies ist insbesondere auf das im Falle der Mineralölindustrie besonders starke Vorkommen multinationaler Unternehmen bei den untersuchten Innovationsfällen zurückzuführen.

4.1.4.2 Strategie

In vier Fünftel aller 212 Fälle führte der Innovationsprozeß bis zum Untersuchungszeitpunkt zur Anwendung eines Verfahrens bzw. zum Ge- oder Verbrauch eines Produkts, d. h. die letzte der sechs unterschiedenen Subphasen des Gesamtprozesses wurde erreicht (vgl. Tabelle 24). In der Hälfte aller Fälle wurde die Forschung bzw. Entwicklung fortgesetzt, obwohl die Technologie zum Teil bereits angewendet wurde. Selbst bei Produkten, die bereits auf dem Markt sind, oder Verfahren,

Tabelle 24

Art der Realisierung

	Anzahl	Anteil in %
Weitere Forschung bzw. Entwicklung	108	51
Anwendung eines Verfahrens/Produkts	169	80
Einstellung der weiteren Beschäftigung mit der Spezialtechnologie	4	2
Sonstige Realisierung	6	3
	N = 212	

Mehrfachnennungen möglich.

die bereits eingesetzt werden, gehen also die Versuche zur weiteren Verbesserung der Technik weiter. Auch dies ist ein Indiz dafür, daß der Innovationsprozeß einer Technologie bei der Analyse sinnvollerweise nicht zeitlich begrenzt werden sollte. Damit werden aber auch alle Versuche, die Zeitdauer einzelner Innovationsphasen zu bestimmen, dubios. Dies gilt um so mehr für Versuche festzustellen, ob sich der technische Fortschritt gegenüber der Vergangenheit beschleunigt oder verlangsamt hat, also an Hand von Beispielen unterschiedlicher Technologien die durchschnittliche Zeitdauer einzelner Prozeßphasen zu vergleichen. Technologien werden nicht generell obsolet, sie werden verändert und weiterentwickelt.

4.1.4.3 Wissensweitergabe

Als letztendliches Ziel des Innovationssystems wurde in Abschnitt 3.1.1.2 die Durchführung technischer Umstellungen bezeichnet. Dieses Systemziel wird durch die Anwendung von Verfahren und den Gebrauch oder Verbrauch von Produkten erreicht. Beides setzt voraus, daß die dafür benötigten Kenntnisse über die Eigenschaften und Einsatzbedingungen einer Technik, also das technologische Know how in ausreichendem Umfang beim Anwender bzw. Abnehmer vorhanden sind. Dies wiederum erfordert einen Transfer von vorhandenem oder bei der Lösungssuche angefallenem Wissen.

Der Innovationsprozeß als Untersuchungsgegenstand wurde ausdrücklich nicht auf den Fall der erstmaligen Anwendung („Erst-Innovation") beschränkt, vielmehr soll, soweit bei der jeweiligen Technologie sinnvoll, auch die Phase der massenweisen Anwendung (Diffusion) einbezogen werden. Auch unter diesem Gesichtspunkt ist die Verbreitung des technologischen Know how bedeutsam.

Das Innovationssystem ist außerdem nicht auf den Innovationsprozeß einer einzigen Technologie beschränkt. Vielmehr zeigen technologiegeschichtliche Studien[22], wie sehr die Forschungs- und Entwicklungsphase einer Technologie jeweils vom Stand zahlreicher anderer Technologien abhängt, so daß sich weitverzweigte Stammbäume von Technologien nachweisen lassen. Steht eine benötigte andere Technologie bei der Erforschung oder Entwicklung einer bestimmten Technologie nicht zur Verfügung, so kommt es zwangsläufig zu Verzögerungen oder zum Abbruch des F- und E-Projekts. Von 1334 westdeutschen Industrieunternehmen nannten in der zitierten schriftlichen Umfrage 24 % unlösbare technische Probleme und 7 % nicht verfügbare benötigte Vorleistungen als häufiges Innovationshemmnis[23]. Auch diese Zahlen mögen einen Anhaltspunkt dafür geben, wie wichtig der Wissenstransfer im Innovationssystem ist.

Das bei der Lösungssuche angefallene Wissen wurde bis auf drei Ausnahmen von 210 Fällen auch verwendet, in fast neun Zehntel aller Fälle im eigenen Unternehmen, in einem Drittel (auch) im Konzern (vgl. Tabelle 25). Beim Verwendungsort „fremdes Unternehmen" handelt es sich vorwiegend um den Wissenstransfer von F- und E-Ergebnissen von F- und E-Instituten an Unternehmen.

Weitergegeben wurde das Wissen in drei Fünftel aller Fälle (vgl. Tabelle 26); die häufigste Art des Wissenstransfers war eine allgemein zugängliche Publikation, die über das Niveau von Werbeprospekten

---

[22] Z. B. das Projekt Hindsight (Sherwin/Isenson 1966) und die Studie Traces (IIT Research Institute), fortgesetzt in Battelle 1973.

[23] Röthlingshöfer/Sprenger 1977, S. 60.

Tabelle 25

Ort der Verwendung des Wissens

Verwendungsort	Anzahl	Anteil in %
Eigenes Unternehmen	185	88
Konzern	71	34
Fremdes Unternehmen	36	17
Sonstige Verwender	15	7
Keine Verwendung	3	1
	N = 210	

Mehrfachnennungen möglich.

hinausging, also echten „Rezept"-Charakter hatte. Auch der Anmeldung von Schutzrechten (insbesondere Patenten) und der vertraglichen Weitergabe — auch an Konzernunternehmen — kam eine große Bedeutung zu. Immerhin kam es in zwei Fünftel der Fälle nicht zu einem Wissenstransfer. Das betreffende Unternehmen sah es also als vorteilhafter an, das angefallene Wissen von den Eigenschaften und Einsatzbedingungen einer Technik allein auszubeuten.

Tabelle 26

Weitergabe des Wissens

Art der Weitergabe	Anzahl	Anteil in %
Anmeldung eines Schutzrechts	75	36
Verkauf eines Schutzrechts, Lizenzvertrag, Know how-Vertrag	31	15
Allgemein zugängliche Publikation	84	40
Sonstige Art	33	16
Keine Weitergabe	82	39
	N = 210	

Mehrfachnennungen möglich.

4.1.5 Rollenträger und Strategie bei den Prozeßphasen

Bevor im nächsten Abschnitt die Bildung von Innovationstypen aus dem eben dargestellten Datenmaterial über 218 Innovationsfälle vorgenommen wird, soll hier versucht werden, dieses Datenmaterial unter zwei Gesichtspunkten, nämlich dem der Träger der vier Rollenkomplexe und dem der verfolgten Strategie bei der Durchführung der innovativen Tätigkeiten (Prozeßphasen) zusammenfassend zu betrachten.

Im Gegensatz zu der unten erfolgenden Betrachtung der Innovationstypen, die den Innovationsprozeß jeweils zusammenhängend als eine Einheit sieht, wird hier nach den vier Prozeßphasen Anstoß, Lösungssuche, Entscheidungsfindung und Realisierung differenziert.

Die Ausfüllung der Rollenkomplexe geschieht in allen vier Prozeßphasen kollektiv. Lediglich beim Anstoß zur Beschäftigung mit der Technologie und bei der Lösungssuche kommt Einzelpersonen eine größere Bedeutung zu. In den Phasen Anstoß, Lösungssuche und Realisierung sind unternehmensexterne Stellen (insbesondere Kunden und Lieferanten) in starkem Ausmaß an der Ausfüllung der Rollenkomplexe beteiligt. Der Anstoß und die Entscheidungsfindung sind hauptsächlich eine Angelegenheit des mittleren Managements. Die Ausfüllung der Rollen des Fachpromotors und des Machtpromotors unterliegt Einschränkungen durch die Vorgabe und Fortschrittskontrolle von Zeit, finanziellen Mitteln und Lösungswegen sowie durch die Diskussion der gefundenen Lösung(en), bei der ein Mitspracherecht anderer besteht. Der Anstoß kommt insbesondere aus dem Bereich Forschung und Entwicklung. Für den Fachpromotor ist die fachliche Qualifikation bedeutungsvoller als Persönlichkeitseigenschaften wie Risikobereitschaft, Einsatzbereitschaft oder Kreativität.

Die Ausfüllung der Rollen erweist sich damit bei den untersuchten Technologien als Vorgang, der stark reglementiert ist und weniger durch Einzelpersonen als vielmehr durch Gruppen gekennzeichnet ist, deren Mitglieder in einem arbeitsteiligen, auf fachlichen Fähigkeiten beruhenden System in hohem Grade austauschbar sind.

Die Strategie bei der Rollenausübung hat insbesondere mit der Schwierigkeit fertigzuwerden, daß die unternehmensinterne und -externe Umweltsituation von den innovativ tätigen Aktoren nur ausschnittsweise und ungenau wahrgenommen und beurteilt werden kann. Dieser Schwierigkeit einer alle Bereiche umfassenden Umweltsicht trägt man dadurch Rechnung, daß in der Entscheidungsfindung der Kreis der Einflußfaktoren sich im wesentlichen auf die Einschätzung des Marktes beschränkt. Vom Markt hängt der Erfolg der Innovation, den man in der Anstoßphase bezweckt, in hohem Maße ab. Die Fehleinschätzung des Marktes ist der häufigste Grund für den Mißerfolg von Innovationsprozessen. In der Phase der Lösungssuche geht man systematisch vor und versucht, alle sich bietenden technischen Möglichkeiten zu berücksichtigen. Die Verwertung des bei der Lösungssuche angefallenen Wissens erfolgt nicht nur durch Anwendung im eigenen Unternehmen, sondern in der Regel auch durch Weitergabe des Wissens an andere.

4.2 Der Grundtyp des Innovationsprozesses

Aus der Darstellung der Häufigkeit der einzelnen Merkmalsausprägungen im vorangegangenen Abschnitt ergab sich die jeweils vorherrschende Ausprägung der 274 ausgewerteten Variablen bei den 218 Innovationsfällen. Dadurch wurde der Ablauf des Innovationsprozesses, wie er sich als Durchschnittsfall ergibt, deutlich. In diesem Abschnitt soll durch eine Bündelung der 74 wichtigsten der 274 Merkmale in zwanzig Merkmalsbündel dieser Grundtyp des Innovationsprozesses noch plastischer herausgearbeitet und im nächsten Abschnitt mit den Merkmalsausprägungen von insgesamt elf zu bestimmenden realitätsnäheren Innovationstypen konfrontiert werden. Dies bedeutet eine Verdichtung des Datenmaterials von fast 60 000 Einzelinformationen (218 Innovationsfälle mal 274 Variablen) auf wenige wichtige Variable. Als Hilfsmittel bei dieser Komprimierung des Datenmaterials dient die Faktoren-Analyse.

4.2.1 Ergebnisse der Faktoren-Analyse

Entsprechend dem systemtheoretischen Ansatz, nach dem möglichst viele Elemente und Beziehungen des in Kapitel 3 dargestellten Innovationssystems in die empirische Untersuchung einzubeziehen waren, wurde das Erhebungsinstrumentarium so breit angelegt, wie es unter interviewtechnischen Gesichtspunkten noch vertretbar erschien. Dies brachte auswertbare Daten über 274 Variablen. Auf der Grundlage dieser Informationen wurden für eine Faktoren-Analyse (und eine Cluster-Analyse) 74 Variablen ausgewählt, die aus der Kenntnis der Häufigkeit der Nennung der jeweiligen Antwortkategorien als besonders charakteristisch für das Innovationssystem und den in ihm ablaufenden Prozeß erachtet werden. Diese Auswahl war notwendigerweise subjektiv. Aber auch 74 Variablen sind noch zu zahlreich, als daß sich mit ihnen eine anschauliche, d. h. überschaubare Erklärungsskizze des Innovationssystems gewinnen ließe. Deshalb wurde durch eine Faktoren-Analyse der 74 Variablen (vgl. die Zusammenstellung der Ladungen der Variablen in Tabelle 3) die Anzahl der Variablen durch Bündelung jeweils mehrerer miteinander hoch korrelierender Variablen zu Faktoren[24] weiter verkürzt. Der Grundgedanke ist hierbei, jeweils mehrere solcher in ihrem Merkmalsprofil sehr ähnliche Variablen durch einen einzigen Faktor repräsentieren zu lassen. Dieser Faktor soll einen Aspekt ausdrücken, der allen der durch ihn vertretenen Variablen gemeinsam ist.

Es ergeben sich insgesamt fünfzehn Faktoren; diese umfassen nur zum Teil Variable, über deren inhaltlichen Zusammenhang plausible

[24] Vgl. Schlosser 1976, S. 33.

Annahmen gemacht werden können. Deshalb wird anschließend unter Berücksichtigung der Ergebnisse der Faktoren-Analyse eine etwas andere Zusammenfassung der Variablen in Merkmalsbündel vorgenommen. Zunächst sollen die Resultate der Faktoren-Analyse jedoch hier im Zusammenhang dargestellt werden.

(1) Faktor 1
(Einflußfaktoren der Entscheidung)

Variable		Nr. der Frage im Erhebungs-leitfaden	Ladung (Absolutwert)
Nr.	Bezeichnung		
50	Die Lösung(en) wird/werden diskutiert	39	0,44
51	An der Lösungsdiskussion nehmen auch nicht unmittelbar Betroffene teil	40	0,44
53	Arbeitsmarkt, Lohnniveau, Arbeitskräfte im Unternehmen als Einflußfaktor der Entscheidung	43	0,76
54	Einstellung von Arbeitnehmern und Gewerkschaften zur Technologie als Einflußfaktor der Entscheidung	43	0,75
55	Kapitalmarkt, Zinsniveau, Kapitalausstattung des Unternehmens als Einflußfaktor der Entscheidung	43	0,77
56	Technische, wirtschaftliche und Absatzaussichten als Einflußfaktor der Entscheidung	43	0,78
57	Stand der Technik im Unternehmen und außerhalb als Einflußfaktor der Entscheidung	43	0,76
58	Einstellung der Öffentlichkeit zur Technologie als Einflußfaktor der Entscheidung	43	0,69
59	Energie-, Umweltschutzpolitik, staatliche Planung als Einflußfaktor der Entscheidung	43	0,64
60	Subvention, öffentlicher Auftrag als Einflußfaktor der Entscheidung	43	0,61
61	Konzernverflechtung als Einflußfaktor der Entscheidung	43	0,77
62	Art der dauerhaften organisatorischen Aufgabenverteilung als Einflußfaktor der Entscheidung	43	0,77
63	Art der Entscheidungsfindung als Einflußfaktor der Entscheidung	43	0,77
64	Zusammenarbeit mit Kunden, Lieferanten, Beratern als Einflußfaktor der Entscheidung	43	0,65

In der in Tabelle 3 wiedergegebenen Reihenfolge werden nachstehend die fünfzehn Faktoren, die ihnen zugeordneten Variablen und deren Ladungen auf dem betreffenden Faktor (Untergrenze ± 0,40) wiedergegeben. Die Ladung entspricht der Korrelation der Variablen mit dem Faktor, ist also ein Maß für den Zusammenhang der Variablen mit dem Faktor. Der Grenzwert einer Ladung beträgt ± 1,00. Anschließend wird versucht, den jeweiligen Faktor inhaltlich zu beschreiben.

Charakteristisch für Faktor 1 ist, daß er den Einfluß der organisationsinternen und den der -externen Umwelt bei der Diskussion und Entscheidung über die Lösung(en) ausdrückt. Die ihm zugeordneten Variablen betreffen einmal die Tatsache, daß die Lösung(en) vor der Entscheidung diskutiert wird (werden)[25] und daß bei der Diskussion bzw. bei der Entscheidung die Umwelt des Machtpromotors in- und außerhalb der Organisation einen Einfluß ausübt[26]. Faktor 1 zeigt, daß bei Entscheidungen im Innovationsprozeß eine Auseinandersetzung mit der organisationsinternen und der organisationsexternen Umwelt des Systems Innovator erfolgt.

(2) Faktor 2
(Kontrolle der Lösungssuche)

Variable		Nr. der Frage im Erhebungsleitfaden	Ladung (Absolutwert)
Nr.	Bezeichnung		
43	Zeit wird bei der Lösungssuche vorgegeben	33	0,75
44	Lösungswege werden bei der Lösungssuche vorgegeben	33	0,67
45	Häufigkeit der Fortschrittskontrolle bezüglich Zeit	34	0,70
46	Häufigkeit der Fortschrittskontrolle bezüglich Lösungswege	34	0,78
47	Vorstudie über die möglichen Lösungsansätze wird angefertigt	35	0,50
50	Die Lösung(en) wird/werden diskutiert	39	0,49
51	An der Lösungsdiskussion nehmen auch nicht unmittelbar Betroffene teil	40	0,41

[25] Vgl. auch Faktor 2.

[26] Das frappierende Resultat, daß die Faktoren-Analyse ausnahmslos alle zwölf der aus 22 Antwortkategorien bei Frage 43 im Erhebungsleitfaden ausgewählten Einflußfaktoren einem einzigen Faktor zuordnet, ist nicht inhaltlich gesteuert worden, sondern das Ergebnis eines „blinden“, d. h. lediglich formal vorgehenden Algorithmus.

Um einen Innovationsprozeß allgemein, d. h. unter weitgehendem Verzicht auf Einzelheiten zu beschreiben genügte es demnach, statt zahlreicher Einzelfragen nur die Frage zu stellen, ob eine Auseinandersetzung mit Einflußfaktoren durch eine Diskussion und in der nachfolgenden Entscheidung erfolgt. Die in dieser Studie untersuchten Einzelaspekte dieses Verhaltens, nämlich die dabei jeweils berücksichtigten Einflußfaktoren, sind untereinander hoch korreliert, d. h. stehen in einem typischen Zusammenhang.

Charakteristisch für Faktor 2 ist, daß er die Vorgabe von Zeit und Arbeitsinhalt (Lösungswege) bei der Lösungssuche und deren Kontrolle auf Einhaltung in einem Variablenkomplex zusammenfaßt[27]. Das Kontrollverhalten bei der Lösungssuche stellt demnach einen einheitlichen Variablenkomplex dar. Hierzu paßt auch, daß die Variable „Anfertigung einer Vorstudie über die möglichen Lösungsansätze" diesem Faktor zugeordnet wurde. Eine Vorstudie ist zum einen vielfach eine Voraussetzung dafür, überhaupt die Lösungswege vorgeben zu können. Zum anderen betreffen Kontrolle und Anfertigung einer Vorstudie den Aspekt eines systematischen und planmäßigen Vorgehens bei der Lösungssuche.

(3) Faktor 3

Variable		Nr. der Frage im Erhebungs-leitfaden	Ladung (Absolutwert)
Nr.	Bezeichnung		
14	Forschung erfolgt im Konzern	10	0,70
17	Entwicklung erfolgt im Konzern	10	0,73
27	Position des Unternehmens im Vergleich zum Inland	20	0,42
28	Position des Unternehmens im Vergleich zum Ausland	20	0,59

Die Bündelung dieser vier Variablen zu einem Faktor erscheint inhaltlich nicht sinnvoll, da zum einen der Ort von Forschung und Entwicklung, zum anderen aber die Konkurrenzlage des Unternehmens bei der betreffenden Technologie angesprochen werden. Er erscheint deshalb gerechtfertigt, Faktor 3 wegen dieser Zusammensetzung nicht in die weitere Analyse einzubeziehen. Beiden hier zusammengefaßten Aspekten soll vielmehr getrennt in entsprechenden Variablenkomplexen zusammen mit anderen Variablen Rechnung getragen werden.

[27] Außerdem werden die Variablen „Diskussion" und „Teilnahme an der Diskussion" diesem Faktor, mit ebenfalls hohen Ladungen aber auch dem Faktor 1 zugerechnet. Da die Ladungsunterschiede nicht groß genug sind, werden sie bei beiden Faktoren aufgeführt. Inhaltlich ist aber der Zusammenhang mit den jeweils übrigen Variablen bei Faktor 1 weitaus stärker, so daß beim Faktor 2 das Schwergewicht auf den Kontrollaspekt gelegt wird.

(4) Faktor 4

Variable		Nr. der Frage im Erhebungs-leitfaden	Ladung (Absolutwert)
Nr.	Bezeichnung		
2	Branche	1	0,67
4	Beschäftigtengrößenklasse	4	0,62
5	Anteil der Ausgaben für F und E am Umsatz	7	0,40
15	Forschung erfolgt in Verbands- oder Vertragsinstitut	10	0,55
18	Entwicklung erfolgt in Verbands- oder Vertragsinstitut	10	0,67

Faktor 4 bündelt wiederum Variable, die drei Variablenkomplexe betreffen und die sinnvollerweise getrennt behandelt werden: die Branche, die Größe und das F- und E-Verhalten.

(5) Faktor 5
(Innovationspolitik)

Variable		Nr. der Frage im Erhebungs-leitfaden	Ladung (Absolutwert)
Nr.	Bezeichnung		
7	Fremde Kapitalbeteiligung ab 25 %	9	0,74
8	Einfluß des Mutterunternehmens auf die Innovationspolitik	8	0,71

Charakteristisch für Faktor 5 ist die kapitalmäßige Abhängigkeit des Unternehmens vom (von) Mutterunternehmen, die die allgemeine Unternehmenspolitik, insbesondere auch die Innovationspolitik beeinflussen kann. Zur Beschreibung des Innovationsprozesses gehört deshalb auch ein Variablenkomplex, der die Frage anspricht, ob und inwieweit ein Unternehmen im Innovationsprozeß nach eigenen Gesichtspunkten oder nur nach Direktiven eines anderen Unternehmens handeln kann.

Charakteristisch für Faktor 6 ist, daß er drei Variable bündelt, die die Weitergabe des angefallenen Wissens betreffen. Daß auch die Variable „Weitere F und E" mit diesen drei Variablen kombiniert wurde, stört den Zusammenhang nicht. Die Frage des Wissentransfers ist eng gekoppelt mit der Frage, ob eine Technologie bereits so ausgereift ist, daß Forschung und/oder Entwicklung nicht mehr erforderlich oder ob noch ein wissenschaftlicher und/oder technologischer Fortschritt möglich sind.

(6) Faktor 6
(Wissensweitergabe)

Variable		Nr. der Frage Im Erhebungs-leitfaden	Ladung (Absolutwert)
Nr.	Bezeichnung		
66	Realisierung durch weitere F und E	45	0,58
72	Schutzrecht wird angemeldet	48	0,73
73	Schutzrecht wird verkauft, Lizenzvertrag, Know how-Vertrag	48	0,68
74	Eine allgemein zugängliche Publikation erfolgt	48	0,73

(7) Faktor 7

Variable		Nr. der Frage im Erhebungs-leitfaden	Ladung (Absolutwert)
Nr.	Bezeichnung		
3	Innovationsart	19	0,61
23	Organisationseinheit zur Beobachtung der technologischen Entwicklung vorhanden	13	0,44
35	Hauptanstoß aus dem F- und E-Bereich	25	0,60

In Faktor 7 werden drei Variable zusammengefaßt, denen ein inhaltlicher Zusammenhang nicht abzusprechen ist. Die Rolle des Initiators, die organisatorische Regelung der Informationsbeschaffung über die technologische Entwicklung und die durch die Innovationsart ausgedrückte „Tiefe" der innovativen Tätigkeit — also die Frage, ob das Unternehmen an der Kreierung des wissenschaftlichen Fortschritts bei einer Technologie beteiligt war — sind sicher nicht unabhängig voneinander. Da aber die Aufgabenstellung und damit die Innovationsart einerseits als eine der wichtigsten Determinanten des Innovationsprozesses angesehen wird und zum anderen der Rollenkomplex des Initiators eines der wichtigsten und interessantesten Kapitel der Innovationsforschung bildet, werden die in diesem Faktor zusammengefaßten Variablen nicht zusammen behandelt.

Charakteristisch für Faktor 8 ist, daß in ihm die zeitliche Reichweite der vier unterschiedenen Planungstatbestände, die Existenz von F- und E-Budgets und die hierarchische Stufung im Unternehmen, die eng mit der Unternehmensgröße zusammenhängt, kombiniert werden. Faktor 8 beschreibt somit im allgemeinen die Planung im Unternehmen.

(8) Faktor 8
(Planung)

Variable		Nr. der Frage im Erhebungs-leitfaden	Ladung (Absolutwert)
Nr.	Bezeichnung		
9	Zeithorizont des Absatzplans		0,86
10	Zeithorizont des Innovationsplans	9	0,88
11	Zeithorizont des F- und E-Plans	9	0,73
12	Zeithorizont des Personalplans	9	0,88
20	Budgets für F und E vorhanden	10	0,44
22	Anzahl der Entscheidungsebenen im Unternehmen	12	0,68

(9) Faktor 9
(Aufgabenverteilung)

Variable		Nr. der Frage im Erhebungs-leitfaden	Ladung (Absolutwert)
Nr.	Bezeichnung		
39	Lösungssuche erfolgt durch bestehende Organisationseinheit	26	0,70
40	Lösungssuche erfolgt durch neue Organisationseinheit	26	0,73
48	Die für die Lösungssuche erforderlichen Spezialkenntnisse sind vorhanden	36	0,42
68	Realisierung erfolgt durch bestehende Organisationseinheit	46	0,64
69	Realisierung erfolgt durch neue Organisationseinheit	46	0,71

Charakteristisch für Faktor 9 ist, daß er Variable zusammenfaßt, die die Konstanz der Aufgabenverteilung im Unternehmen gegenüber der von der Technologie ausgehenden Herausforderung („Challenge") betreffen. Jeder Anstoß, sich mit den Problemen einer (zumindest für das Unternehmen) neuen Technologie zu befassen, bedeutet für die Organisation eine „Störung", der durch Anpassung begegnet werden muß. Die Störung kann dabei so gravierend für das Unternehmen sein, daß sie mit der gegebenen Organisationsstruktur nicht bewältigt werden kann. In diesem Fall nicht ausreichender Flexibilität muß die Organisationsstruktur verändert werden. Das deutlichste Kennzeichnen einer solchen Änderung sind Änderungen in der Aufgabenverteilung, insbesondere die Bildung neuer Organisationseinheiten zur Bewältigung der von der neuen Technologie gestellten Aufgaben in der Phase der Lösungssuche und/oder in der Realisierungsphase. Auch die Frage, ob die für die Lösungssuche benötigten Spezialkenntnisse im Unternehmen vorhanden sind, berühren das Anpassungsvermögen. Je stärker das Unternehmen darauf angewiesen ist, sich diese Spezialkenntnisse von außen zu beschaffen, desto schwieriger gestaltet sich die Anpassung. Die Faktorausstattung (mit entsprechend qualifizierten Arbeitskräften) ist somit ein Aspekt der Flexibilität des Unternehmens.

(10) Faktor 10

Variable		Nr. der Frage im Erhebungs-leitfaden	Ladung (Absolutwert)
Nr.	Bezeichnung		
32	Qualitätsverbesserung als Zweck	21	0,53

Beim Faktor 10 erfüllt nur die Variable „Qualitätsverbesserung" das Kriterium einer Faktorladung von mindestens 0,40. Es ist jedoch sinnvoll, den durch die Beschäftigung mit einer Technologie vom Unternehmen verfolgten Zweck der Qualitätsverbesserung im Zusammenhang mit anderen Zwecken zu behandeln. Die Variable „Qualitätsverbesserung" wird deshalb einem zu bildenden Variablenkomplex „Zielsetzung" zugeordnet.

(11) **Faktor 11**

Variable		Nr. der Frage im Erhebungs-leitfaden	Ladung (Absolutwert)
Nr.	Bezeichnung		
38	Lösungssuche erfolgt durch Einzelperson	26	0,53
42	Beteiligung aus dem Ausland an der Lösungssuche	30	0,60
67	Realisierung erfolgt durch Einzelperson	46	0,57
71	Beteiligung aus dem Ausland an der Realisierung	47	0,51

Bei Faktor 11 werden zwei Variablenkomplexe zusammengefaßt. Einmal die Einzelperson als Hauptträger der Rollen des Fachpromotors und des Realisators sowie die Kooperation mit ausländischen Stellen bei der Lösungssuche und Realisierung. Beide Variablenkomplexe stehen zwar unter dem Aspekt der Autarkie bei der Rollenausfüllung in einem gewissen Zusammenhang. Dieser scheint jedoch weit schwächer ausgeprägt als der inhaltliche Zusammenhang des Komplexes „Auslandsbeteiligung" mit dem der „Inlandsbeteiligung" bei Lösungssuche und Realisierung. Deshalb sollen die im Faktor 11 gebündelten Variablen als Komplexe „Rollenausfüllung" (individuell — kollektiv) und „Beteiligung Dritter" (Kooperation — keine Kooperation) behandelt werden.

(12) Faktor 12

Variable		Nr. der Frage im Erhebungsleitfaden	Ladung (Absolutwert)
Nr.	Bezeichnung		
13	Forschung erfolgt im Unternehmen	10	0,53
26	Entwicklungsstand der Technologie	15	0,46

Im Faktor 12 sind zwei Variable zusammengefaßt, die sich einmal auf eine Organisationsdimension, nämlich Art und Ort der Forschung und Entwicklung, zum anderen auf den Entwicklungsstand der Hülltechnologie beziehen; letzterer muß nicht mit der Spezialtechnologie, mit der sich das Unternehmen beschäftigt, identisch sein. Ein inhaltlicher Zusammenhang zwischen beiden Variablen ist nicht offensichtlich, sondern müßte in nicht befriedigender Weise konstruiert werden. Deshalb sollen beide Variable nicht im Zusammenhang behandelt werden.

(13) Faktor 13

Variable		Nr. der Frage im Erhebungsleitfaden	Ladung (Absolutwert)
Nr.	Bezeichnung		
15	Forschung erfolgt in Verbands- oder Vertragsinstitut	10	0,42
33	Aufholen eines technologischen Rückstands als Zweck	21	0,49
41	Beteiligung aus dem Inland an der Lösungssuche	30	0,53
70	Beteiligung aus dem Inland an der Realisierung	47	0,60

In Faktor 13 sind Variable gebündelt, die drei Variablenkomplexen angehören: Art und Ort von Forschung und Entwicklung, technologische Konkurrenzlage und Beteiligung Dritter. Die inhaltliche Verwandtschaft mit den genannten drei Komplexen erscheint enger als der durch Faktor 13 behauptete Zusammenhang einer technologischen Schwäche des Unternehmens, die zur Vergabe von Forschungsaufträgen und zur Kooperation zwingt, um einen Rückstand gegenüber den Konkurrenten aufzuholen.

(14) Faktor 14

Variable		Nr. der Frage im Erhebungs-leitfaden	Ladung (Absolutwert)
Nr.	Bezeichnung		
1	Land	–	0,46
6	Eigene Kapitalbeteiligung ab 25 %	8	0,53
24	Einstellung zur Technologie	14	0,74
25	Rigidität der Planung	14	0,68

Faktor 14 kombiniert vier Variable, die wie Land und Einstellung zur Technologie wegen der Wichtigkeit, die ihnen für den Innovationsprozeß zugemessen werden muß, besser isoliert, d. h. als jeweils eigenständiger Variablenkomplex behandelt werden. Die Rigidität der Planung ist als ein Aspekt des Planungsverhaltens aufzufassen. Die Existenz von Tochterunternehmen wiederum erscheint im allgemeinen nicht wichtig genug, um sie als ein eigenes — mit den übrigen gleichrangiges — Beschreibungskriterium zu verwenden.

(15) Faktor 15
(Zielsetzung)

Variable		Nr. der Frage im Erhebungs-leitfaden	Ladung (Absolutwert)
Nr.	Bezeichnung		
29	Kostensenkung als Zweck	21	0,57
30	Umsatzsteigerung als Zweck	21	0,47
31	Füllen einer Marktlücke als Zweck	21	0,43
34	Erzielung eines technologischen Vorsprungs als Zweck	21	0,59

Charakteristisch für Faktor 15 ist, daß er vier der sechs unter den 74 Variablen enthaltenen Zielsetzungen bei der Beschäftigung des Unternehmens mit der Technologie enthält. Zusammen mit dem aus der Faktoren-Analyse als eigener Variablenkomplex (Faktor 10) resultierenden

Zweck der Qualitätsverbesserung sollen sie deshalb den Variablenkomplex Zielsetzung bilden.

Durch die Faktoren-Analyse wurden 66 der 74 Variablen mit einer Faktorladung von mindestens ± 0,40 in fünfzehn Faktoren gruppiert. Bei den nicht zugeordneten Variablen handelt es sich um (vgl. die Numerierung in Tabelle 3; in Klammern die Nummer der Frage im Erhebungsleitfaden):

16 Entwicklung erfolgt im Unternehmen (10)
19 Staatliche Zuschüsse zu F und E gewährt (10)
21 Organisationsprinzip (12)
36 Hauptanstoß aus dem Produktionsbereich (25)
37 Hauptanstoß aus dem Verkaufsbereich (25)
49 Mehrere alternative Lösungen werden gesucht (37)
52 Ebene der Entscheidung über die Realisierung einer Lösung (43)
65 Verwendung formalisierter Verfahren zur Entscheidungsfindung (44).

Drei Variable wurden mit einer Faktorladung von mindestens ± 0,40 jeweils zwei Faktoren zugeordnet:

		Faktoren	Ladungen
15	Forschung erfolgt in Verbands- oder Vertragsinstitut (10)	4; 13	0,55; 0,42
50	Die Lösung(en) wird/werden diskutiert	1; 2	0,44; 0,49
51	An der Lösungsdiskussion nehmen auch nicht unmittelbar Betroffene teil (40)..................	1; 2	0,44; 0,41

Von den fünfzehn Faktoren wurden sieben als inhaltlich sinnvolle Variablenkomplexe bezeichnet, bei denen der durch die Faktoren-Analyse ermittelte Zusammenhang zwischen den Variablen als für eine Erklärungsskizze des Innovationsprozesses brauchbar erscheint. Es handelt sich um:

1 Einflußfaktoren der Entscheidung
2 Kontrolle der Lösungssuche
5 Innovationspolitik
6 Wissensweitergabe
8 Planung
9 Aufgabenverteilung
15 Zielsetzung.

Die übrigen acht Faktoren beinhalten jeweils Variable, deren inhaltlicher Zusammenhang als nicht so offensichtlich und eng bezeichnet werden mußte, daß diese Faktoren unmittelbar als Merkmalsbündel bei der Erklärung des Ablaufs der 218 Innovationsfälle dienen könnten. Diese Variablen sind vielmehr im Hinblick auf den Bezugsrahmen in sinnvoll erscheinende charakterisierende Variablenkomplexe zu gruppieren. Bevor dies geschieht, noch ein Wort zum Wert der Faktoren-Analyse als Auswertungsverfahren.

Aus der Tatsache, daß die Ergebnisse der Faktoren-Analyse bei acht von fünfzehn Faktoren als inhaltlich nicht oder nicht völlig befriedigend bezeichnet werden, darf nicht geschlossen werden, dieses Auswertungsverfahren sei untauglich. Es liefert immerhin den formalen Beweis dafür, daß sieben der in Kapitel 3 durch Definition unterschiedenen Variablenkomplexe sich auch in der empirischen Untersuchung bewährt haben. An Hand der dort theoretisch erwarteten Variablenkomplexe zur Beschreibung des Innovationssystems wurde der Erhebungsleitfaden für die Untersuchung konkreter Innovationsfälle gebildet. Die empirischen Ergebnisse aus 218 Innovationsfällen bestätigen durch die Faktoren-Analyse, daß die auf dieser definitorischen Grundlage unterschiedenen, ausgewerteten und schließlich aus 274 ausgewählten 74 Variablen zum großen Teil in einem inhaltlich sinnvollen Zusammenhang stehen. In dieser Bestätigung liegt die Bewährung des gedanklich konstruierten Modells des Innovationssystems bei der Beschreibung konkreter Innovationsfälle.

4.2.2 *Merkmalsbündel zur Beschreibung von Innovationstypen*

Die Faktoren-Analyse lieferte sieben brauchbare Bündelungen von Variablen aus der Gesamtheit der 74 ausgewählten Variablen. Nachstehend werden diese Variablenkomplexe und dreizehn weitere aus den restlichen der 74 Variablen gebildeten Komplexe beschrieben. Bei der Bildung dieser Merkmalsbündel wurden die bei der Diskussion der Ergebnisse der Faktoren-Analyse angesprochenen Einwände berücksichtigt. Die Gesamtzahl der zwanzig Merkmalsbündel entspricht den im Bezugsrahmen des Innovationssystem (vgl. Abschnitt 4.3.1) enthaltenen Variablenkomplexen. In der dort getroffenen Unterscheidung nach Variablenart und Systemebene handelt es sich um:

Elementvariable

System Innovator

(1) Innovationsart

Strukturvariable

System Innovator

(2) Initiator

System Organisation

(3) Unternehmensgröße
(4) Branche
(5) Land

(6) Besitzverhältnisse
(7) Innovationspolitik
(8) Technologieorientierung
(9) Planung
(10) Technologische Konkurrenzlage
(11) Art und Ort von F und E
(12) Aufgabenverteilung

Prozeßvariable

System Innovator

(13) Rollenausfüllung

System Organisation

(14) Zielsetzung
(15) Kontrolle der Lösungssuche
(16) Strategie der Lösungssuche
(17) Entscheidungsfindung
(18) Wissensweitergabe

System Umwelt

(19) Einflußfaktoren der Entscheidung
(20) Beteiligung Dritter.

Wie aus dieser Aufstellung ersichtlich wird, sind nicht alle Arten von Variablen auf allen drei Systemebenen vertreten. Dies hat zwei Gründe. Zum einen handelt es sich um Variablenkomplexe, also um meist mehrere Variable, die in einem jeweils inhaltlichen Zusammenhang stehen und einen bestimmten Aspekt des Innovationssystems betreffen; dabei kann ein Variablenkomplex mehrere Arten von Variablen umfassen und wird dann derjenigen Komplexart zugeordnet, auf der das Schwergewicht liegt. Beispielsweise werden im Komplex 19 „Einflußfaktoren der Entscheidung" sowohl Prozeßvariable des Systems Umwelt, wie die Maßnahmen des Staates, als auch Elementvariable des Systems Organisation, wie die Ausstattung des Unternehmens mit Arbeitskräften, zusammengefaßt. Zum anderen ließen sich nicht alle Variablenarten je Systemebene explizit in die Untersuchung der 218 Innovationsfälle und damit in die Cluster-Analyse einbeziehen. So fehlen Strukturvariable des Systems Umwelt, wie z. B. die außenwirtschaftliche Verflechtung der Volkswirtschaft, völlig. Ihr Einfluß auf den Innovationsprozeß ist jedoch mittelbar über den Komplex 19 „Einflußfaktoren der Entscheidung" erfaßt, der in einer nachstehend zu erläuternden Weise die Umwelt des Systems Innovator repräsentiert.

In Abbildung 5 sind diejenigen Merkmalsbündel herausgehoben, die aus den Variablenkomplexen des Innovationssystems (vgl. Abbildung 4) zur Beschreibung der Innovationstypen herangezogen werden konnten. Dabei bezieht sich Merkmalsbündel 1 (Innovationsart) auf die Primär-

Abbildung 5

Merkmalsbündel zur Beschreibung der Innovationstypen[a)]

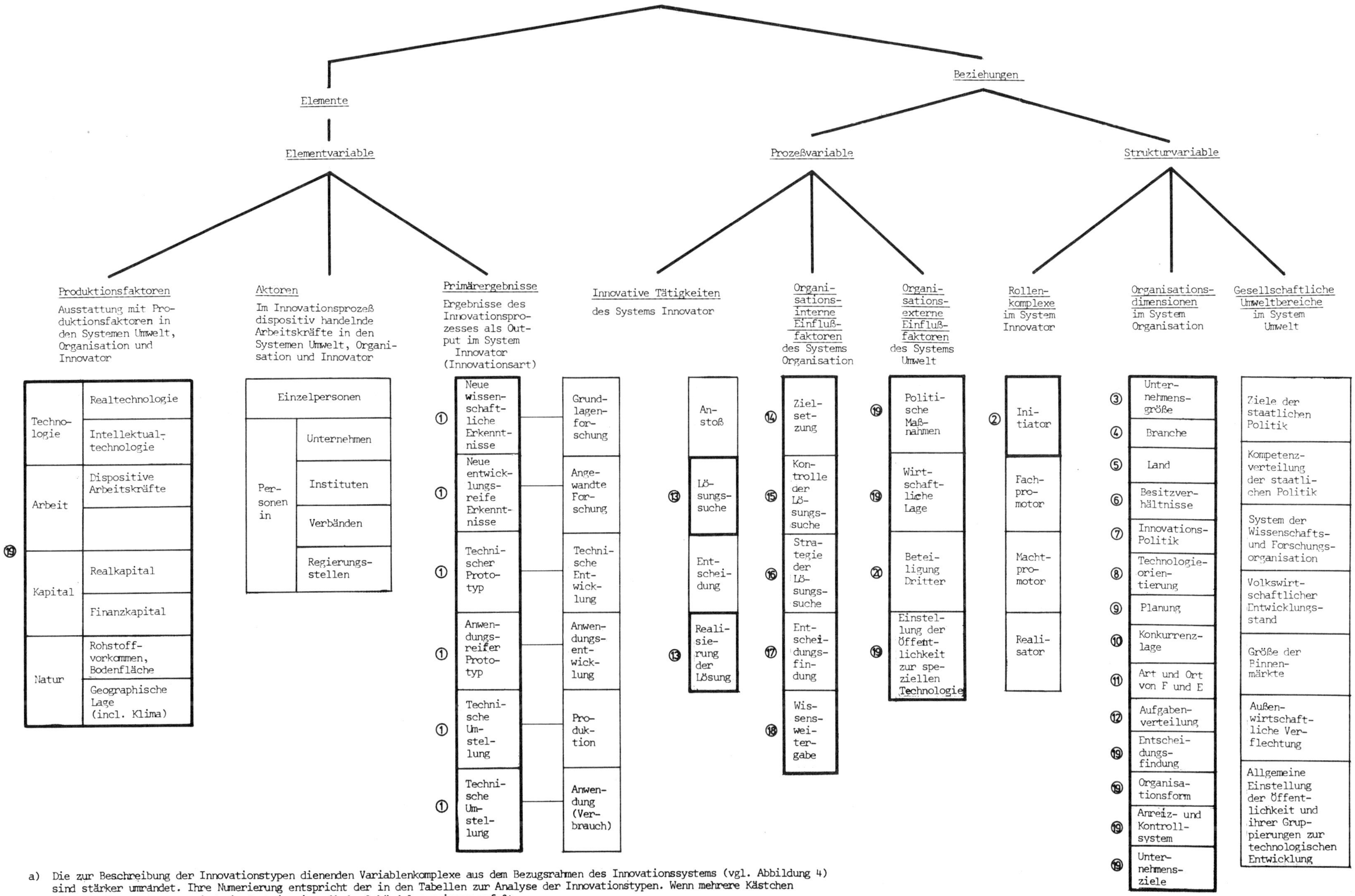

a) Die zur Beschreibung der Innovationstypen dienenden Variablenkomplexe aus dem Bezugsrahmen des Innovationssystems (vgl. Abbildung 4) sind stärker umrandet. Ihre Numerierung entspricht der in den Tabellen zur Analyse der Innovationstypen. Wenn mehrere Kästchen dieselbe Nummer tragen, sind sie dort in einem Merkmalsbündel gemeinsam erfaßt.

ergebnisse der Innovation, nämlich die Art des resultierenden Fortschritts (vgl. Abbildung 2). Merkmalsbündel 13 (Rollenausfüllung) stellt darauf ab, ob die innovativen Tätigkeiten Lösungssuche und Realisierung individuell oder kollektiv ausgeführt werden. Merkmalsbündel 19 (Einflußfaktoren der Entscheidung) schließlich bringt den Einfluß zahlreicher Variablen aus den Systemen Organisation und Umwelt auf den Innovationsprozeß zum Ausdruck. Hierzu gehören die Ausstattung mit Produktionsfaktoren (Arbeit, Kapital, Natur, Technologie) in Unternehmen und in der Volkswirtschaft sowie organisationsinterne und -externe Einflußfaktoren und auch einige Organisationsdimensionen, die nicht explizit als eigenständige Merkmalsbündel behandelt werden.

Auf einige der restlichen Variablenkomplexe des Innovationssystems (vgl. Abbildungen 4 und 5) wurde bei der Darstellung der Grundauszählung der 274 Variablen eingegangen. Es handelt sich hierbei um die bei den innovativen Tätigkeiten Anstoß und Entscheidung verfolgte Strategie (Abschnitte 4.1.1.2 und 4.1.3.2) sowie um die Rollenkomplexe des Fachpromotors, des Machtpromotors und des Realisators (Abschnitte 4.1.2.1, 4.1.3.1 und 4.1.4.1). Damit sind lediglich aus den im Kapitel über die Informationsquellen im Innovationssystem (Abschnitt 2.6.1) genannten Gründen die Aktoren der drei Systemebenen und die gesellschaftlichen Umweltbereiche im System Umwelt bei der Beschreibung der Innovationstypen nicht berücksichtigt. Alle übrigen Variablenkomplexe des Innovationssystems sind durch die entsprechenden Merkmalsbündel bei der Beschreibung der Innovationstypen — soweit wie möglich — mehr oder minder stark repräsentiert.

Die zwanzig Variablenkomplexe umfassen folgende Variablen[27a] (in Klammern nach der Variable zuerst die Nummer der Variable in Tabelle 4, anschließend die Nummer der Frage im Erhebungsleitfaden für die Interviews in Unternehmen):

(1) Innovationsart (3; 19)

Unterscheidung nach dem Ergebnis der durchgeführten innovativen Tätigkeiten in Basis- oder Routineinnovationen, je nachdem ob auch ein wissenschaftlicher oder nur ein technologischer oder technischer Fortschritt vorliegt.

(2) Initiator

Hauptanstoß aus dem F- und E-Bereich (35; 25)
Hauptanstoß aus dem Produktionsbereich (36; 25)
Hauptanstoß aus dem Verkaufsbereich (37; 25)
Hauptanstoß von der Konzernspitze[28] (—; —)

Unterscheidung der Herkunftsbereiche für den Anstoß zur Beschäftigung mit der Technologie nach den betrieblichen Funktionen

[27a] Falls nichts anderes angegeben, stellt die Dichotomie „ja — nein“ die beiden möglichen Merkmalsausprägungen je Variable dar.

(3) Unternehmensgröße

Einteilung der Unternehmungen nach den drei Beschäftigtengrößenklassen (4; 4; unter 1000 Beschäftigte, 1000 bis unter 5000 Beschäftigte, 5000 und mehr Beschäftigte)

Unterscheidung nach Klein-, Mittel- und Großunternehmen

(4) Branche (2; 1)

Unterscheidung nach Energiesektor im engeren Sinne (Mineralölverarbeitung, Kohlebergbau, Gasversorgung, Elektrizitätsversorgung) und verarbeitende Industrie als Zuliefer- bzw. Abnehmerbranche

(5) Land (1; —)

Unterscheidung nach den drei Ländern Bundesrepublik Deutschland, Großbritannien und Schweden

(6) Besitzverhältnisse (—; —)

Unterscheidung nach öffentlichem und privatem Besitz[29]

(7) Innovationspolitik

Fremde Kapitalbeteiligung ab 25 % (7; 8)
Einfluß des Mutterunternehmens auf die Innovationspolitik (8; 8; kein Einfluß, gering, beträchtlich, dominant)
Konzernverflechtung als Einflußfaktor der Entscheidung (61; 43)

Unterscheidung danach, ob die Innovationspolitik des Unternehmens autonom oder abhängig vom Mutterunternehmen ist

(8) Technologieorientierung

Einstellung zur Technologie (24; 14; Position als technischer Spitzenreiter, Anbieter/Verwender ausgereifter Technologien)

Unterscheidung in eine aggressive und eine konservative Technologieorientierung

(9) Planung

Zeithorizont des Absatzplans (9; 9; kein Plan, bis incl. 1 Jahr, bis incl. 3 Jahre, 4 und mehr Jahre)

Zeithorizont des Investitionsplans (10; 9; kein Plan, bis incl. 1 Jahr, bis incl. 3 Jahre, 4 und mehr Jahre)

Zeithorizont des F- und E-Plans (11; 9; kein Plan, bis incl. 1 Jahr, bis incl. 3 Jahre, 4 und mehr Jahre)

---

[28] Bei einem der unten beschriebenen Innovationstypen (Typ 11) ergab sich, daß die Cluster-Analyse solche Innovationsfälle zusammenfaßte, bei denen der Anstoß — wie aus der Grundauszählung bekannt — aus einem sonstigen Bereich, nämlich der Konzernspitze, stammt. Deshalb wird diese Variable, obwohl sie nicht unter den 74 ausgewählten Variablen enthalten ist, mit einbezogen.

[29] Diese Variable ist nicht im Erhebungsleitfaden enthalten und deshalb auch nicht in die Faktoren- bzw. Cluster-Analyse einbezogen worden. Aus der Kenntnis der den einzelnen Clustern zugeordneten Innovationsfälle ergab sich jedoch, daß in einigen Clustern typischerweise Unternehmen in öffentlichem Besitz, in anderen wiederum Privatunternehmen vertreten waren. Dieses nur bei Kenntnis des Daten-Urmaterials aus der Cluster-Analyse ableitbare Ergebnis spricht dafür, diese Variable in die Analyse einzubeziehen.

Zeithorizont des Personalplans (12; 9; kein Plan, bis incl. 1 Jahr, bis incl. 3 Jahre, 4 und mehr Jahre)
Budgets für F und E vorhanden (20; 10)
Rigidität der Planung (25; 14; Planung als Richtschnur, Planung als strenge Zielvorgabe)

Unterscheidung danach, ob die Planung kurzfristig oder langfristig, flexibel oder starr ist

(10) Technologische Konkurrenzlage

Entwicklungsstand der Technologie (26; 15)
Position des Unternehmens im Vergleich zum Inland (27; 20; zurück, gleich, Vorsprung, keine Konkurrenz)
Position des Unternehmens im Vergleich zum Ausland (28; 20; zurück, gleich, Vorsprung, keine Konkurrenz)
Aufholen eines technologischen Rückstands als Zweck (33; 21)
Erzielung eines technologischen Vorsprung als Zweck (34; 21)

Unterscheidung danach, ob das Unternehmen bei der betreffenden Technologie gegenüber der Konkurrenz führt oder zurückliegt oder gleichauf ist

(11) Art und Ort von F und E

Forschung erfolgt im Unternehmen (13; 10)
Forschung erfolgt im Konzern (14; 10)
Forschung erfolgt in Verbands- oder Vertragsinstitut (15; 10)
Entwicklung erfolgt im Unternehmen (16; 10)
Entwicklung erfolgt im Konzern (17; 10)
Entwicklung erfolgt in Verbands- oder Vertragsinstitut (18; 10)

Unterscheidung danach, ob Eigen- oder Fremdforschung bzw. -entwicklung, d. h. innerhalb oder außerhalb des Unternehmens

(12) Aufgabenverteilung

Lösungssuche erfolgt durch bestehende Organisationseinheit (39; 26)
Lösungssuche erfolgt durch neue Organisationseinheit (40; 26)
Realisierung erfolgt durch bestehende Organisationseinheit (68; 46)
Realisierung erfolgt durch neue Organisationseinheit (69; 46)

Unterscheidung danach, ob die Aufgabenverteilung in der Unternehmung konstant ist, also die mit der Technologie verbundenen innovativen Tätigkeiten im Rahmen der bestehenden Aufgabenverteilung ausgeführt werden können oder ob dies nur durch die Schaffung einer neuen Organisationseinheit bewältigt werden kann (nicht konstant).

(13) Rollenausfüllung

Lösungssuche erfolgt durch Einzelperson (38; 26)
Realisierung erfolgt durch Einzelperson (67; 46)

Unterscheidung danach, ob die Rollenkomplexe des Fachpromotors und des Realisators durch eine Einzelperson (also individuell) oder nicht (also kollektiv) ausgefüllt werden

(14) Zielsetzung

Kostensenkung als Zweck (29; 21)
Umsatzsteigerung als Zweck (30; 21)

Füllen einer Marktlücke als Zweck (31; 21)
Qualitätsverbesserung als Zweck (32; 21)

Unterscheidung nach Kostenorientierung oder Marktorientierung bei der Beschäftigung mit der Technologie

(15) Kontrolle der Lösungssuche

Zeit wird bei der Lösungssuche vorgegeben (43; 33)
Lösungswege werden bei der Lösungssuche vorgegeben (44; 33)
Häufigkeit der Fortschrittkontrolle bezüglich Zeit (45; 33; keine Kontrolle, fallweise, regelmäßig)
Häufigkeit der Fortschrittskontrolle bezüglich der Lösungswege (46; 33; keine Kontrolle, fallweise, regelmäßig)

Unterscheidung danach, ob die Lösungssuche kontrolliert wird oder nicht

(16) Strategie der Lösungssuche

Vorstudie über die möglichen Lösungswege wird angefertigt (47; 35)
Mehrere alternative Lösungen werden gesucht (49; 37)
Verwendung formalisierter Verfahren zur Entscheidungsfindung (65; 44)

Unterscheidung danach, ob die Lösungssuche systematisch und auf „breiter Front" erfolgt oder ob von vornherein eine Konzentration auf einen Lösungsweg erfolgt

(17) Entscheidungsfindung

Die Lösung(en) wird/werden diskutiert (50; 39)
An der Lösungsdiskussion nehmen auch nicht unmittelbar Betroffene teil (51; 40)

Unterscheidung danach, ob die Entscheidung autoritär oder nach einer Diskussion mit den Betroffenen abgestimmt erfolgt

(18) Wissensweitergabe

Schutzrecht wird angemeldet (72; 48)
Schutzrecht wird verkauft, Lizenzvertrag, Know how-Vertrag (73; 48)
Eine allgemein zugängliche Publikation erfolgt (74; 48)

Unterscheidung danach, ob das bei der Lösungssuche angefallene Wissen über die Technologie anderen Unternehmen oder der Öffentlichkeit zugänglich gemacht, also weitergegeben wird oder ob das Wissen nicht weitergegeben wird

(19) Einflußfaktoren der Entscheidung

Arbeitsmarkt, Lohnniveau, Arbeitskräfte im Unternehmen als Einflußfaktor der Entscheidung (53; 43)
Einstellung von Arbeitnehmern und Gewerkschaften zur Technologie als Einflußfaktor der Entscheidung (54; 43)
Kapitalmarkt, Zinsniveau, Kapitalausstattung des Unternehmens als Einflußfaktor der Entscheidung (55; 43)
Technische, wirtschaftliche und Absatzaussichten als Einflußfaktor der Entscheidung (56; 43)
Stand der Technik im Unternehmen und außerhalb als Einflußfaktor der Entscheidung (57; 43)
Einstellung der Öffentlichkeit zur Technologie als Einflußfaktor der Entscheidung (58; 43)

Energie-, Umweltschutzpolitik, staatliche Planung als Einflußfaktor der Entscheidung (59; 43)
Subvention, öffentlicher Auftrag als Einflußfaktor der Entscheidung (60; 43)
Art der dauerhaften organisatorischen Aufgabenverteilung als Einflußfaktor der Entscheidung (62; 45)
Art der Entscheidungsfindung als Einflußfaktor der Entscheidung (63; 43)

Unterscheidung danach, ob bei der Diskussion/Entscheidung im Vergleich zum allgemeinen Ablauf des Innovationsprozesses wesentlich stärker Probleme des Marktes (Variablen 56 und 57), des Produktionsfaktors Arbeit (53, 54), des Produktionsfaktors Kapital (55), der gesellschaftlichen Umwelt (58, 59, 60) oder der organisatorischen Umwelt (62, 63) eine Rolle spielen

(20) Beteiligung Dritter

Die für die Lösungssuche erforderlichen Spezialkenntnisse sind vorhanden (48; 36)
Beteiligung aus dem Inland an der Lösungssuche (41; 30)
Beteiligung aus dem Ausland an der Lösungssuche (42; 30)
Beteiligung aus dem Inland an der Realisierung (70; 47)
Beteiligung aus dem Ausland an der Realisierung (71; 47)
Zusammenarbeit mit Kunden, Lieferanten, Beratern als Einflußfaktor der Entscheidung (64; 43)

Unterscheidung danach, ob die Durchführung der innovativen Tätigkeiten autark oder kooperativ mit anderen Stellen erfolgt.

Mit Ausnahme der folgenden acht Variablen, die für die Beschreibung von Innovationsprozessen als weniger wichtig erachtet werden[30], sind alle der 74 in die Faktoren- bzw. Cluster-Analyse einbezogenen Variablen damit in zwanzig Variablenkomplexen zusammengefaßt:

Anteil der Ausgaben für F und E am Umsatz (5; 7)
Eigene Kapitalbeteiligung ab 25 % (6; 8)
Staatliche Zuschüsse zu F und E gewährt (19; 10)
Organisationsprinzip (21; 12)
Anzahl der Entscheidungsebenen im Unternehmen (22; 12)
Organisationseinheit zur Beobachtung der technologischen Entwicklung vorhanden (23; 13)
Ebene der Entscheidung über die Realisierung einer Lösung (52; 43)
Realisierung durch weitere F und E (66; 45).

In Tabelle 27 werden die verschiedenen Merkmalsausprägungen der zwanzig Variablenkomplexe nochmals zusammengefaßt.

---

[30] Eine Zuordnung dieser acht Variablen auf die zwanzig Komplexe würde die Eindeutigkeit der Aussage über die Komplexe schmälern. Gegen eine Behandlung als jeweils eigenständiger Variablenkomplex spricht, daß dadurch die Übersichtlichkeit der Darstellung der charakteristischen Unterschiede der Cluster verringert würde. In Tabelle 4 sind für alle 74 Variablen die Mittelwerte je Cluster wiedergegeben, so daß auch die Ergebnisse bei den nicht zugeordneten Variablen analysiert werden können.

Tabelle 27: **Eigenschaften des Grundtyps**

Merkmalsbündel		Alternative Merkmalsausprägungen					Häufigste Ausprägung bei 218 Innovationsfällen[a)]
Lfd. Nr.	Bezeichnung						
1	Innovationsart	Basisinnovation	Routineinnovation				(Routineinnovation)
2	Initiator	F- und E-Bereich	Produktionsbereich	Verkaufsbereich	Konzernspitze		F- und E-Bereich
3	Unternehmensgröße	Kleinunternehmen	Mittelunternehmen	Großunternehmen			(Großunternehmen)
4	Branche	Verarbeitende Industrie	Energiesektor				(Verarbeitende Industrie)
5	Land	BR Deutschland	Großbritannien	Schweden			(BR Deutschland)
6	Besitzverhältnisse	Privatbesitz	Öffentlicher Besitz				(Privatbesitz)
7	Innovationspolitik	Autonom	Abhängig				Autonom
8	Technologieorientierung	Aggressiv	Konservativ				Konservativ
9	Planung	Langfristig, flexibel	Langfristig, starr	Kurzfristig, flexibel	Kurzfristig, starr		Langfristig, flexibel
10	Technologische Konkurrenzlage	Führend	Gleichstand	Zurückliegend			Gleichstand
11	Art und Ort von F und E	Eigen-Forschung	Fremd-Forschung	Eigen-Entwicklung	Fremd-Entwicklung		Eigen-Forschung Eigen-Entwicklung
12	Aufgabenverteilung	Konstant	Nicht konstant				Konstant
13	Rollenausfüllung	Individuell	Kollektiv				Kollektiv
14	Zielsetzung	Marktorientiert	Kostenorientiert				Marktorientiert
15	Kontrolle der Lösungssuche	Vorhanden	Nicht vorhanden				Vorhanden
16	Strategie der Lösungssuche	Systematisch	Konzentriert				Systematisch
17	Entscheidungsfindung	Autoritär	Abgestimmt				Abgestimmt
18	Wissensweitergabe	Weitergabe	Keine Weitergabe				Weitergabe
19	Einflußfaktoren der Entscheidung	Markt	Arbeit	Kapital	Gesellschaft	Organisation	Markt
20	Beteiligung Dritter	Kooperation	Keine Kooperation				Kooperation

a) Ausprägungen, die in unmittelbarem Zusammenhang mit der Auswahl der untersuchten Innovationsfälle stehen, also keine Untersuchungsergebnisse darstellen, sind durch Klammern gekennzeichnet.

4.2.3 *Merkmalsausprägungen des Grundtyps*

In Tabelle 27 werden die verschiedenen Merkmalsausprägungen der 218 untersuchten Innovationsfällen angegeben. Diese wurde durch eine Betrachtung der Ergebnisse bei den einzelnen Variablen je Variablenkomplex gewonnen. Es ist dabei nicht sinnvoll, ein schematisches Bewertungssystem, etwa ein Punktsystem, zugrundezulegen, um bei nicht eindeutigen Konstellationen der Merkmalsausprägungen bei den Einzelvariablen die vorwiegende Merkmalsausprägung des Variablenkomplexes zu bestimmen. Nur aus der Gesamtschau aller in einem Komplex zusammengefaßten Variablen läßt sich ein Eindruck über den Variablenkomplex gewinnen. Dieser Eindruck ist allerdings notwendigerweise subjektiv. Da jedoch für jeden Variablenkomplex die Nummer der Frage im Erhebungsleitfaden angegeben wurde, läßt sich an Hand der im Anhang wiedergegebenen Grundauszählung aller 274 Variablen das hier vorgestellte Ergebnis der zwanzig Variablenkomplexe bei 218 Innovationsfällen überprüfen. Das in Tabelle 27 wiedergegebene Ergebnis ist insofern als ein aggregierender Interpretationsversuch zu werten. Das Resultat ist eine Beschreibung der vorherrschenden Züge bei 218 Innovationsfällen, also des Grundtyps des Innovationsprozesses. Dieser Grundtyp ist einerseits stärker verdichtet, aber andererseits umfassender als der in Kapitel 4.1 dargestellte allgemeine Ablauf des Innovationsprozesses, weil er auch Merkmalsbündel umfaßt, die sich auf die Struktur der Organisation beziehen. Im Kapitel über den allgemeinen Ablauf des Innovationsprozesses wurden dagegen nur die Prozeßvariablen der Systeme Innovator und Organisation und die Rollenkomplexe im System Innovator berücksichtigt. Während es dort darum ging, an Hand von möglichst vielen Variablen die „Feinstruktur" des Prozeßablaufs zu schildern, geht es hier darum, eine Gesamtschau des Innovationssystems, gegliedert nach Innovationstypen, vorzunehmen.

Die Tatsache, daß bei den 218 Innovationsfällen die Merkmalsausprägungen

Routineinnovation
Großunternehmen
Verarbeitende Industrie
Bundesrepublik Deutschland
Privatbesitz

jeweils am häufigsten vorkommen, ist durch die zur Untersuchung ausgewählten Unternehmen und Technologien bedingt. Die Merkmalsausprägungen der übrigen fünfzehn Variablenkomplexe stellen dagegen Untersuchungsergebnisse dar.

Der Grundtyp aus den 218 Innovationsfällen stellt sich demnach — überspitzt formuliert — so dar: Der Anstoß zu einer innovativen Tätigkeit, die in Entwicklungs- und/oder Anwendungsarbeiten besteht, kommt aus dem Forschungs- und Entwicklungsbereich der Industrieunternehmen. Dabei handelt es sich um große private Unternehmen (in der Bundesrepublik Deutschland), die Forschung und Entwicklung überwiegend im eigenen Hause betreiben. Die Unternehmen sind in ihren unternehmerischen Entscheidungen, insbesondere in ihrer Innovationspolitik autonom und verfolgen dabei eine konservative, eher auf ausgereifte Produkte und Verfahren als auf riskante Pioniertaten gerichtete Politik. Die innovativen Tätigkeiten selbst sind stark durch Vorgaben und Kontrollen reglementiert und werden systematisch ausgeführt. Hierin spiegelt sich die langfristig orientierte, aber nur als Richtschnur dienende Planungspraxis der Unternehmen wider. Durch die Beschäftigung mit der betreffenden Technologie verfolgen die Unternehmen am Markt orientierte Ziele; im übrigen betrachten sie sich als mit ihren Konkurrenten gleichwertig. Die innovativen Tätigkeiten werden ohne Änderung der bestehenden organisatorischen Aufgabenverteilung von beauftragten Personengruppen in Zusammenarbeit mit Lieferanten und Kunden durchgeführt. Die Entscheidung über die Realisierung einer gefundenen Lösung für technologische Probleme erfolgt in einem festgelegten Diskussions- und Entscheidungsverfahren. Bei der Entscheidung dominieren eindeutig die Einschätzungen der Marktverhältnisse und des Standes der Technik. Das bei den innovativen Tätigkeiten angefallene Wissen ist im Prinzip für die Öffentlichkeit zugänglich.

Der Grundtyp als der „durchschnittliche" Innovationsfall muß nicht unbedingt mit einem oder mehreren bestimmten der 218 Fälle gleich sein[31]. Eine Antwort auf die Frage, wie „typisch" der Grundtyp ist oder ob er überhaupt in der Realität vorkommt, läßt sich erst nach den anschließend zu behandelnden Ergebnissen der Cluster-Analyse geben. Denn es ist gerade deren Aufgabe, typische Gruppen von Innovationsfällen aufzuzeigen. Diese Typen werden dann mit Hilfe der eben unterschiedenen zwanzig Merkmalsbündel beschrieben.

4.3 Typen von Innovationsprozessen

Die Profil-Cluster-Analyse ergab, daß die 218 untersuchten Innovationsfälle in 18 Gruppen (Cluster) eingeteilt werden können, die jeweils maximal 23 und minimal drei Innovationsfälle mit ähnlichen Merkmalsausprägungen der 74 ausgewählten Variablen umfassen (vgl. Tabelle 4). Läßt man die sieben schwach besetzten Gruppen — Cluster 12 bis 18 mit insgesamt 40 der 218 Innovationsfälle — wegen ihrer des-

[31] Der Durchschnittsfall ist also möglicherweise nicht typisch oder sogar „unecht".

wegen geringeren Aussagekraft außer Betracht, bleiben elf Cluster, die insgesamt 178, also 82 % aller Innovationsfälle enthalten. Diese elf Typen werden zunächst dargestellt; im nächsten Abschnitt werden charakteristische Unterschiede zwischen ihnen behandelt.

4.3.1 Ergebnisse der Profil-Cluster-Analyse

An Hand der zwanzig Merkmalsbündel und der ihnen jeweils zugeordneten Variablen werden die in Tabelle 4 ausgewiesenen Cluster auf ihre häufigste Merkmalsausprägung untersucht. Dabei wurde die häufigste Merkmalsausprägung je Variablenkomplex durch Vergleich der Mittelwerte der zugehörigen Variablen aus Tabelle 4 gewonnen. Das Ergebnis zeigt Tabelle 28.

Bereits der Vergleich der häufigsten Merkmalsausprägung je Cluster (ohne die von der Sample-Auswahl abhängenden oben genannten fünf Variablenkomplexe) mit derjenigen bei allen 218 Innovationsfällen in Tabelle 28 zeigt eine Reihe von Abweichungen. Keines der elf Cluster entspricht völlig dem Durchschnitt aller Innovationsfälle. Die geringste Anzahl von Nichtübereinstimmungen weist Cluster 5 auf: bei den Merkmalsbündeln Zielsetzung und Wissensweitergabe. Die meisten Abweichungen (jeweils bei sieben Merkmalsbündeln) zeigen sich bei den Clustern 8 und 11.

In Tabelle 28 ergeben sich zwischen den Clustern keine Abweichungen bei der Abgestimmtheit der Entscheidungsfindung (Merkmalsbündel 17) und dem Markt als dem dominierenden Einflußfaktor bei der Entscheidung (Merkmalsbündel 19). Das Maximum an Abweichungen weisen die Merkmalsbündel Unternehmensgröße (3) und Wissensweitergabe (18) auf, bei denen in jeweils sieben der elf Cluster kleine oder mittlere Unternehmen dominieren bzw. das bei der Lösungssuche angefallene Wissen nicht — wie im Durchschnitt der 218 Fälle — der Allgemeinheit zugänglich gemacht wird.

Die Nichtübereinstimmungen in den Merkmalsausprägungen zwischen den einzelnen Typen und dem Grundtyp sind in Tabelle 29 zusammengestellt. Bereits aus diesem ziemlich groben Vergleich der Ergebnisse der Cluster-Analyse wird deutlich, daß es keine für die Gesamtheit aller Fälle typische Gruppe von Innovationsfällen gibt. Diese Aussage bezieht sich auf Cluster, nicht auf einzelne Innovationsfälle. Es mag durchaus sein, daß einer oder wenige der 218 Innovationsfälle bei den Merkmalsausprägungen der zwanzig Variablenkomplexe genau dem Durchschnitt aller 218 Fälle entspricht. Dies festzustellen würde jedoch eine eingehende und sehr aufwendige Analyse jedes Einzelfalls bedeuten. Das Problem erscheint nicht hinreichend interessant, um eine solche Spezialuntersuchung des Datenmaterials zu rechtfertigen.

Tabelle 29: **Vergleich der Cluster mit der Gesamtheit aller 218 Innovationsfälle**
(Nicht-Übereinstimmung von elf Innovationstypen mit dem Grundtyp in den Merkmalsausprägungen durch X gekennzeichnet)

Merkmalsbündel		Cluster (Innovationstyp)											Häufigste Merkmalsausprägung bei 218 Innovationsfällen (Grundtyp)	Anzahl der Nicht-Übereinstimmungen
Lfd. Nr.	Bezeichnung	1	2	3	4	5	6	7	8	9	10	11		
1	Innovationsart	X	X	X							X		Routineinnovation	4
2	Initiator							X	X	X		X	F- und E-Bereich	4
3	Unternehmensgröße			X	X		X	X	X	X		X	Großunternehmen	7
4	Branche		X			X		X		X		X	Verarbeitende Industrie	5
5	Land		X	X		X			X	a)	X	X	BR Deutschland	6
6	Besitzverhältnisse		X			a)		X		a)	a)	a)	Privatbesitz	2
7	Innovationspolitik		X		X		X					X	Autonom	4
8	Technologieorientierung		X				X		X	X	X		Konservativ	5
9	Planung	X								X	X	X	Langfristig, flexibel	4
10	Technologische Konkurrenzlage	X		X					X		X		Gleichstand	4
11	Art und Ort von F und E								X			X	Eigen-Forschung Eigen-Entwicklung	2
12	Aufgabenverteilung											X	Konstant	1
13	Rollenausfüllung								X				Kollektiv	1
14	Zielsetzung		X			X	X	X					Marktorientiert	4
15	Kontrolle der Lösungssuche			X				X					Vorhanden	2
16	Strategie der Lösungssuche									X			Systematisch	1
17	Entscheidungsfindung												Abgestimmt	0
18	Wissensweitergabe			X	X	X		X	X	X		X	Weitergabe	7
19	Einflußfaktoren der Entscheidung											a)	Markt	0
20	Beteiligung Dritter	X	X	X	X				X		X	X	Kooperation	7
Anzahl der Nicht-Übereinstimmungen		4	8	7	4	4	4	7	9	7	6	10		70

a) Vergleich nicht möglich, da Merkmalsausprägung je Cluster nicht eindeutig.

Es bleibt festzuhalten, daß die in der Cluster-Analyse gebildeten Typen von Innovationsfällen bei mehr oder weniger Merkmalsbündeln voneinander und von der Gesamtheit aller Innovationsfälle abweichen. Der Vergleich der Cluster mit der Gesamtheit der Innovationsfälle zeigt, daß eine Darstellung des Innovationsprozesses durch eine Aneinanderreihung von Einzelergebnissen, wie sie im Kapitel 4.1 über den allgemeinen Ablauf des Innovationsprozesses an Hand der Häufigkeitsverteilung der Antwortkategorien bei den 274 Variablen vorgenommen wurde, dazu tendiert, einen Idealtypus des Innovationsprozesses zu beschreiben. Die Cluster-Analyse liefert zwar auch keine echten Realtypen[32], da jedes Cluster durch die Mittelwerte der 74 Variablen der in ihm zusammengefaßten Fälle beschreiben wird und damit ebenfalls einen Durchschnitt liefert. Dieser stammt jedoch aus Innovationsfällen, die untereinander jeweils weit ähnlicher sind als die 218 Innovationsfälle in der Gesamtheit einander ähneln. Die methodische Unzulänglichkeit einer Innovationsforschung, die sich auf isolierte Analysen von Einzelaspekten im Sinne einer Hypothesenprüfung durch Grundauszählungen oder bivariate Auswertungsmethoden beschränkt, wird durch dieses Resultat eindringlich veranschaulicht.

Die in Tabelle 28 aufgezeigten häufigsten Merkmalsausprägungen der Cluster und der daraus in Tabelle 29 abgeleitete Umfang ihrer Abweichung von der Gesamtheit aller Fälle basieren auf den Cluster-Mittelwerten der einem Variablenkomplex zugeordneten Variablen.

Dadurch wurde eine Komprimierung der rund 60 000 über die 218 Innovationsfälle erhobenen Einzelinformationen auf 220 (zwanzig Merkmalsbündel und elf Typen) Merkmalsausprägungen möglich. Trotz dieser Reduktion des Datenmaterials bietet auch diese Analyse ein noch nicht sehr anschauliches Bild von der Vielfalt der möglichen Abläufe des Innovationsprozesses. Zwar ließe sich an Hand von Tabelle 28 jedes einzelne Cluster durch seine zwanzig Merkmalsausprägungen beschreiben. Dies würde jedoch bedeuten, daß häufig Merkmalsausprägungen behandelt werden müßten, die mehreren Clustern gemeinsam sind und würde deshalb zu Wiederholungen führen, ohne daß der mehr oder minder stark ausgeprägte Allgemeinheitscharakter genügend deutlich werden könnte. Deshalb wird ein anderes Vorgehen gewählt.

Zunächst werden die charakteristischen Unterschiede zwischen den Typen herausgearbeitet und erst anschließend wird auf die Gemeinsamkeiten zwischen mehreren Typen eingegangen. Die charakteristischen Unterschiede zwischen den Typen werden erst deutlich, wenn man die Typen miteinander vergleicht. Dazu genügt jedoch eine reine Betrach-

---

[32] Ein solcher Realtyp müßte identisch sein mit einem der untersuchten Fälle.

Tabelle 30: **Charakteristische Unterschiede der Innovationstypen je Variable**

Lfd. Nr.	Variable[a]	Nr. der Frage im Erhebungsleitfaden	Nummern der Cluster[b], die sich bei dieser Variablen gegenüber mindestens drei anderen Clustern signifikant[c] unterscheiden	Cluster mit der größten Anzahl signifikanter Unterschiede: Nr.	Anzahl
1	Land		1, 2, 4, 8, 10, 11	8, 11	8
2	Branche	1	2, 5, 8, 10, 11	2	6
3	Innovationsart	19	1, 11	1	4
4	Beschäftigtengrößenklasse	4	1, 2, 6, 7, 11	1, 2	5
11	Zeithorizont des F- und E-Plans	9	7	7	5
15	Forschung erfolgt in Verbands- oder Vertragsinstitut	10	2, 8, 10	2	6
18	Entwicklung erfolgt in Verbands- oder Vertragsinstitut	10	2	2	6
19	Staatliche Zuschüsse zu F und E gewährt	10	1, 2, 5, 6, 7, 8, 10	2	5
20	Budgets für F und E vorhanden	10	7, 11	7	8
22	Anzahl der Entscheidungsebenen im Unternehmen	12	2, 5	2, 5	6
23	Organisationseinheit zur Beobachtung der technologischen Entwicklung vorhanden	13	1, 2, 5, 7, 8, 9, 10	7, 10	6
25	Rigidität der Planung	14	1, 9	9	7

29	Kostensenkung als Zweck	21	2	2	3
31	Füllen einer Marktlücke als Zweck	21	10	10	4
34	Erzielung eines technologischen Vorsprungs als Zweck	21	1, 2, 3, 4, 5, 7	4	4
35	Hauptanstoß aus dem F- und E-Bereich	25	1, 11	11	4
39	Lösungssuche erfolgt durch bestehende Organisationseinheit	26	4, 8, 9	8	4
40	Lösungssuche erfolgt durch neue Organisationseinheit	26	11	11	3
41	Beteiligung aus dem Inland an der Lösungssuche	30	6, 7	7	5
53	Arbeitsmarkt, Lohnniveau, Arbeitskräfte im Unternehmen als Einflußfaktor der Entscheidung	43	11	11	4
66	Realisierung durch weitere F und E	45	3, 6, 7, 9	6	5
67	Realisierung erfolgt durch Einzelperson	46	8	8	10
68	Realisierung erfolgt durch bestehende Organisationseinheit	46	8	8	6
70	Beteiligung aus dem Inland an der Realisierung	47	11	11	5
72	Schutzrecht wird angemeldet	48	1, 10	10	7
74	Eine allgemein zugängliche Publikation erfolgt	48	2, 5, 6	2	6

a) Vgl. Tabelle 4. Variable, bei denen nicht bei wenigstens einem Cluster gegenüber mindestens drei anderen Clustern signifikante Unterschiede bestehen, sind nicht aufgeführt. – b) Vgl. Tabelle 4. Die sieben kleinsten Cluster (Nr. 12 bis 18) sind nicht berücksichtigt. – c) Die Mittelwerte der Variablen sind mit einem t-Wert von mindestens 5 gegenüber den Mittelwerten von mindestens drei anderen Clustern gegen zufälliges Zustandekommen gesichert.

tung der häufigsten Merkmalsausprägungen je Typ nicht. Vielmehr ist zu prüfen, ob sich ein Cluster durch seine Mittelwerte der 74 Variablen — bzw. daran anschließend bei den zwanzig Merkmalsbündeln — in statistisch signifikanter Weise von anderen Clustern unterscheidet, ob und welche Merkmalsausprägungen für den betreffenden Typ im Gegensatz zu anderen Typen charakteristisch sind. Die Darstellung der charakteristischen Unterschiede zwischen den Typen ist Aufgabe des nächsten Abschnitts.

4.3.2 Charakteristische Merkmalsausprägungen der Innovationstypen

Die Merkmalsausprägung eines Innovationstyps bei einer der 74 in die Cluster-Analyse einbezogenen Variablen soll dann als charakteristisch für diesen Typ gelten, wenn der Mittelwert dieser Variablen sich von den entsprechenden Mittelwerten von mindestens drei der restlichen zehn Typen (vgl. Tabelle 4) in statistisch signifikanter Weise unterscheidet. Statistisch signifikant bedeutet dabei, daß im paarweisen Mittelwertvergleich einer Variable der Unterschied in den Mittelwerten zwischen den Clustern mit einer Wahrscheinlichkeit von über 99 % nicht zufällig zustandegekommen ist[33].

In Tabelle 30 sind diejenigen Variablen aufgeführt, bei denen sich mindestens ein Typ von jeweils mindestens drei anderen Typen in signifikanter Weise unterscheidet. Dies ist nur bei 26 von 74 Variablen, also bei einem reichlichen Drittel der Fall. Die übrigen Variablen differenzieren überhaupt nicht oder nur schwach, d. h. bei einem Typ in höchstens zwei Fällen zwischen den Typen. Die fünf am stärksten differenzierenden Variablen sind in der Reihenfolge der Anzahl der Typen in Tabelle 30:

Nr.	Variable	Anzahl der Typen
19	Staatliche Zuschüsse zu F und E gewährt	7
23	Organisationseinheit zur Beobachtung der technologischen Entwicklung vorhanden	7
1	Land	6
34	Erreichung eines technologischen Vorsprungs als Zweck	6
4	Beschäftigtengrößenklasse	5

Bei ihnen haben sich in der Cluster-Analyse die meisten starken Abweichungen der Cluster voneinander ergeben. In allen fünf Fällen handelt es sich um Leit-Variable[34]. Bei dieser „Polarisation“ der 218 Inno-

[33] Aus arbeitsökonomischen Gründen wurde bei dieser Analyse trotz unterschiedlicher Anzahl der Freiheitsgrade (wegen der unterschiedlichen Clustergröße) für die t-Verteilung ein t-Wert von mindestens 5,00 zugrundegelegt. Die Wiedergabe der t-Werte selbst wäre zu raumaufwendig. Es handelt sich um 74 Dreieckstabellen (eine je Variable) mit jeweils $\frac{18}{2}$ = 153 t-Werten (Kombinationen von 18 Clustern zur 2. Klasse im paarweisen Vergleich).

vationsfälle in typische Gruppen sind damit mit Ausnahme der Variablen 19 „Staatliche Zuschüsse“ und 23 „Organisationseinheit zur technologischen Beobachtung“ Variable von Bedeutung, die auch als Variable den zwanzig oben unterschiedenen Merkmalsbündel zugeordnet bzw. im Falle von Land und Beschäftigtengrößenklasse direkt als Merkmalsbündel bezeichnet wurden. Damit soll jedoch kein Urteil über die Bedeutung dieser stark differenzierenden Variablen zur Beschreibung des Ablaufs von Innovationsprozessen gefällt werden, denn dies liefe wiederum auf eine Betrachtung von Einzelaspekten hinaus, die gerade durch die Anwendung multivariater Verfahren überwunden werden soll.

In Tabelle 30 wurden je Variable die durch sie charakterisierten Cluster zusammengestellt. In Tabelle 31 wird der umgekehrte Weg eingeschlagen und die für jedes der elf größeren Cluster charakterisierenden Variablen festgehalten. Es zeigte sich, daß Cluster 2 ein Extrem darstellt, da es bei elf Variablen signifikante Unterschiede gegenüber mindestens drei anderen Typen aufweist. Die Cluster 3 und 4 sind dagegen „mittlere“ Typen; bei ihnen liegen nur bei zwei bzw. drei Variablen solche Unterschiede vor.

Tabelle 31

Charakteristische Variable je Innovationstyp

Cluster[a)]	Laufende Nummer der Variablen[b)]											Variable mit der größten Anzahl signifikanter Unterschiede	
												Nr.	Anzahl
1	1	3	4	19	23	25	34	35	72			4, 72	5
2	1	2	4	15	18	19	22	23	29	34	74	15, 18, 22, 74	6
3	34	66										34, 66	3
4	1	34	39									1, 34	4
5	2	4	19	22	23	34	74					2, 22	6
6	4	15	19	41	66	74						66	5
7	4	11	19	20	23	34	41	66	70			20	8
8	1	2	15	19	23	39	67	68				67	10
9	23	25	39	66								25	7
10	1	2	15	19	23	31	72					72	7
11	1	2	3	4	20	35	40	53	70			1	8

a) Vgl. Tabelle 4. Die sieben kleinsten Cluster (Nr. 12 bis 18) sind nicht berücksichtigt. – b) Vgl. Tabelle 4. Es sind nur solche Variable aufgeführt, die ein Cluster gegenüber mindestens drei anderen Clustern signifikant (mit einem t-Wert von mindestens 5) unterscheiden.

[34] Insgesamt 42 Leit-Variable dienten zur Bestimmung der Cluster, d. h. zur Zuordnung der Innovationsfälle.

Im Anschluß an diese formale Analyse der Cluster-Unterschiede, die den Rahmen abstecken sollte, werden nun die elf größten Cluster inhaltlich an Hand der zwanzig Merkmalsbündel auf ihre Unterschiede untersucht. Dabei dienen die Tabellen 29 (Vergleich der Cluster mit der Gesamtheit aller 218 Innovationsfälle) und 30 (Charakteristische Unterschiede der Innovationstypen je Variable) als Basis, um an Hand der Ergebnisse der Cluster-Analyse in Tabelle 4 diejenigen Merkmalsausprägungen der zwanzig Variablenkomplexe zu ermitteln, bei denen die Typen in signifikanter Weise von den jeweils übrigen Typen abweichen. Im Gegensatz zu der Zusammenstellung der häufigsten Merkmalsausprägungen der Typen in Tabelle 28 kommt es also nun nicht mehr auf eine Beschreibung der vorherrschenden Merkmale der Typen an, sondern auf eine Ermittlung der für das betreffende Cluster typischen und damit gegenüber anderen Innovationstypen differenzierenden Merkmalsausprägungen.

In der Reihenfolge der unterschiedenen zwanzig Merkmalsbündel in den Tabellen 28 und 29 werden nachstehend die charakteristischen Merkmalsausprägungen der Typen behandelt. Dabei sind solche Merkmalsbündel, bei denen sich ein Cluster nicht von mindestens drei anderen Clustern bei mindestens einer Variablen unterscheidet oder bei denen das Cluster nicht bei mindestens einer der Variablen je Merkmalsbündel einen Extremwert aufweist, durch Klammern gekennzeichnet.

In Tabelle 32 (zw. S. 184/185) werden die charakteristischen Merkmalsausprägungen der Typen anschließend nochmals zusammengefaßt. Im Anschluß an die Behandlung der Merkmalsausprägungen der zwanzig Variablenkomplexe werden je Typ weitere starke Unterschiede dargestellt, die sich bei solchen Variablen ergeben haben, die nicht den zwanzig Merkmalsbündeln zugeordnet wurden.

(1) Innovationstyp 1:
Marktorientierte Basisinnovationen in Großunternehmen
23 Fälle (11 % aller Fälle)

— Innovationsart: Es handelt sich um den Typ mit dem höchsten Anteil an Basisinnovationen[35], also um Innovationsfälle, bei denen das Unternehmen (auch) Forschung betreibt; lediglich in vier Fällen werden nur Routineinnovationen, d. h. innovative Tätigkeiten ohne eigene Forschungsarbeiten durchgeführt.

— Initiator: Der Hauptanstoß zur Beschäftigung mit der Technologie kommt überdurchschnittlich oft (neunzehnmal) aus dem F- und E-Bereich; dies ist der höchste Anteil dieses Bereichs an der Rolle des Initiators unter allen Innovationstypen.

[35] Hier und im folgenden werden nur die elf größten Cluster bei solchen Vergleichen berücksichtigt.

— Unternehmensgröße: Es handelt sich fast ausschließlich um Großunternehmen mit mehr als 5000 Beschäftigten; lediglich ein Fall spielte sich in einem mittleren Unternehmen mit 1000 bis unter 5000 Beschäftigten ab.

— (Branche): Sechzehn Fälle (also überdurchschnittlich viele) entstammen der verarbeitenden Industrie, sieben dem Energiesektor.

— (Land): Siebzehn Fälle aus der Bundesrepublik Deutschland, sechs aus Großbritannien. Dieser Innovationstyp beschreibt also vorwiegend den Innovationsprozeß in den beiden großen der hier untersuchten Industrieländer.

— (Besitzverhältnisse): Fast ausschließlich Privatunternehmen.

— (Innovationspolitik): Obwohl in elf Fällen ein Mutterunternehmen, das einen Kapitalanteil von mindestens 25 % besitzt, existiert, erfolgt die Innovationspolitik autonom: Nur in drei Fällen spielt die Konzernverflechtung in der Diskussions- und Entscheidungsphase eine Rolle.

— (Technologieorientierung): In drei Fünftel aller Fälle wird eine Position als Anbieter/Verwender ausgereifter Technologien angestrebt; die Unternehmen, in denen sich die 23 Innovationsfälle abspielten, verfolgen also überwiegend eine konservative, auf Sicherheit bedachte Innovationspolitik.

— Planung: Die Planung erfolgt überwiegend langfristig und als strenge Zielvorgabe, ist also überdurchschnittlich oft starr. In allen Fällen existieren F- und E-Budgets.

— Technologische Konkurrenzlage: Die Position gegenüber anderen, Unternehmen, die sich mit derselben Technologie befassen, wird gegenüber dem Inland überwiegend als führend, gegenüber dem Ausland meist als gleichwertig bezeichnet; die Erzielung eines technologischen Vorsprungs ist der am häufigsten durch die Beschäftigung mit der Technologie verfolgte Zweck (neunzehnmal); nur in einem Fall soll der technologische Rückstand gegenüber der Konkurrenz aufgeholt werden. Insgesamt ergibt sich also eine günstige Konkurrenzlage.

— (Art und Ort von F und E): Forschung und Entwicklung erfolgen überwiegend im eigenen Unternehmen; die Möglichkeit der Forschung in Verbands- oder Vertragsinstituten wird aber überdurchschnittlich oft genutzt. Unter allen elf Typen erfolgt in diesem die Forschung mit mehr als zwei Drittel der Fälle am häufigsten (auch) im Konzern.

— (Aufgabenverteilung): Die Organisation ist flexibel, d. h. die durch die Beschäftigung mit der Technologie anfallenden innovativen Tätigkeiten der Lösungssuche und der Realisierung können in drei Viertel aller Fälle durch bestehende Organisationseinheiten erledigt werden, so daß keine Neuverteilung der Aufgaben erfolgen muß.

— Rollenausfüllung: Nur in einem Fall sind Lösungssuche und Realisierung im wesentlichen die Aufgabe einer Einzelperson; die Rollenkomplexe werden also fast ausschließlich kollektiv ausgefüllt.

— (Zielsetzung): Die am häufigsten durch die Beschäftigung mit der Technologie verfolgten Ziele sind die Steigerung des Umsatzes und das Füllen einer Marktlücke. Die Technologiepolitik der Unternehmen ist bei den untersuchten Fällen also marktorientiert.

— Kontrolle der Lösungssuche: Die Lösungssuche erfolgt reglementiert; unter allen Typen werden Zeit (in neunzehn Fällen) und Lösungswege (in 21 Fällen) am häufigsten vorgegeben. Die Fortschrittskontrolle erfolgt fast immer in regelmäßigen Zeitabständen.

— Strategie der Lösungssuche: In allen Fällen wird eine Vorstudie angefertigt, die die möglichen Lösungswege aufzeigen soll; nur in drei Fällen wird nicht nach Alternativlösungen gesucht; nur in zwei Fällen werden zur Entscheidungsfindung keine formalisierten Verfahren herangezogen. Die Lösungssuche erfolgt damit in weit stärkerem Maße systematisch als bei den meisten anderen Typen.

— (Entscheidungsfindung): Der Entscheidungsfindung geht mit Ausnahme eines Falles eine Diskussion voraus; an ihr nehmen stets auch nicht unmittelbar betroffene Personen teil. Die Entscheidungsfindung erfolgt also in abgestimmter Weise.

— Wissensweitergabe: Das bei der Lösungssuche angefallene Wissen wird meist an die unternehmensexterne Umwelt weitergegeben. Am häufigsten (in 76 % der Fälle) wird ein Schutzrecht angemeldet; auch wird überdurchschnittlich oft eine allgemein zugängliche Publikation erstellt.

— Einflußfaktoren der Entscheidung: Überdurchschnittlich oft werden die Marktverhältnisse bei der Entscheidung berücksichtigt. Nur in einem Fall spielen der Stand der Technik innerhalb und außerhalb des Unternehmens und in zwei Fällen die technischen, wirtschaftlichen und Absatzaussichten bei der Diskussion/Entscheidung keine Rolle.

— Beteiligung Dritter: Unter allen Typen sind die für die Lösungssuche erforderlichen Spezialkenntnisse am häufigsten im Unternehmen verfügbar (87 % der Fälle); die Zusammenarbeit mit in- und ausländischen Stellen bei der Lösungssuche und in der Realisierungsphase ist weit weniger häufig als im Durchschnitt; bei den untersuchten Innovationsfällen sind die Unternehmen also vergleichsweise autark.

— Weitere charakteristische Unterschiede: In zwanzig Fällen (= 87 %) gewährt der Staat Zuschüsse zu Forschung und Entwicklung. In allen Fällen ist eine Organisationseinheit vorhanden, die die technische Entwicklung systematisch und hauptsächlich verfolgt. Nur zwei Fälle stammen aus Unternehmen, die keine eigenen Tochterunternehmen (mit einem Kapitalanteil von mindestens 25 %) besitzen.

Es handelt sich um Innovationsfälle in deutschen und britischen privaten Großunternehmen, von denen einige zu den größten Westeuropas zählen und die selbst Forschung und Entwicklung betreiben und dabei vom Staat durch Zuschüsse gefördert werden. Dem F- und E-Bereich fällt auch die Rolle des Initiators von Innovationsprozessen zu. Es handelt sich also um „technology push“ (drei Fünftel der hier untersuchten Technologien stammen aus dem Elektrizitätsbereich; hauptsächlich werden Probleme von Thyristoren und Brennstoffzellen bearbeitet), wobei systematisch Marktlücken aufgespürt werden. Das Füllen dieser Marktlücken und die Steigerung des Umsatzes sind der Hauptzweck der Innovationspolitik. Trotzdem ist diese Zielsetzung für den Innovationstyp nicht in dem definierten Sinn charakteristisch. Dabei vermeidet man jedoch technologische Risiken und strebt ausgereifte Technologien an. Die bearbeiteten Technologien werden von den Unternehmen in der Hälfte der Fälle als in schneller intensiver Entwicklung und zur Hälfte als in verlangsamter Entwicklung begriffen bzw. als ausgereift bezeichnet. Es bestehen kapitalmäßige Verflechtungen, doch erfolgt die Innovationspolitik autonom. Die Planung erfolgt langfristig und stellt eine strenge Zielvorgabe dar. Im Vergleich zur inländischen Konkurrenz sieht man sich eher in einer führenden, gegenüber dem Ausland in einer gleichwertigen Position. Die Konkurrenz und die technische Entwicklung werden von einer eigens dafür zuständigen Stelle laufend und systematisch beobachtet. Auch bei der Diskussion und Entscheidung über die betreffende Technologie dominieren der Stand der Technik und der Markt als Einflußfaktoren. Die Lösungssuche erfolgt stark durch Vorgaben und Kontrollen von Zeit und Lösungswegen reglementiert und in systematischer Weise. Die gefundenen Lösungen werden vor einer Entscheidung zur Diskussion gestellt. Bei der Lösungssuche und bei der Realisierung ist man nicht auf die Kooperation mit externen Stellen angewiesen, sondern kann auf vorhandene Spezialkenntnisse zurückgreifen. Das bei der Lösungssuche angefallene Wissen ist der Öffentlichkeit zugänglich, meist durch die Anmeldung eines Schutzrechts.

Der hier skizzierte Innovationstyp soll mit den Attributen „Marktorientierte Basisinnovation in Großunternehmen" bezeichnet werden.

(2) Innovationstyp 2:

Innovationen zur Kostensenkung in verstaatlichten Energieunternehmen
22 Fälle (10 % aller Fälle)

— (Innovationsart): Es handelt sich vorwiegend um Basisinnovationen, nur ein knappes Drittel der Fälle stellt Routineinnovationen dar.
— Initiator: Der F- und E-Bereich ist zwar öfter als im Durchschnitt Träger des Rollenkomplexes Initiator, doch ist in diesem Typ der Anteil der Fälle, in denen die Initiative vom Produktionsbereich ausgeht, unter allen Typen der größte, ist also charakteristisch für diesen Typ. Der Verkaufsbereich tritt als Initiator nicht auf.
— Unternehmensgröße: Die Innovationsfälle stammen ausnahmslos aus Großunternehmen mit über 5000 Beschäftigten.
— Branche: Alle Fälle entstammen dem Energiesektor, und zwar den (in Großbritannien verstaatlichten) Bereichen Kohle, Gas und Elektrizität.
— Land: Ausschließlich Fälle aus Großbritannien.
— Besitzverhältnisse: Alle Innovationsfälle haben sich in Organisationen abgespielt, die sich in öffentlichen Besitz befinden.
— Innovationspolitik: Die Organisationen stehen als öffentliche Betriebe bei bedeutenderen innovationspolitischen Entscheidungen unter dem beträchtlichen Einfluß des Staates, dessen energiepolitische und allgemeine Ziele sie zu berücksichtigen haben[36].

---

[36] Die als Grundlage für die Beurteilung der Merkmalsausprägung bei diesem Variablenkomplex dienenden Variablen „Fremde Kapitalbeteiligung ab 25 %", „Einfluß des Mutterunternehmens auf die Innovationspolitik" und „Konzernverflechtung als Einflußfaktor der Entscheidung" passen in dieser Formulierung nur bedingt auf die Verhältnisse dieses Typs. Auch wenn etwa

— Technologieorientierung: In allen Fällen wird eine Position als technologischer Spitzenreiter angestrebt. Unter allen hier beschriebenen Typen bezeichnen sich die interviewten Organisationen nur bei diesem Typ ausschließlich als technologisch aggressiv, wobei zu berücksichtigen ist, daß keine echte Konkurrenzsituation mit Unternehmen des gleichen Energiesektors (Kohle, Gas, Elektrizität) vorliegt, sondern vielmehr ein Gebietsmonopol besteht. Unter Konkurrenzgesichtspunkten liegt also keine Veranlassung vor, Pionierunternehmer zu sein. Allerdings besteht eine Konkurrenz unter den einzelnen Energieträgern.

— Planung: Die Planung erfolgt langfristig; sie stellt in allen Fällen nur eine Richtschnur, keine strenge Zielvorgabe dar; sie ist also flexibel.

— Technologische Konkurrenzlage: Verglichen mit anderen in- und ausländischen Organisationen, die sich mit denselben Technologien befassen, ist in etwa ein Gleichstand festzustellen. Konkurrenzgesichtspunkte — Aufholen eines Rückstands bzw. Erzielen eines Vorsprungs — spielen eine untergeordnete Rolle. Das Fehlen des letzteren Motives unterscheidet diesen Typ in charakteristischer Weise von anderen Typen.

— Art und Ort von F und E: Forschung und Entwicklung erfolgen in allen Fällen in der Organisation; mit Ausnahme eines Falles werden aber auch in einem Verbands- oder Vertragsinstitut Forschungs- und Entwicklungsarbeiten durchgeführt. Unter allen Typen hat dieser damit den höchsten Anteil an Verbands- bzw. Vertragsforschung, so daß dieser trotz der dominierenden eigenen Forschung und Entwicklung als charakteristisch für den Typ 2 bezeichnet werden kann.

— (Aufgabenverteilung): Wie im Durchschnitt aller Fälle erfolgen Lösungssuche und Realisierung meist durch eine bestehende Organisationseinheit; die Organisation ist also anpassungsfähig an neue Aufgaben, so daß die Aufgabenverteilung im allgemeinen bei Innovationsprozessen konstant bleiben kann.

— (Rollenausfüllung): Die Ausfüllung der Rollenkomplexe des Fachpromotors und des Realisators erfolgt meist kollektiv, d. h. Einzelpersonen spielen nur eine geringe Rolle.

— Zielsetzung: Mit Ausnahme von zwei Fällen ist das Hauptziel der Beschäftigung mit der Technologie eine Senkung der Kosten; dieser Anteil liegt über dem aller anderen Typen. An zweiter Stelle (in einem guten Drittel aller Fälle) liegt das Ziel der Qualitätsverbesserung. Die „Marktziele" Umsatzsteigerung, Füllen einer Marktlücke sind nur von geringer Bedeutung.

— (Kontrolle der Lösungssuche): Vorgaben von Zeit und Lösungswegen bei der Lösungssuche geschehen weniger häufig als im Durchschnitt; deren Kontrolle erfolgt überwiegend in regelmäßigen Zeitabständen.

— (Strategie der Lösungssuche): Die Lösungssuche besteht meist in einer Suche nach Alternativlösungen; Vorstudien über die möglichen Lösungswege werden seltener als im Durchschnitt angefertigt. Bei der Entschei-

---

Forschungseinrichtungen staatlicher „Boards" organisatorisch ausgegliedert sind, so stellt die Dachorganisation doch kein rechtlich selbständiges „Mutterunternehmen" im herkömmlichen Sinn dar und kann deshalb auch die Innovationspolitik nicht als Mutterunternehmen beeinflussen. Entscheidend für den hier behandelten Komplex ist jedoch, daß sowohl die Gesamtorganisation als auch ihre Teileinrichtungen die ihnen von der staatlichen Politik vorgegebenen Zielsetzungen zu verfolgen haben.

dungsfindung werden seltener als im Durchschnitt formalisierte Verfahren angewendet.

— Entscheidungsfindung: In gut zwei Fünftel aller Fälle findet keine Diskussion der Lösung(en) statt. Dieser Typ hat damit unter allen den größten Anteil an Fällen, bei denen die Entscheidung autoritär gefällt wird. Er weist damit eine Tendenz zur autoritären Entscheidungsfindung auf, die ihn in charakteristischer Weise von den übrigen Typen unterscheidet. Dabei ist allerdings zu berücksichtigen, daß bei diesem Typ, der sich auf Unternehmen mit jeweils fünf oder sechs hierarchischen Stufen bezieht, die Entscheidungen meist auf einer relativ niedrigen Stufe gefällt werden. Mehr als die Hälfte dieser Entscheidungen wird auf der vierten oder fünften Entscheidungsebene getroffen. Dies spricht für eine weitgehende Dezentralisierung von Entscheidungsbefugnissen.

— Wissensweitergabe: Eine allgemein zugängliche Publikation erfolgt mit Ausnahme eines Falles; auch Schutzrechte werden überdurchschnittlich oft angemeldet bzw. verkauft. Das bei der Lösungssuche angefallene Wissen wird also in der Regel der Allgemeinheit zugänglich gemacht. Dies kann als Ausdruck des Status der Unternehmen als Vollzugsorgan staatlicher Energievorsorge aufgefaßt werden.

— Einflußfaktoren der Entscheidung: Probleme des Kapitalmarkts, des Zinsniveaus und der Kapitalausstattung der Organisation spielen bei der Diskussion der Lösung(en) bzw. der Entscheidung in keinem Fall eine Rolle; die wirtschaftlichen, technischen und Absatzaussichten dienen in 45 % aller Fälle als Argumente, ebenso oft wie der Komplex Energie-, Umweltschutzpolitik und staatliche Planung. Dadurch wird der besondere Charakter dieses Typs deutlich, der nur Innovationsfälle in Organisationen enthält, die die gesellschaftliche Aufgabe der Energieversorgung zu erfüllen haben, dabei die Ziele staatlicher Politik berücksichtigen müssen, jedoch keine Probleme in dem in der Wirtschaft üblichen Sinn mit den benötigten finanziellen Ressourcen besitzen.

— (Beteiligung Dritter): Die Beteiligung externer in- und ausländischer Stellen an der Lösungssuche und der Realisierung liegt unter dem Durchschnitt. In den untersuchten Innovationsfällen ist die Organisation also stärker autark als der Durchschnitt aller Fälle.

— Weitere charakteristische Unterschiede: Der Anteil der Ausgaben für Forschung und Entwicklung am Umsatz liegt stets unter 2 %, dies ist die niedrigste F- und E-Quote aller Innovationstypen (dabei ist aber die außergewöhnliche Höhe des Umsatzes dieser Staatsmonopole zu berücksichtigen). Allen Organisationen werden staatliche Zuschüsse zu Forschung und Entwicklung gewährt. Eine Organisationseinheit zur systematischen und hauptamtlichen Beobachtung der technologischen Entwicklung ist in der Regel vorhanden. Unter allen Typen kommt in diesem am häufigsten — nämlich in fast der Hälfte der Fälle — der Anstoß zur Beschäftigung mit der Technologie aus dem Produktionsbereich, dessen Hauptmotiv die Senkung der Kosten darstellt.

Es handelt sich bei diesem Typ demnach um Innovationsfälle in öffentlichen britischen Großunternehmen der Energieversorgung, die die Ziele der staatlichen Energiepolitik zu vertreten und zu verfolgen haben. Die staatliche Politik hat deshalb beträchtlichen Einfluß auf die Innovationspolitik der Unternehmen. Hauptzweck der Innovation ist die Kostensenkung; der Anstoß zum Innovationsprozeß geht deshalb auch meistens vom Produktionsbereich aus. Charakteristisch ist der hohe Anteil, den Forschungsinstitute an der F- und E-Tätigkeit haben. Die Unternehmen verfolgen eine aggressive Technologiepolitik, d. h. sie bemühen sich, jeweils Spitzenreiter in der Technologie zu sein. Das Motiv für dieses Bestreben ist dabei nicht ein kommerzielles Wettbewerbsdenken, das gegen Mitanbieter gerichtet ist. Es handelt sich vielmehr um einen technologischen Wettbewerb, kurz: um einen Wettbewerb der Technologen, die ihren beruflichen Ehrgeiz darein setzen, in ihrem Metier führend zu sein und damit ihrem, ihnen vom Staat vorgegebenen Auftrag nachzukommen. Entscheidungen fallen dabei auf vergleichsweise niedrigen Ebenen. Probleme finanzieller Ressourcen im üblichen Sinn stellen sich mit dem Staat als Eigentümer und Kapitalgeber im Hintergrund nicht. In der Planung sind die Organisationen flexibel.

Dieser Innovationstyp soll deshalb als „Innovationen zur Kostensenkung in verstaatlichten Energieunternehmen“ bezeichnet werden.

(3) Innovationstyp 3:

Innovationen in nicht-kooperativen, technologisch führenden Industrieunternehmen
21 Fälle (10 % aller Fälle)

— (Innovationsart): Basisinnovationen und Routineinnovationen haben in etwa den gleichen Anteil.

— (Initiator): Zwar ist der F- und E-Bereich der häufigste Initiator zur Beschäftigung mit der betreffenden Technologie, jedoch ist auch der Verkaufsbereich überdurchschnittlich oft Träger dieses Rollenkomplexes.

— (Unternehmensgröße): Der Typ enthält alle Größenklassen, sein Durchschnitt entspricht dem aller Innovationsfälle.

— (Branche): Der Anteil der Fälle in Unternehmen der verarbeitenden Industrie beträgt drei Viertel, der der Unternehmen aus dem Energiesektor ein Viertel. Trotzdem ist dieses vom Durchschnitt abweichende Verhältnis nicht ausgeprägt genug, um als charakteristisch bezeichnet werden zu können.

— (Land): Neun Fälle stammen aus der Bundesrepublik Deutschland, elf aus Großbritannien und einer aus Schweden.

— Besitzverhältnisse: Es handelt sich ausschließlich um Privatbesitz.

— (Innovationspolitik): Die Innovationspolitik der Unternehmen ist wie im Durchschnitt überwiegend autonom; soweit Mutterunternehmen existieren, nehmen sie auf die Innovationspolitik im allgemeinen nur einen geringen Einfluß. Bei den Innovationsentscheidungen spielt die Konzernverflechtung keine Rolle.

— (Technologieorientierung): Das Streben nach einer Position als Anbieter oder Verwender ausgereifter Technologien entspricht dem Durchschnitt.

— (Planung): Die Planung ist langfristig orientiert; sie wird in vier Fünftel der Fälle als Richtschnur und nicht als strenge Zielvorgabe verstanden.

In allen Unternehmen sind Budgets für Forschung und Entwicklung vorhanden.

— (Technologische Konkurrenzlage): Bei den betreffenden Technologien haben die Unternehmen gegenüber ihrer Konkurrenz eine überwiegend führende Position; teilweise besteht im Inland keine Konkurrenz. Überdurchschnittlich oft versucht man durch die Innovation gegenüber der Konkurrenz einen technologischen Vorsprung zu erzielen. Dabei handelt es sich in zwei Drittel der Fälle um ausgereifte Technologien oder um solche, deren Entwicklung sich bereits verlangsamt hat.

— (Art und Ort von F und E): Forschung und Entwicklung erfolgen überwiegend im eigenen Unternehmen, doch liegt der Anteil der Forschung in Verbands- und Vertragsinstituten beträchtlich über dem Durchschnitt.

— Aufgabenverteilung: Die Aufgabenverteilung ist konstant, weil bei der Lösungssuche in keinem, bei der Realisierung nur in einem Fall eine neue Organisationseinheit geschaffen wird. Die vorhandene Aufgabenverteilung kann also die durch die Beschäftigung mit der Technologie entstehenden neuen Aufgaben bewältigen.

— (Rollenausfüllung): Die Rollenkomplexe des Fachpromotors und des Realisators werden ebenso häufig wie im Durchschnitt kollektiv ausgefüllt.

— (Zielsetzung): In 71 % der Fälle wird durch die Beschäftigung mit der Technologie eine Umsatzsteigerung angestrebt. Dies ist unter allen elf Typen der zweithöchste Anteil.

— (Kontrolle der Lösungssuche): Vorgaben von Zeit und Lösungswegen bei der Lösungssuche erfolgen weniger häufig als im Durchschnitt; die Häufigkeit und Regelmäßigkeit der Fortschrittskontrolle ist in etwa durchschnittlich.

— Strategie der Lösungssuche: In diesem Typ werden am seltensten bei der Entscheidungsfindung formalisierte Verfahren angewendet (nur in 15 % der Fälle). Andererseits wird fast immer nach Alternativlösungen gesucht. Dabei wird jedoch nur in etwa der Hälfte der Fälle zunächst eine Vorstudie über die möglichen Lösungsansätze durchgeführt. Die vierzehn zugrundeliegenden Technologien (bei 25 insgesamt ausgewählten Technologien), die aus allen vier Energiebereichen stammen, geben keinen Aufschluß über weitere Zusammenhänge zwischen diesen Merkmalsausprägungen. Insgesamt besteht jedoch der Eindruck, daß Lösungssuche und Entscheidungsfindung weniger systematisch und planvoll erfolgen als im Durchschnitt. Man konzentriert sich vielmehr auf die augenscheinlichen Lösungsmöglichkeiten.

— (Entscheidungsfindung): Wie im Durchschnitt der Fälle erfolgt die Entscheidungsfindung nach einer Diskussion, an der dann in allen Fällen auch nicht unmittelbar Betroffene teilnehmen.

— (Wissensweitergabe): Das Wissen wird meist der Allgemeinheit zugänglich gemacht, vorwiegend durch die Anmeldung von Schutzrechten.

— Einflußfaktoren der Entscheidung: Bei der Entscheidung dominieren überdurchschnittlich oft die Marktverhältnisse und der Stand der Technik als Einflußfaktoren.

— Beteiligung Dritter: Bei der Lösungssuche sind seltener als im Durchschnitt inländische unternehmensexterne, nur in einem Fall ausländische Stellen beteiligt; auch in der Realisierungsphase ist eine Kooperation seltener als im Durchschnitt. Trotzdem spielen Probleme der Zusammenarbeit mit Kunden, Lieferanten und Beratern bei der Entscheidung eine überdurchschnittlich häufige Rolle. Insgesamt sind die Unternehmen jedoch als autark anzusehen.

— Weitere charakteristische Unterschiede: In 90 % der Fälle besteht die Realisierungsphase (auch) in weiterer Forschung und Entwicklung. Die Unternehmen sind in der Mehrzahl der Fälle divisional gegliedert.

Dieser drittstärkste der hier unterschiedenen Innovationstypen weist relativ wenig charkteristische Merkmalsprägungen auf. Es handelt sich um marktnah operierende private Industrieunternehmen, die bei ausgereiften Technologien gegenüber ihrer Konkurrenz führend sind. Die Lösungssuche erfolgt weniger systematisch und reglementiert als etwa in den Großunternehmen des Typs 1, vielfach wird in der Forschungsphase auch von den Möglichkeiten von Verbands- und Vertragsinstituten Gebrauch gemacht. Ansonsten sind die Unternehmen autark in der Verfolgung ihres Ziels, einen technologischen Vorsprung zu erreichen. Sie tun dies durch ständige weitere Forschung und Entwicklung an den bereits auf dem Markt eingeführten Produkten und Verfahren. Die benötigten Spezialkenntnisse sind in den überwiegend mittleren und großen Unternehmen meist vorhanden.

Dieser Typ, der sich aus eigener Kraft im Wettbewerb behauptet, soll deshalb mit den Attributen „Innovationen in nicht-kooperativen, technologisch führenden Industrieunternehmen" beschrieben werden.

(4) Innovationstyp 4:

Marktorientierte Innovationen in führenden kooperativen Privatunternehmen
18 Fälle (8 % aller Fälle)

— (Innovationsart): In fünfzehn der achtzehn Fälle handelt es sich um Routineinnovationen; nur in drei Fällen werden für die betreffenden Technologien im Unternehmen Forschungsarbeiten durchgeführt. Charakteristisch für diesen Typ sind also Entwicklungsarbeiten (hauptsächlich auf dem Mineralölsektor).

— (Initiator): Der Hauptanstoß zur Beschäftigung mit der Technologie kommt fast ebenso häufig aus dem Verkaufs- wie aus dem F- und E-Bereich, in keinem Fall aus dem Produktionsbereich.

— (Unternehmensgröße): Die Innovationsfälle kommen aus allen drei Größenklassen, die mittleren Unternehmen überwiegen jedoch mit einem Anteil von 44 %.

— (Branche): Zwei Drittel der Fälle stammen aus der verarbeitenden Industrie, ein Drittel aus dem Energiebereich.

— Land: Die Bundesrepublik Deutschland ist mit siebzehn Fällen vertreten, Großbritannien mit einem.

— Besitzverhältnisse: Alle Unternehmen befinden sich in privatem Besitz.

— (Innovationspolitik): Die Innovationspolitik der Unternehmen ist wie im Durchschnitt im wesentlichen autonom.

— (Technologieorientierung): Überwiegend wird die Position eines Anbieters bzw. Verwenders ausgereifter Technologien angestrebt.

— Planung: Die zeitliche Reichweite der Planung liegt unter der des Durchschnitts. Nur in einem Fall wird die Planung als strenge Zielvorgabe verstanden, in den übrigen Fällen dient die Planung nur als Richtschnur. Damit zeichnet sich dieser Typ am stärksten durch Flexibilität in der Planung aus.

— Technologische Konkurrenzlage: Während im Inland in der Hälfte der Fälle ein Vorsprung oder sogar ein konkurrenzloser Zustand besteht, liegt gegenüber dem Ausland in der Mehrzahl der Fälle höchstens ein Gleichstand vor. In sechzehn der achtzehn Fälle versucht man, einen technologischen Vorsprung zu erzielen. Damit wird dieser Zweck unter allen Typen hier am häufigsten verfolgt. Insgesamt ist die Konkurrenzlage somit als vorteilhaft einzustufen.

— Art und Ort von F und E: Forschung und Entwicklung erfolgen überwiegend im eigenen Unternehmen. Während auch der Konzern dabei ebenso häufig wie im Durchschnitt beteiligt ist, geschieht die Forschung wesentlich seltener als im Durchschnitt, die Entwicklung in keinem Fall in Verbands- oder Vertragsinstituten. Eigen-Entwicklung ist somit als charakteristisch anzusehen.

— Aufgabenverteilung: In allen Fällen erfolgt die Lösungssuche durch eine bestehende Organisationseinheit; in der Realisierungsphase wird nur in einem Fall eine neue Organisationseinheit geschaffen. Die Aufgabenverteilung ist also so flexibel, daß sie die durch die Technologie entstandenen neuen Aufgaben bewältigen kann.

— Rollenausfüllung: Lösungssuche und Realisierung erfolgen stets kollektiv, d. h. die Ausfüllung der Rollenkomplexe des Fachpromotors und des Realisators erfolgt nicht durch Einzelperson sondern durch Organisationseinheiten.

— Zielsetzung: Durch die Beschäftigung mit der Technologie werden überdurchschnittlich oft Marktziele, insbesondere Umsatzsteigerung und Qualitätsverbesserung, verfolgt; mit 11 % (d. h. in nur zwei Fällen) ist der Anteil der Fälle, in denen (auch) eine Kostensenkung angestrebt wird, der kleinste unter allen Innovationstypen.

— (Kontrolle der Lösungssuche): Vorgaben von Zeit und Lösungswegen erfolgen etwas häufiger als im Durchschnitt aller Innovationsfälle; die Häufigkeit der Fortschrittskontrolle entspricht in etwa der des Durchschnitts.

— (Strategie der Lösungssuche): Das Vorgehen bei der Lösungssuche (Vorstudie, Parallelstrategie bei der Lösungssuche, formalisierte Verfahren zur Entscheidungsfindung) unterscheidet sich nicht von dem des Durchschnitts der Fälle; es ist als systematisch zu bezeichnen.

— (Entscheidungsfindung): Die Praxis der Entscheidungsfindung entspricht dem im Durchschnitt aller Fälle üblichen Vorgehen.

— (Wissensweitergabe): Das bei der Lösungssuche angefallene Wissen wird zwar seltener als im Durchschnitt allgemein zugänglich gemacht, doch ist diese Abweichung nicht charakteristisch.

— (Einflußfaktoren der Entscheidung): In den 18 Innovationsfällen wirken die Einstellung von Arbeitnehmern und Gewerkschaften zur Technologie, Kapitalmarkt, Zinsniveau und Kapitalausstattung des Unternehmens bei der Entscheidung nicht als Einflußfaktoren. Auch der Komplex Arbeitsmarkt, Lohnniveau und Arbeitskräfte im Unternehmen ist nur in einem Fall von Bedeutung. Mit Ausnahme eines Falles spielen dagegen die wirtschaftlichen, technischen und Absatzaussichten eine Rolle. Es dominiert also ebenfalls die Marktorientierung. Unter allen Typen wird die Einstellung der Öffentlichkeit zur betreffenden Technologie hier am häufigsten, in fünf von achtzehn Fällen berücksichtigt; zum Teil handelt es sich hier um Technologien, die auch der Verminderung der Umweltbelastung dienen.

— Beteiligung Dritter: Die Beteiligung des Auslands an der Lösungssuche und bei der Realisierung (unter allen elf Typen liegt hier der höchste Anteil mit elf von achtzehn Fällen vor) sowie des Inlands an der Realisierung (fünfzehn Fälle) liegt über dem Durchschnitt der Fälle. Damit liegt eine überdurchschnittlich starke Kooperation vor.

— Weitere charakteristische Unterscheide: Es bestehen keine.

Dieser Innovationstyp weist relativ wenig charakteristische Merkmalsausprägungen auf. Es handelt sich um private Unternehmen in der Bundesrepublik Deutschland, die in ihrer Planung kurzfristig reagieren und auf dem inländischen Markt führend sind. Bei ihren innovativen Tätigkeiten besteht eine charakteristische Kooperation mit externen, insbesondere ausländischen Stellen. Die Aufgabenverteilung innerhalb der Unternehmen wird durch die Innovationstätigkeit nicht verändert. Die Rollenausfüllung erfolgt kollektiv.

Dieser Typ läßt sich somit formelhaft als „Marktorientierte[37] Innovationen in führenden kooperativen Privatunternehmen“ beschreiben.

(5) Innovationstyp 5:

Innovationen zur Kostensenkung in Energiegroßunternehmen ohne Wissensweitergabe
17 Fälle (8 % aller Fälle)

— (Innovationsart): Der Anteil der Routineinnovationen liegt etwas über dem Durchschnitt. Eigene Forschungsarbeiten werden bei der betreffenden Technologie also seltener (nur in fünf von siebzehn Fällen) als üblich durchgeführt.

— (Initiator): Der Hauptanstoß zur Beschäftigung mit der Technologie kommt wie im Durchschnitt in zwei Fünftel aller Fälle aus dem F- und E-Bereich; die Anteile des Produktions- und des Verkaufsbereichs weichen kaum von den durchschnittlichen Anteilen ab.

— Unternehmensgröße: Der Anteil der Großunternehmen mit über 5000 Beschäftigten überwiegt den der mittleren Unternehmen. Kleinunternehmen unter 1000 Beschäftigte sind nicht vertreten.

---

[37] Das Prädikat „Marktorientierung“ bezieht sich hier im Gegensatz zum Typ 1 nicht auf die Einflußfaktoren der Entscheidung, sondern auf die Zielsetzung. Wegen der starken Ähnlichkeit der beiden Aspekte sollen trotzdem beide Typen als marktorientierte Innovationen bezeichnet werden. Es läßt sich jedoch keine enge Korrelation von Zielsetzungen und Einflußfaktoren der Entscheidung behaupten.

— Branche: Es handelt sich ausschließlich um Innovationsfälle in Unternehmen des Energiesektors. Die untersuchten Technologien entstammen mit zwei Ausnahmen den Bereichen Mineralölverarbeitung und Elektrizität.

— (Land): Sechs Fälle stammen aus der Bundesrepublik Deutschland, drei aus Großbritannien und acht aus Schweden.

— (Besitzverhältnisse): Der Typ umfaßt sowohl Innovationsfälle aus Unternehmen in privatem als auch solche aus Unternehmen in öffentlichem Besitz.

— (Innovationspolitik): Der Einfluß etwaiger Mutterunternehmen (in mehr als der Hälfte der Fälle vorhanden) ist zwar überwiegend beträchtlich und dominierend, doch ist dies für die Gesamtheit der diesem Typ zugeordneten Fälle nicht charakteristisch.

— (Technologieorientierung): Etwas häufiger als im Durchschnitt verfolgt man ein konservative Technologiepolitik und strebt danach, ausgereifte Technologien anzubieten bzw. zu verwenden.

— Planung: Unter allen Typen hat dieser die längste zeitliche Reichweite der Planung, nämlich durchgehend vier und mehr Jahre bei der Absatz- und bei der Investitionsplanung; auch bei der F- und E-Planung und der Personalplanung liegt die Planungsperiode fast immer bei vier und mehr Jahren. Die Planung der Unternehmen dieses Typs, die meist der Mineralölverarbeitung oder der Elektrizitätsversorgung angehören, erfolgt demnach in charakteristischer Weise langfristig und darf als Konsequenz des hohen Kapitalkoeffizienten, d. h. der langen Bindungsdauer des Kapitals in den Produktionsanlagen dieser Branchen, interpretiert werden.

— (Technologische Konkurrenzlage): Im allgemeinen besteht ein Gleichstand zu anderen in- und ausländischen Unternehmen, die sich ebenfalls mit der betreffenden Technologie befassen. In keinem Fall wird durch die Beschäftigung mit der Technologie versucht, einen technologischen Rückstand aufzuholen; nur in einem Fall versucht man, einen technologischen Vorsprung gegenüber der Konkurrenz zu erzielen. Dies muß im Zusammenhang damit gesehen werden, daß in zwei Drittel der Fälle die betreffende Technologie von den Unternehmen als ausgereift klassifiziert wird. Unter allen Typen wird damit bei diesem die unternehmerische Innovationspolitik am seltesten als Mittel der Politik gegenüber den Konkurrenten eingesetzt.

— Art und Ort von F und E: Die Forschung erfolgt überwiegend im eigenen Unternehmen und im Konzern; nur in einem Fall erfolgt die Forschung (auch) in einem Verbands- oder Vertragsinstitut. In allen Fällen wird im eigenen Unternehmen Entwicklung betrieben, in fast der Hälfte der Fälle aber auch in Verbands- oder Vertragsinstituten. Charakteristisch ist jedoch der Tatbestand der Eigen-Entwicklung.

— (Aufgabenverteilung): Die Bildung neuer Organisationseinheiten erfolgt zwar bei der Realisierung in acht der siebzehn Fälle, doch bestehen insgesamt bei der Lösungssuche und bei der Realisierung keine signifikanten und damit charakteristischen Unterschiede gegenüber den anderen Typen. Die Aufgabenverteilung ist also insgesamt so flexibel, daß sie die Anforderungen der neuen Technologie bewältigen kann.

— (Rollenausführung): Die Ausfüllung der Rollen des Fachpromotors und des Realisators erfolgt hauptsächlich kollektiv, d. h. nicht im wesentlichen durch eine Einzelperson.

— Zielsetzung: Vorherrschendes Ziel ist in 71 % der Fälle eine Kostensenkung. Die Marktorientierung spielt demgegenüber nur eine untergeordnete Rolle; insbesondere wird in keinem Fall das Füllen einer Marktlücke als Ziel verfolgt. Wie bei den staatlichen Energieversorgungsunternehmen (Typ 2) streben auch die Energieunternehmen bei den in diesem Typ erfaßten Innovationsfällen nach einen „innerbetrieblichen" Vorteil.

— (Kontrolle der Lösungssuche): Bei der Vorgabe von Zeit und Lösungswegen und der Häufigkeit von deren Fortschrittskontrolle zeigen sich keine signifikanten Unterschiede zu anderen Typen.

— (Strategie der Lösungssuche): Gegenüber der im allgemeinen verfolgten Strategie einer systematischen Lösungssuche sind keine signifikanten Unterschiede zu erkennen.

— (Entscheidungsfindung): Zwar entspricht die Häufigkeit von Diskussionen über die Lösung(en) der des Durchschnitts, doch ist bei diesem Typ der Anteil der Beteiligung von nicht unmittelbar Betroffenen an der Lösungssuche unter allen Typen der niedrigste. Er ist jedoch nicht signifikant von den entsprechenden Werten der anderen Typen unterschieden.

— Wissensweitergabe: Eine allgemein zugängliche Publikation erfolgt nur in einem Fall. In keinem Fall wird ein Schutzrecht angemeldet; in einem Fall erfolgt eine vertragliche Wissensweitergabe. Das bei der Lösungssuche angefallene Wissen wird also nicht auf dem Weg des Technologietransfers der Allgemeinheit zugänglich gemacht.

— (Einflußfaktoren der Entscheidung): Vorherrschender Einflußfaktor der Entscheidung — jedoch nicht in überdurchschnittlichem Ausmaß — ist der Stand der Technik innerhalb und außerhalb des Unternehmens. Der Komplex Subvention und öffentlicher Auftrag spielt in keinem Fall eine Rolle. Insgesamt ergeben sich jedoch keine charakteristischen Abweichungen von den übrigen Typen.

— (Beteiligung Dritter): Bei der Zusammenarbeit mit unternehmensexternen Stellen aus dem In- und Ausland bei der Lösungssuche und bei der Realisierung ergeben sich keine charakteristischen Unterschiede zu anderen Typen.

— Weitere charakteristische Unterschiede: Budgets für Forschung und Entwicklung sind in jedem Fall vorhanden. Die Anzahl der Entscheidungsebenen ist mit durchschnittlich 5,9 die höchste unter allen Typen. In sechzehn der siebzehn Fälle ist eine Organisationseinheit vorhanden, die sich hauptsächlich und systematisch mit der Beobachtung der technischen Entwicklung befaßt. Nur in einem Fall wird das Unternehmen vom Staat durch Zuschüsse zu F und E gefördert.

Bei diesem Innovationstyp handelt es sich um Fälle in Großunternehmen des Energiebereichs, bei denen die Kostensenkung als Zweck der Innovation dominiert. Das bei der Innovation angefallene Spezialwissen wird nicht der Allgemeinheit zugänglich gemacht; zum Teil ist es auch nicht schutzfähig, wie etwa Prozeßsteuerungsprogramme für Raffinerien oder die Produktions- und Verteilungsplanung durch Computerprogramme. Entsprechend der geringen Umschlagsgeschwindigkeit des in Anlagen investierten Kapitals erfolgt die Planung von Investition und Absatz, aber auch von Personal und Forschungs- und Entwicklungstätigkeiten langfristig, aber flexibel.

Insgesamt läßt sich dieser Innovationstyp als „Innovationen zur Kostensenkung in Energiegroßunternehmen ohne Wissensweitergabe" apostrophieren.

(6) Innovationstyp 6:

Innovation als frühzeitige Übernahme von Technologien in Kleinunternehmen
16 Fälle (7 % aller Fälle)

- (Innovationsart): Wie im Gesamtsample überwiegen die Routineinnovationen, die einen Anteil von gut zwei Drittel haben.
- (Initiator): Der Hauptanstoß zur Beschäftigung mit der Technologie kommt in nicht ganz zwei Drittel der Fälle aus dem F- und E-Bereich, in keinem Fall aus dem Verkaufsbereich.
- Unternehmensgröße: Es handelt sich in elf der sechzehn Fälle um Kleinunternehmen unter 1000 Beschäftigten; nur ein Fall stammt aus einem Großunternehmen mit mehr als 5000 Beschäftigten. Damit ist in diesem Typ mehr als ein Viertel aller 40 den elf Typen zugeordneten Innovationsfälle in Kleinunternehmen enthalten.
- (Branche): Die Fälle aus Unternehmen der verarbeitenden Industrie überwiegen.
- (Land): Zehn Fälle stammen aus der Bundesrepublik Deutschland, ein Fall aus Großbritannien, fünf aus Schweden.
- (Besitzverhältnisse): Die Innovationsfälle spielen sich in Privatunternehmen ab.
- Innovationspolitik: Vierzehn der sechzehn Fälle stammen aus Unternehmen, an denen eine Kapitalbeteiligung anderer Unternehmen von mindestens 25 % besteht; der Einfluß der Mutterunternehmen auf die Innovationspolitik ist in neun dieser Fälle beträchtlich oder dominant. Dieser Typ weist damit den stärksten Grad der Fremdbestimmung seiner Innovationspolitik auf.
- (Technologieorientierung): Die technologiepolitische Orientierung ist aggressiv; man strebt in etwa zwei Drittel der Fälle eine Position als technologischer Spitzenreiter an.
- (Planung): Die zeitliche Reichweite der Pläne entspricht dem Durchschnitt. Fast ausschließlich wird die Planung als Richtschnur und nicht als strenge Zielvorgabe verstanden.
- (Technologische Konkurrenzlage): Insgesamt besteht bei den untersuchten Technologien ein Gleichstand zur Konkurrenz. Bei diesen Technologien überwiegend solche, die als in schneller und intensiver Entwicklung befindlich bezeichnet werden (ein Drittel der Fälle bezieht sich auf die Anwendung der Mikrowellenheizung).
- Art und Ort von F und E: Bei keinem Unternehmen erfolgt die Forschung in einem Verbands- oder Vertragsinstitut; mehr als die Hälfte der Fälle stammt aus Unternehmen, die auch selbst keine Forschung betreiben, dagegen werden in jedem Unternehmen Entwicklungsarbeiten durchgeführt.
- (Aufgabenverteilung): Die Aufgabenverteilung ist so flexibel, daß die Lösungssuche meist durch eine bestehende Organisationseinheit durchgeführt werden kann.

— (Rollenausfüllung): Die Rollenausfüllung in den Phasen der Lösungssuche und der Realisierung erfolgt kollektiv; nur gelegentlich ist sie im wesentlichen Aufgabe einer Einzelperson.
— (Zielsetzung): Das dominierende Ziel der Beschäftigung mit der Technologie ist in drei Viertel aller Fälle eine Kostensenkung. Die am Markt orientierten Ziele der Umsatzsteigerung und der Qualitätsverbesserung werden jedoch ebenfalls überdurchschnittlich oft genannt.
— (Kontrolle der Lösungssuche): Vorgabe von Zeit und Lösungswegen sowie deren Kontrolle folgen der im Durchschnitt aller Fälle üblichen Praxis.
— (Strategie der Lösungssuche): Mit Ausnahme eines Falles wird eine Vorstudie über die grundsätzlich möglichen Lösungswege angefertigt. Insgesamt wird die im Gesamtsample vorherrschende Strategie einer systematischen Lösungssuche verfolgt.
— (Entscheidungsfindung): Die Entscheidung wird im allgemeinen nach einer Diskussion gefällt, an der stets auch nicht unmittelbar Betroffene teilnehmen.
— Wissensweitergabe: Mit Ausnahme eines Falles wird das bei der Lösungssuche angefallene Wissen allgemein zugänglich publiziert; in mehr als der Hälfte der Fälle geschieht ein Wissenstransfer durch die Anmeldung eines Schutzrechts, in einem Viertel der Fälle durch eine vertragliche Regelung.
— Einflußfaktoren der Entscheidung: in jedem Fall sind die wirtschaftlichen, technischen und Absatzaussichten bei der Entscheidung von Einfluß.
— Beteiligung Dritter: In der Phase der Lösungssuche sind organisationsexterne Stellen aus dem Inland in fünfzehn der sechzehn Fälle beteiligt, aus dem Ausland dagegen nur in drei Fällen. Auch in der Phase der Realisierung zeigt sich eine weit über dem Durchschnitt liegende Häufigkeit der Kooperation mit inländischen Lieferanten und Kunden, dagegen nur eine dem Durchschnitt entsprechende Häufigkeit der Kooperation mit dem Ausland. Insgesamt ist die Kooperation als charkteristisch für diesen Typ zu bezeichnen.
— Weitere charakteristische Unterschiede: In vier Fünftel der Fälle gewährt der Staat den betreffenden Unternehmen Zuschüsse zu Forschung und Entwicklung. In allen Fällen besteht die Realisierung (auch) in weiterer Forschung und Entwicklung bei der jeweiligen Technologie. Dieses Phänomen läßt sich mit dem Charakter „junger“ Technologien erklären, die bei diesem Typ stark vertreten sind.

Dieser Typ ist gekennzeichnet durch Routineinnovationen in Kleinunternehmen, die zum größten Teil in der Übernahme und Anpassung von Technologien an die im eigenen Unternehmen herrschenden Erfordernisse bestehen. Meist handelt es sich um Tochterunternehmen, die in ihrer Politik durch ihre jeweiligen Mutterunternehmen beträchtlich beeinflußt werden. Die Unternehmen sind bei den Innovationsprozessen auf die Kooperation mit unternehmensexternen Stellen, insbesondere inländische Lieferanten angewiesen. Sie versuchen, durch die Anwendung der jeweils modernsten, in schneller Entwicklung begriffenen Technologie eine Spitzenreiterposition gegenüber ihren Konkurrenten zu erreichen. Das bei der Lösungssuche angefallene Wissen wird der Allgemeinheit zugänglich gemacht.

Dieser Typ soll deshalb als „Innovation als frühzeitige Übernahme von Technologien in Kleinunternehmen“ bezeichnet werden.

(7) Innovationstyp 7:

Innovation als Übernahme von Technologien durch Energieversorgungsunternehmen

15 Fälle (7 % aller Fälle)

— (Innovationsart): In dreizehn Fällen handelt es sich um Routineinnovationen, denen keine eigene Forschung im Unternehmen vorausgeht.

— (Initiator): Der Hauptanstoß zur Beschäftigung mit der Technologie kommt überwiegend von außerhalb des Unternehmens, meist von Anbietern neuer Produkte oder Verfahren.

— Unternehmensgröße: Die Innovationsfälle stammen etwa je zur Hälfte aus Kleinunternehmen unter 1000 Beschäftigten bzw. aus mittleren Unternehmen mit 1000 bis unter 5000 Beschäftigetn.

— (Branche): Die Innovationsfälle in kommunalen Versorgungsunternehmen für Elektrizität und Gas überwiegen.

— (Land): Zwölf Fälle stammen aus der Bundesrepublik Deutschland, drei aus Schweden.

— (Besitzverhältnisse): Die Fälle aus Unternehmen in öffentlichem Besitz sind zahlreicher als die aus Privatunternehmen.

— Innovationspolitik: Die Innovationspolitik erfolgt autonom, da auch gegebenenfalls vorhandene Mutterunternehmen überwiegend keinen Einfluß auf sie nehmen. Nur in zwei der fünfzehn Fälle wird ein beträchtlicher bzw. dominanter Einfluß gemeldet. Unter allen Typen ist dies nach dem Typ 8 derjenige mit einer am stärksten ausgeprägten Autonomie der Innovationspolitik. Die öffentlichen Eigentümer und Kontrollorgane mischen sich also nicht in die technologische „Tagespolitik“ (etwa Probleme der Einführung von SF_6-Schaltern oder von kornorientierten Kernblechen für Trafos) ein.

— (Technologieorientierung): Die Innovationsfälle stammen überwiegend aus konservativen Unternehmen, die eine Position als Anbieter, vor allem aber als Verwender ausgereifter Technologien anstreben. Hierin spiegelt sich der große Anteil auf Sicherheit in der Leistungsbereitschaft bedachter kommunaler Versorgungsunternehmen wider.

— Planung: Während die zeitliche Reichweite der Pläne für Absatz, Investitionen und Personal nur knapp unter dem Durchschnitt liegt, hat dieser Typ bei der F- und E-Planung eine sehr geringe Reichweite, nämlich in der Regel nur bis zu einem Jahr. Die Planung dient dabei insgesamt, mit Ausnahme eines Falles, nur als Richtschnur, nicht als strenge Zielvorgabe. Die Planung ist demnach insgesamt langfristig und in charakteristischer Weise flexibel. Dafür spricht auch, daß nur in zwei Fällen ein Budget für Forschung und Entwicklung vorhanden ist.

— (Technologische Konkurrenzlage): Gegenüber den Unternehmen, die sich ebenfalls mit der betreffenden Technologie befassen, besteht in der Regel ein Gleichstand. Die auf das Aufholen eines technologischen Rückstands oder das Erreichen eines technologischen Vorsprungs gerichteten Ziele einer Beschäftigung mit der Technologie spielen hier so gut wie keine Rolle. Entsprechend dem Charakter kommunaler Versorgungsunternehmen mit einem Gebietsmonopol des Absatzes sind Konkurrenzgesichtspunkte für diesen Innovationstyp unerheblich.

— Art und Ort von F und E: Nur in einem Drittel der Fälle wird im eigenen Unternehmen Forschung und in zwei Drittel der Fälle Entwicklung betrieben. Konzern und Verbands- oder Vertragsinstitute spielen für Forschung und Entwicklung ebenfalls eine untergeordnete Rolle. Hierin drückt sich die Tatsache aus, daß dieser Typ zahlreiche Energieversorgungsunternehmen enthält, die neue Technologien lediglich anwenden und gegebenenfalls vorher zusammen mit dem Lieferanten an ihre Bedürfnisse anpassen, d. h. entwickeln. Charakteristisch für diesen Typ ist also, daß Forschung und Entwicklung in den Händen der Lieferanten liegen und eigene F- und E-Arbeit weitgehend fehlt.

— Aufgabenverteilung: Sowohl bei der Lösungssuche als auch bei der Realisierung dominieren eindeutig bestehende Organisationseinheiten; die Aufgabenverteilung ist also konstant.

— (Rollenausfüllung): Die innovativen Tätigkeiten Lösungssuche und Realisierung werden in der Regel kollektiv, d. h. nicht hauptsächlich durch Einzelpersonen ausgeführt.

— (Zielsetzung): Das dominierende Ziel der Beschäftigung mit der Technologie ist es, die Kosten zu senken; demgegenüber spielen die marktorientierten Ziele, insbesondere das des Füllens einer Marktlücke, seltener als im Durchschnitt der Fälle eine Rolle.

— Kontrolle der Lösungssuche: In den Innovationsfällen dieses Typs werden am seltensten von allen Clustern bei der Lösungssuche Zeit und Lösungswege vorgegeben, nämlich nur in drei bzw. zwei Fällen; dementsprechend erfolgt überwiegend keine Fortschrittskontrolle. Diese charakteristische Freiheit bei der Lösungssuche ist ein Ausdruck dafür, daß bei der Übernahme von Technologien vom Anbieter meist kein Spielraum für Kosten und Alternativlösungen besteht, die Unternehmen vielmehr nur auf entsprechende Angebote reagieren können und sich deshalb eine „Erfolgskontrolle“ erübrigt.

— (Strategie der Lösungssuche): Zwar wird ebensoft wie im Durchschnitt, nämlich in zwei Drittel der Fälle, eine Vorstudie über die möglichen Lösungswege angefertigt, doch wird seltener als im Durchschnitt nach Alternativlösungen gesucht. Die Strategie der Lösungssuche entspricht damit im großen und ganzen der im Gesamtsample vorherrschenden. Der Anteil der Fälle, in denen bei der Entscheidungsfindung formalisierte Verfahren verwendet werden, liegt über dem Durchschnitt.

— Entscheidungsfindung: In allen Fällen geht der Entscheidung eine Diskussion voraus, an der mit Ausnahme eines Falles auch Nichtbetroffene teilnehmen. Bei der Entscheidung selbst bildet die Art der Entscheidungsfindung in keinem Fall einen Einflußfaktor. Typisch ist also der noch deutlicher als im Durchschnitt ausgeprägte Charakter einer abgestimmten, d. h. nicht-autoritären Entscheidungsfindung.

— Wissensweitergabe: Dem Charakter der Fälle dieses Typs als Anwendung von Technologien entspricht es, daß kein Wissenstransfer erfolgt, weil kein Wissen anfällt, das durch Publikation oder im Wege eines Schutzrechts der Allgemeinheit zugänglich gemacht werden könnte. Das schließt einen informellen Erfahrungsaustausch über die Einsatzbedingungen der Technik mit anderen Energieversorgungsunternehmen, mit denen im allgemeinen kein ausgeprägter Wettbewerb besteht, nicht aus.

— (Einflußfaktoren der Entscheidung): Den Haupteinflußfaktor bilden die wirtschaftlichen, technischen und Absatzchancen sowie der Stand der Technik innerhalb und außerhalb des Unternehmens. Bemerkenswert ist, daß in keinem Fall die Einstellung der Öffentlichkeit zur Technologie als Einflußfaktor genannt wird und auch die staatliche Energie- und Umweltschutzpolitik lediglich in einem Drittel der Innovationsfälle von Einfluß ist. Trotz der überwiegend öffentlichen Aufgaben der Unternehmen dieses Typs spielt die Öffentlichkeit keine Rolle, weil es sich meist um betriebsinterne Verbesserungstechniken handelt.

— Beteiligung Dritter: In allen Fällen bei der Lösungssuche und nur in einem Fall nicht bei der Realisierung sind inländische unternehmensexterne Stellen (in der Regel Lieferanten) beteiligt. Charakteristisch für diesen Typ ist also die besonders starke Zusammenarbeit mit unternehmensexternen Stellen, d. h. die unternehmensübergreifende Trägerschaft der Rollenkonplexe des Fachpromotors und des Realisators. Ausländische Beteiligung kommt dagegen seltener vor als im Durchschnitt aller Fälle.

— Weitere charakteristische Unterschiede: Nur ein Fall stammt aus einem Unternehmen, das staatliche Zuschüsse für Forschung und Entwicklung erhält. Da nur relativ wenig eigene Forschung und Entwicklung betrieben wird, ist auch nur in zwei Fällen ein F- und E-Budget vorhanden. Ebenfalls in nur einem Fall besitzt das betreffende Unternehmen eine Organisationseinheit zur hauptamtlichen und systematischen Beobachtung der technologischen Entwicklung. Daß die Realisierung nur in zwei Fällen (auch) in weiterer Forschung und Entwicklung besteht, ist ein weiterer Ausdruck dafür, daß die Unternehmen dieses Typs hauptsächlich Nutzer und nur im Ausnahmefall Lieferant technologischen Fortschritts sind.

Die Innovationsfälle stammen aus Klein- und Mittelunternehmen der Energieversorgung, die als Adoptoren von Technologien keine eigenen Forschungs- und Entwicklungsanstrengungen unternehmen und eng mit den Lieferanten bei der Übernahme von Technologien zusammenarbeiten. Dabei steht das Ziel der Kostensenkung im Vordergrund. Die Unternehmen sind trotz ihrer Abhängigkeit von öffentlichen Gebietskörperschaften in ihrer Innovationspolitik frei.

Charakteristisch für diesen Typ ist also die „Innovation als Übernahme von Technologien durch Energieversorgungsunternehmen".

(8) Innovationstyp 8:

Von Einzelpersonen durchgeführte Routineinnovationen
13 Fälle (6 % aller Fälle)

— Innovationsart: Mit einer Ausnahme handelt es sich um Routineinnovationen, die keine eigene Forschung in den betreffenden Unternehmen voraussetzen; darunter sind acht Fälle, in denen die Mikrowellenheizung angewendet wird.

— (Initiator): Unter den organisationsinternen Bereichen ist der Produktionsbereich der häufigste Initiator zur Beschäftigung mit der Technologie.

— (Unternehmensgröße): Es geht mit einer Ausnahme um Fälle aus Klein- und Mittelunternehmen.
— Branche: Die verarbeitende Industrie überwiegt den Anteil des Energiesektors bei weitem.
— Land: Mit einer Ausnahme (Großbritannien) sind nur Fälle aus Schweden in diesem Typ vertreten.
— Besitzverhältnisse: Die Unternehmen befinden sich in Privatbesitz.
— Innovationspolitik: An den Unternehmen bestehen nur in sechs Fällen Kapitalbeteiligungen von mindestens 25 %; trotzdem ist auch hier nur in zwei Fällen ein beträchtlicher bzw. dominanter Einfluß auf die Innovationspolitik festzustellen, sie ist also charakteritischerweise autonom.
— (Technologieorientierung): In fast zwei Drittel der Fälle verfolgt man eine aggressive Technologiepolitik, d. h. versucht, Anbieter bzw. — hier überwiegend — Verwender moderner, jedoch eventuell noch nicht völlig ausgereifter Technologien zu sein.
— (Planung): Die zeitliche Reichweite der Absatz-, Investitions- und Personalpläne beträgt stets vier und mehr Jahre. Dies gilt auch für den F- und E-Plan, wobei allerdings zu berücksichtigen ist, daß in drei Fällen kein Plan aufgestellt wird; die Planung dient dabei mit einer Ausnahme nur als Richtschnur und wird nicht als strenge Zielvorgabe verstanden.
— (Technologische Konkurrenzlage): Unter allen Typen weist dieser die günstigste Position gegenüber den inländischen Unternehmen auf, die sich ebenfalls mit der Technologie befassen. Gleichzeitig sind unter allen Typen in diesem die Fälle, in denen durch die Beschäftigung mit der Technologie ein technologischer Rückstand gegenüber der Konkurrenz aufgeholt werden soll, am häufigsten; dabei soll in der Mehrzahl der Fälle sogar ein technologischer Vorsprung erzielt werden. Gegenüber dem Ausland liegt dagegen eher ein Rückstand vor. Insgesamt ist die Konkurrenzlage also als uneinheitlich zu bezeichnen.
— Art und Ort von F und E: Die Forschung erfolgt fast ausschließlich in Verbands- oder Vertragsinstituten, die Entwicklung dagegen stets im Unternehmen. Eigen-Forschung und Fremd-Entwicklung haben demgegenüber nur einen unter dem Durchschnitt liegenden Anteil.
— Aufgabenverteilung: Insoweit die Rollenausfüllung kollektiv geschieht, sind bei der Lösungssuche neue Organisationseinheiten in gleichem Ausmaß, bei der Realisierung sogar stärker beteiligt als bestehende. Die gegebene Aufgabenverteilung ist nicht so flexibel, daß sie die durch die Beschäftigung mit der Technologie neu entstandenen Aufgaben mit einordnen kann; sie muß deshalb durch die Schaffung neuer Organisationseinheiten angepaßt werden.
— Rollenausfüllung: Dieser Innovationstyp ist der einzige, in dem die Rollenkomplexe des Fachpromotors überwiegend und des Realisators ausschließlich von einer einzigen Person ausgefüllt werden. Da die in den Unternehmen bei den betreffenden Technologien geleisteten innovativen Tätigkeiten sich im wesentlichen auf die Anwendung (vorwiegend auf die Umstellung auf Mikrowellenheizung) beschränken und es sich vorwiegend um kleinere und mittlere Unternehmen handelt, erscheint dieses Ergebnis verständlich. Charakteristisch für diesen Typ ist also die individuelle Rollenausfüllung.
— Zielsetzung: Aus der Art der Technologie ist es auch erklärlich, daß für diesen Typ die Qualitätsverbesserung das wichtigste, in zehn von drei-

zehn Fällen verfolgte Ziel darstellt. Dieser Typ weist damit den höchsten Anteil dieser am Markt orientierten Zielsetzung auf. Zweitwichtigstes Ziel nach dieser Marktorientierung ist die Kostensenkung.

— (Kontrolle der Lösungssuche): Die Kontrolle der Lösungssuche (Vorgabe und Fortschrittskontrolle von Zeit und Lösungswegen) entspricht in der Häufigkeit des Vorkommens dem Durchschnitt.
— (Strategie der Lösungssuche): Die Lösungssuche erfolgt in der im Durchschnitt üblichen systematischen Weise mit überwiegendem Anteil der Fälle, in denen eine Vorstudie über die denkbaren Lösungswege angefertigt wird, mehrere alternative Lösungswege untersucht und bei der Entscheidungsfindung formalisierte Verfahren angewandt werden.
— (Entscheidungsfindung): Der Entscheidung geht in allen Fällen eine Diskussion voraus, an der in neun der dreizehn Fälle auch nicht unmittelbar Beteiligte partizipieren. Die Entscheidung erfolgt damit in Abstimmung der beteiligten Personen.
— Wissensweitergabe: Ähnlich wie beim vorhergehenden Typ findet in der Regel ebenfalls kein Wissenstransfer statt. Da jedoch hier nicht wie beim Innovationstyp 7 Energieversorgungsunternehmen der verarbeitenden Industrie dominieren, muß hierin der Versuch einer Monopolisierung des bei der Lösungssuche angefallenen Wissens, insbesondere über die Einsatzbedingungen der Technologie in der betreffenden Branche, gesehen werden. Dieses Wissen wird der Allgemeinheit nicht zugänglich gemacht.
— Einflußfaktoren der Entscheidung: Die Marktorientierung durch Berücksichtigung der technischen, wirtschaftlichen und Absatzaussichten überwiegt ebenso wie im Durchschnitt des Samples. Energie- und Umweltschutzpolitik sowie staatliche Planung spielen bei diesem Typ unter allen Innovationstypen am seltensten eine Rolle.
— (Beteiligung Dritter): Die Beteiligung unternehmensexterner Stellen aus dem In- und Ausland an der Lösungssuche hält sich im üblichen Rahmen.
— Weitere charakteristische Unterschiede: Der Anteil der Fälle aus Unternehmen, für die der Staat Zuschüsse zu Forschung und Entwicklung leistet, liegt mit elf von dreizehn Fällen über dem Durchschnitt. Auch ist fast immer eine Organisationseinheit vorhanden, die sich hauptsächlich und systematisch mit der Beobachtung der technologischen Entwicklung befaßt.

Für diesen Innovationstyp ist kennzeichnend, daß es sich um Routineinnovationen in privaten Unternehmen der schwedischen verarbeitenden Industrie handelt. Dabei werden Technologien (überwiegend Mikrowellenheizung) vom Anbieter übernommen und durch Einzelpersonen an die Bedürfnisse des eigenen Unternehmens angepaßt. Diese Einzelpersonen bilden dabei eine eigene, aus der bisherigen Aufgabenverteilung herausgelöste Organisationseinheit. Die gegebene Aufgabenverteilung ist also nicht so flexibel, daß sie formal konstant bleiben kann. Weil in mehr als der Hälfte der Fälle durch die Beschäftigung mit der Technologie ein technologischer Rückstand gegenüber der Konkurrenz aufgeholt und die Innovation insbesondere zum Zweck der Qualitätssteigerung durchgeführt werden soll darf vermutet werden, daß man deshalb zur Überwindung dieser nachteiligen Situation eine Einzelperson verantwortlich mit den innovativen Tätigkeiten betraut und ihr das erforderliche Personal zur Verfügung stellt. Die Entscheidung über die Realisierung der Lösung erfolgt jedoch in abgestimmter Weise. Das dabei angefallene Wissen über die Einsatzbedingungen der Technologie wird nicht an die Allgemeinheit weitergegeben. Vielmehr versucht man, es zu monopolisieren.

Folgende Attribute sind somit kennzeichnend für diesen Typ: „Von Einzelpersonen durchgeführte Routineinnovationen".

(9) Innovationstyp 9:

Innovationen mit nicht-systematischer Lösungssuche
11 Fälle (5 % aller Fälle)

— (Innovationsart): Der Anteil der Routineinnovationen liegt über dem Durchschnitt und beträgt mehr als vier Fünftel.

— (Initiator): Der Produktionsbereich dominiert unter den organisationsinternen Bereichen als initiierender Bereich gegenüber F und E und Verkauf.

— (Unternehmensgröße): Die Innovationsfälle stammen alle aus mittleren und größeren Unternehmen.

— (Branche): Verarbeitende Industrie und Energiesektor sind je etwa zur Hälfte bei den Innovationsfällen dieses Typs vertreten.

— (Land): Fünf Fälle spielen sich in der Bundesrepublik Deutschland ab, fünf in Großbritannien und einer in Schweden.

— (Besitzverhältnisse): Diese Unternehmen befinden sich zum Teil in Privatbesitz, zum Teil in öffentlichem Besitz.

— (Innovationspolitik): Obwohl bei fast allen Unternehmen Mutterunternehmen vorhanden sind, ist deren Einfluß auf die Innovationspolitik nur gering. Die Unternehmen können bei ihren Innovationsentscheidungen autonom handeln.

— (Technologieorientierung): Überwiegend wird eine aggressive Technologiepolitik betrieben, d. h. man möchte die Rolle des Spitzenreiters spielen.

— Planung: Der zeitliche Planungshorizont ist etwas länger als im Durchschnitt; die Planung wird in allen Fällen als strenge Zielvorgabe und nicht nur als Richtschnur angesehen. Die Planung ist damit extrem starr. F- und E-Budgets existieren jedoch nur in drei Fünftel aller Fälle.

— (Technologische Konkurrenzlage): Die Situation gegenüber anderen Unternehmen, die sich ebenfalls mit der betreffenden Technologie befassen, wird, wie im Gesamtsample üblich, als Gleichstand bezeichnet. Nur in einem Fall will man durch die Beschäftigung mit der Technologie einen Rückstand gegenüber der Konkurrenz aufholen, in sechs Fällen dagegen einen Vorsprung erzielen.

— Art und Ort von F und E: Forschung und Entwicklung erfolgen vorwiegend im eigenen Unternehmen. Bis auf einen Fall werden keine F- und E-Tätigkeiten in Verbands- oder Vertragsinstituten durchgeführt. Kennzeichnend sind also Eigen-Forschung und -Entwicklung.

- Aufgabenverteilung: Die Lösungssuche erfolgt immer durch eine bestehende Organisationseinheit; für die Realisierung wird nur in einem Fall eine neue Organisationseinheit geschaffen. Die Aufgabenverteilung ist damit so anpassungsfähig, daß sie wegen der Beschäftigung mit der neuen Technologie formal nicht geändert werden muß, sondern konstant bleiben kann.
- Rollenausfüllung: In keinem Fall sind Lösungssuche oder Realisierung im wesentlichen die Aufgabe einer Einzelperson. Die Rollenausfüllung geschieht also rein kollektiv durch die damit betrauten Organisationseinheiten.
- (Zielsetzung): Die durch die Beschäftigung mit der Technologie verfolgten Zielsetzungen beziehen sich hauptsächlich auf die Verbesserung der Marktstellung, insbesondere durch eine Steigerung des Umsatzes.
- (Kontrolle der Lösungssuche): Im üblichen Umfang werden Zeit und Lösungswege vorgegeben und ihre Einhaltung kontrolliert.
- Strategie der Lösungssuche: Unter allen Typen werden in diesem am seltensten (nur in drei von elf Fällen) Vorstudien angefertigt, die die möglichen Lösungswege aufzeigen sollen; in weit unterdurchschnittlichem Ausmaß wird auch nach alternativen Lösungen gesucht und werden bei der Entscheidungsfindung formalisierte Verfahren angewandt. Die Lösungssuche erfolgt also nicht systematisch auf „breiter Front“, sondern konzentriert sich tendenziell auf einen Lösungsweg.
- (Entscheidungsfindung): Die in den meisten Fällen übliche Praxis der Entscheidungsfindung ist hier mit nur einer Ausnahme zu beobachten. Bevor eine Entscheidung gefällt wird, erfolgt eine Diskussion, an der auch nicht unmittelbar innovativ tätige Personen teilnehmen. Diese Praxis führt zu einer abgestimmten Entscheidung.
- Wissensweitergabe: Das bei der Lösungssuche angefallene Wissen wird nur einmal durch die Anmeldung eines Schutzrechts bzw. in zwei Fällen durch eine Publikation weitergegeben. Es wird damit im allgemeinen nicht weitergegeben.
- (Einflußfaktoren der Entscheidung): Der Markt als Einflußfaktor der Entwicklung dominiert auch in diesem Typ. In vier der elf Fälle ist auch die staatliche Energie- und Umweltschutzpolitik von Einfluß.
- (Beteiligung Dritter): Die Beteiligung des Auslands an der Lösungssuche ist nur in einem Fall gegeben, an der Realisierung überhaupt nicht. Die Beteiligung des Inlands liegt dagegen über dem Durchschnitt.
- Weitere charakteristische Unterschiede: Nur in zwei Fällen ist eine Organisationseinheit vorhanden, die sich systematisch und hauptsächlich mit der Beobachtung der technologischen Entwicklung außerhalb des Unternehmens befaßt. Nur in einem Fall besteht die Realisierungsphase (auch) in weiterer Forschung und Entwicklung.

Die Innovationsfälle dieses Typs weisen relativ wenig charakteristische Züge auf, die sie von anderen Typen unterscheiden. Auffällig ist die starre Planung, die als strenge Zielvorgabe verstanden wird und die zunächst als Indikator für einen gewissen „Bürokratismus“ aufgefaßt werden kann. Demgegenüber steht jedoch die Tatsache, daß die Lösungssuche bei diesem Typ nicht in systematischer Weise erfolgt und nur in wenigen Fällen eine Vorstudie über die möglichen und denkbaren Lösungsansätze durchgeführt wird; bei der Entscheidungsfindung werden nur in einem Fünftel der Fälle formalisierte Verfahren zur Quantifizierung der Entscheidungskriterien angewandt. Auch die Lösungssuche selbst wird nicht in überdurchschnittlichem Maße durch Vorgaben und Kontrolle von Zeit und Lösungswegen organisiert. Das bei der Lösungssuche, die wie alle Forschung und Entwicklung „in house“ stattfindet, angefallene Wissen wird nicht publiziert oder auf dem Wege von Schutzrechten der Allgemeinheit zugänglich gemacht.

Als Charakteristikum zur Kennzeichnung dieses Innovationstyps bleibt somit nur „Innovationen mit nicht-systematischer Lösungssuche“.

(10) Innovationstyp 10:

Marktorientierte Basisinnovationen in öffentlichem Auftrag
11 Fälle (5 % aller Fälle)

— (Innovationsart): Es handelt sich überwiegend um Basisinnovationen; die Unternehmen leisten für die betreffenden Technologien also eigene Forschungsarbeit.

— (Initiator): Der F- und E-Bereich ist mit acht Fällen der weitaus häufigste Initiator zur Beschäftigung mit der Technologie.

— (Unternehmensgröße): Die Fälle aus mittleren und großen Unternehmen überwiegen; nur ein Fall stammt aus einem Unternehmen mit weniger als 1000 Beschäftigten.

— Branche: Keiner der Innovationsfälle gehört dem Energiesektor an. Charakteristisch ist also die verarbeitende Industrie.

— Land: Zwei deutsche stehen neun britischen Fällen gegenüber.

— (Besitzverhältnisse): Der Privatbesitz an den betreffenden Unternehmen überwiegt.

— Innovationspolitik: Unter allen Typen hat dieser den geringsten Anteil an Fällen aus Unternehmen, an denen andere Unternehmen mit mehr als 25 % am Kapital beteiligt sind; auch in diesen Fällen ist jedoch der Einfluß der Mutterunternehmen auf die Innovationspolitik gering, die Innovationspolitik also autonom. In der Entscheidungsphase spielt die Konzernverflechtung jedoch in fast der Hälfte der Fälle eine Rolle als Einflußfaktor. Hierbei sind jedoch auch eigene Tochterunternehmen als konzernzugehörig zu berücksichtigen.

— (Technologieorientierung): In der weit überwiegenden Mehrzahl der Fälle wollen die Unternehmen durch eine aggressive Technologiepolitik eine Stellung als technologischer Spitzenreiter anstreben.

— Planung: Die zeitliche Reichweite der Planung liegt beträchtlich unter dem Durchschnitt; sie beträgt überwiegend weniger als drei Jahre. Die Pläne stellen stets nur eine Richtschnur, keine strenge Zielvorgabe dar. Die Planung ist demnach als langfristig und flexibel zu bezeichnen. In allen Fällen existieren F- und E-Budgets.

— (Technologische Konkurrenzlage): Überwiegend besteht ein Gleichstand mit anderen in- und ausländischen Unternehmen, die sich ebenfalls mit der betreffenden Technologie befassen. Aufholen eines Rückstands bzw. Erzielen eines Vorsprungs gegenüber der Technologie werden gleichwohl überdurchschnittlich oft als Innovationsmotive genannt.

— Art und Ort von F und E: In keinem Fall sind an Forschung und Entwicklung Verbands- oder Vertragsinstitute beteiligt. Diese innovativen Tätigkeiten werden vielmehr im eigenen Unternehmen, teilweise auch im Konzern ausgeführt.

— (Aufgabenverteilung): Lösungssuche und Realisierung erfolgen weit überwiegend bzw. ausschließlich durch bestehende Organisationseinheiten. Die Aufgabenverteilung erweist sich also gegenüber den Anforderungen durch die neue Technologie als flexibel und kann formal konstant bleiben.

— Rollenausfüllung: Die Rollenausfüllung der Rollenkomplexe des Fachpromotors und des Realisators geschieht bis auf einen Fall bei der Lösungssuche kollektiv, ist also nicht im wesentlichen die Angelegenheit von Einzelpersonen.

— Zielsetzung: Unter allen Typen wird in diesem am häufigsten das Füllen einer Marktlücke als Ziel der Beschäftigung mit der Technologie genannt. Das zweitwichtigste Ziel ist die Umsatzsteigerung. Die Zielsetzung ist also insgesamt marktorientiert.

— (Kontrolle der Lösungssuche): Vorgabe und Fortschrittskontrolle von Zeit und Lösungswegen erfolgen in einem dem Durchschnitt entsrpechendem Ausmaß, wobei allerdings die im allgemeinen in regelmäßigen Zeitabständen erfolgende Fortschrittskontrolle der Lösungswege auffällt.

— Strategie der Lösungssuche: In zehn von elf Fällen geht der eigentlichen Lösungssuche eine Vorstudie über die denkbaren Lösungsmöglichkeiten voraus. Während nur in sechs Fällen gleichzeitig alternativen Lösungswegen nachgegangen wird, spricht die weit überdurchschnittlich häufige Verwendung formalisierte Verfahren bei der Entscheidungsfindung für eine Strategie systematischen Vorgehens.

— (Entscheidungsfindung): Der Entscheidung geht in fast allen Fällen eine Diskussion voraus, an der auch nicht unmittelbar an der Lösungssuche oder Realisierung beteiligte Personen partizipieren.

— Wissensweitergabe: In allen Fällen wird ein Schutzrecht angemeldet, in einem Fall erfolgt eine vertragliche Weitergabe des Wissens. In fünf Fällen wird das bei der Lösungssuche angefallene Wissen allgemein zugänglich publiziert. Insgesamt sind die Resultate der Lösungssuche damit für die Allgemeinheit zugänglich.

— Einflußfaktoren der Entscheidung: Zwar ist auch bei diesem Typ der Haupteinflußfaktor der Entscheidung der Komplex „Technische, wirtschaftliche und Absatzaussichten", doch spielen hier Subventionen und öffentliche Aufträge sowie die Art der dauerhaften organisatorischen Aufgabenverteilung in rund jedem zweiten Fall und damit unter allen Typen jeweils am häufigsten eine Rolle. Diese Tatsache wird als Ausdruck dafür gewertet, daß sich dieser Typ gegenüber den anderen dadurch unterscheidet, daß in ihm die gesellschaftliche Umwelt charakteristischerweise von Einfluß ist.

— (Beteiligung Dritter): Bezüglich der Beteiligung in- und ausländischer Stellen an der Lösungssuche und an der Realisierung ergeben sich keine charakteristischen Abweichungen von anderen Typen, obwohl insbesondere die Beteiligung des Auslands bei der Realisierung überhaupt fehlt und bei der Lösungssuche auch nur in einem Fall zu beobachten ist.

— Weitere charakteristische Unterschiede: F- und E-Budgets sind in allen Unternehmen vorhanden. Die durchschnittliche Zahl der Entscheidungsebenen ist mit drei bis vier die niedrigste aller Innovationstypen.

Kennzeichnend für diesen Typ sind Unternehmen der verarbeitenden Industrie Großbritanniens, die selbst Forschungs- und Entwicklungsarbeiten durchführen und hauptsächlich Basisinnovationen vornehmen. Bei der Lösungssuche gehen sie systematisch vor und versuchen, mit der Technologie eine Marktlücke zu füllen. Von großer Bedeutung sind dabei Subventionen und öffentliche Aufträge; die Unternehmen sind bei den betreffenden Innovationen also in beträchtlicher Weise von ihrer gesellschaftlichen Umwelt abhängig. Direkte staatliche Zuschüsse für Forschung und Entwicklung bestehen jedoch nicht. In ihrer Innovationspolitik sind sie autonom, und sie weisen eine kurzfristig orientierte und als bloße Richtschnur dienende Planung auf. Das bei der Lösungssuche angefallene Wissen lassen sich die Unternehmen rechtlich schützen, machen es damit also auch der Allgemeinheit publik und zugänglich.

Dieser Innovationstyp soll schlaglichtartig charakterisiert werden als „Marktorientierte Basisinnovationen in öffentlichem Auftrag".

(11) Innovationstyp 11:

Routineinnovationen auf Weisung multinationaler Konzerne
11 Fälle (5 % aller Fälle)

— Innovationsart: Es handelt sich ausschließlich um Routineinnovationen, also um Fälle, in denen die Forschungsphase nicht in den betreffenden Unternehmen durchlaufen wird.

— Initiator: Der Anstoß zur Beschäftigung mit der Technologie kommt fast immer von außen, und zwar aus der Spitze multinationaler Konzerne. F- und E-Bereich sowie Verkauf sind in keinem Falle Träger der Rolle des Initiators.

— Unternehmensgröße: Dieser Typ weist die im Durchschnitt kleinsten Unternehmen unter allem auf; die Fälle aus Unternehmen mit weniger als 1000 Beschäftigten überwiegen bei weitem. Kein Unternehmen beschäftigt mehr als 5000 Personen.

— Branche: Mit Ausnahme eines Falles stammen alle aus dem Energiesektor; darunter befinden sich acht Fälle aus der Mineralölverarbeitung.

— Land: Alle Fälle beziehen sich auf schwedische Unternehmen.

— (Besitzverhältnisse): Der Privatbesitz an den Unternehmen überwiegt.

— Innovationspolitik: Neun der elf Fälle stammen aus Unternehmen, an denen andere Unternehmen — meist multinationale Konzernunternehmen — Kapitalbeteiligungen von mindestens 25 % besitzen. Der Einfluß dieser Mutterunternehmen ist in der Hälfte der Fälle dominant. Die Innovationspolitik kann damit nicht autonom durchgeführt werden.

— Technologieorientierung: Weit überwiegend strebt man eine Position als Anbieter bzw. Anwender ausgereifter Technologien an, verfolgt also eine konservative Technologiepolitik. Das Streben nach einer Spitzenreiterposition bildet die Ausnahme.

— Planung: Die durchschnittliche zeitliche Reichweite des Absatzplans ist unter allen Typen die kürzeste; auch die Investitions- und Personalpläne sind im Durchschnitt kurzfristiger als bei den meisten anderen Typen. Eine F- und E-Planung ist nur im Ausnahmefall vorhanden; das gleiche gilt für F- und E-Budgets. Die Verbindlichkeit der Planung weicht nicht wesentlich von der im Gesamtsample ab. Insgesamt muß also die Planung als kurzfristig qualifiziert werden.

— (Technologische Konkurrenzlage): Im Wesentlichen sieht man sich als gleichauf mit der Konkurrenz, und zwar sowohl gegenüber dem Inland als auch gegenüber der ausländischen Konkurrenz.

— Art und Ort von F und E: Forschung und Entwicklung erfolgen meist in Konzern. Das eigene Unternehmen sowie Verbands- oder Vertragsinstitute spielen demgegenüber nur eine untergeordnete Rolle. Fremd-Forschung und -Entwicklung sind somit charakteristisch für diesen Innovationstyp.

— Aufgabenverteilung: Die Lösungssuche für die Probleme der Technologie erfolgt in den meisten Fällen durch eine neu geschaffene Organisationseinheit, während die Realisierung überwiegend im Rahmen der vorhandenen Aufgabenverteilung durchgeführt wird; insgesamt läßt sich die Aufgabenverteilung jedoch als nicht flexibel bezeichnen, so daß sie wegen der neuen Technologie geändert werden muß.

— (Rollenausfüllung): Wie bei den meisten übrigen Typen werden die Rollenkomplexe des Fachpromotors und des Machtpromotors von Gruppen (Organisationseinheiten) und nicht wesentlich durch Einzelpersonen ausgefüllt.

— (Zielsetzung): Das am häufigsten verfolgte Ziel ist das der Qualitätsverbesserung des auf dem Markt angebotenen Produkts. Darunter befinden sich fünf Fälle — also knapp die Hälfte aller Fälle —, in denen die Eigenschaften von Schmierölen verbessert werden sollen. Das Ziel der Umsatzsteigerung wird dagegen unter allen Typen bei diesem am seltensten angestrebt.

— (Kontrolle der Lösungssuche): Es ergeben sich keine signifikanten Unterschiede zu anderen Typen bei der Vorgabe und der Fortschrittskontrolle der für die Lösungssuche erforderlichen Zeit und der einzuschlagenden Lösungswege.

— (Strategie der Lösungssuche): Unter allen Typen wird bei diesem am seltensten, aber immer noch in zwei von fünf Fällen nach Alternativlösungen gesucht. Insgesamt weicht jedoch die Strategie nicht signifikant von der im Gesamtsample vorherrschenden systematischen Lösungssuche ab.

— (Entscheidungsfindung): Es bestehen keine signifikanten Unterschiede zu den anderen Typen. In jedem Fall erfolgt eine Diskussion der gefundenen Lösung(en), an der auch Personen teilnehmen, die nicht unmittelbar den Rollenkomplexen Fachpromotor oder Realisator angehören.

— Wissensweitergabe: Das bei der Lösungssuche angefallene Wissen wird in keinem einzigen Fall der Allgemeinheit zugänglich gemacht. Unter allen Typen ist dieser am stärksten durch diese Eigenschaft charakterisiert.

— Einflußfaktoren der Entscheidung: Unter allen Typen haben bei diesem die Probleme des Produktionsfaktors Arbeit (Arbeitsmarkt, Lohnniveau, Arbeitskräfte im Unternehmen, Einstellung von Arbeitnehmern und Gewerkschaften zur Technologie) und des Produktionsfaktors Kapital (Kapitalmarkt, Zinsniveau, Kapitalausstattung des Unternehmens) am häufigsten einen Einfluß bei der Entscheidung. Dagegen spielt der Stand der Technik innerhalb und außerhalb des Unternehmens hier am seltensten eine Rolle. Die dominierende Rolle scheint jedoch insgesamt dem Faktor Arbeit zuzukommen, insbesondere dem Problem, entsprechend qualifizierte Arbeitskräfte zur Realisierung der neuen Technologie einsetzen zu können.

— Beteiligung Dritter: Die für die Lösungssuche erforderlichen Spezialkenntnisse sind in der Regel nicht im eigenen Unternehmen vorhanden. Die Unternehmen sind deshalb auf die Kooperation mit ihren ausländischen Konzerngesellschaften angewiesen. Dies gilt sowohl für die Phase der Lösungssuche als auch für die Realisierung. Die Zusammenarbeit mit inländischen Stellen spielt dagegen keine Rolle.

— Weitere charakteristische Unterschiede: Alle Entscheidungen fallen in der obersten (Vorstands-)Ebene der betrieblichen Hierarchie. Im Durchschnitt verfügen die Unternehmen nur über drei bis vier solcher Ebenen.

Dieser letzte der hier behandelten Innovationstypen ist durch relativ viele charakteristische Merkmalsausprägungen gekennzeichnet. Am auffallendsten ist die Tatsache, daß es sich um Innovationsfälle in den schwedischen Tochterunternehmen multinationaler Mineralölkonzerne handelt, bei denen auf Weisung der ausländischen Konzernspitze und in Zusammenarbeit mit ausländischen Konzernstellen Anpassungsarbeiten bei Mineralölprodukten an schwedische, vor allem klimatisch bedingte Erfordernisse — also Routineinnovationen — vorgenommen werden. Die Forschungs- und Entwicklungsarbeiten werden allgemein nicht im Land sondern außerhalb im Konzern durchgeführt. In ihrer Innovationspolitik sind die Unternehmen nicht autonom, sondern stark von ihrer jeweiligen Konzernspitze abhängig. Sie vertreten dabei keine aggressive Technologiepolitik, sondern bemühen sich um ausgereifte und risikolose Produkte und Verfahren. Schwierigkeiten bestehen im Innovationsprozeß vor allem bei der Ausstattung mit Produktionsfaktoren, insbesondere beim Kapital, vor allem aber bei den Arbeitskräften. Da es sich bei den Innovationsprozessen um Weisungen handelt, die ausgeführt werden müssen, damit das Konzernangebot in den westlichen Ländern möglichst einheitlich im Sortimentsumfang ist, spielt der Stand der Technik in der Entscheidungsphase nur eine sehr untergeordnete Rolle. Es handelt sich im Falle Schwedens um „Folge"-Innovationen, die aus übergeordneten und internationalen Konzerninteressen in diesem Land, das wegen seiner geringen Größe im Konzernverband keine große Rolle spielen kann, durchgeführt werden müssen. Das bei der Lösungssuche angefallene Wissen wird nicht der Allgemeinheit zugänglich gemacht.

Mit einer Kurzbezeichnung soll dieser Innovationstyp geschildert werden als „Routineinnovationen auf Weisung multinationaler Konzerne".

Die vorstehend behandelten charakteristischen Merkmalsausprägungen der elf Innovationstypen, die im empirischen Datenmaterial am stärksten vertreten sind, werden in Tabelle 32 zusammengefaßt. Die schlagwortartigen Bezeichnungen der elf Innovationstypen sind nachstehend wiederholt. Beim Vergleich der elf Bezeichnungen ist zu berücksichtigen, daß sie in notwendigerweise subjektiver Sicht jeweils nur einige der charakteristischen Merkmalsausprägungen eines Innovationstyps ausdrücken können. Sie können als Kurzformel die oben dargestellten ausführlicheren Beschreibungen deshalb nicht ersetzen. Sie können lediglich zur plastischeren Darstellung der folgenden Analysen dienen.

	Innovationstyp
1	Marktorientierte Basisinnovationen in Großunternehmen
2	Innovationen zur Kostensenkung in verstaatlichten Energieunternehmen
3	Innovationen in nicht-kooperativen, technologisch führenden Industrieunternehmen
4	Marktorientierte Innovationen in führenden kooperativen Privatunternehmen
5	Innovationen zur Kostensenkung in Energiegroßunternehmen ohne Wissensweitergabe
6	Innovation als frühzeitige Übernahme von Technologien in Kleinunternehmen
7	Innovation als Übernahme von Technologien durch Energieversorgungsunternehmen
8	Von Einzelpersonen durchgeführte Routineinnovationen
9	Innovationen mit nicht-systematischer Lösungssuche
10	Marktorientierte Basisinnovationen in öffentlichem Auftrag
11	Routineinnovationen auf Weisung multinationaler Konzerne

4.3.3 Gemeinsamkeiten und Abweichungen der Innovationstypen

Ein Vergleich der Merkmalsausprägungen der elf Innovationstypen in Tabelle 32 mit der häufigsten Merkmalsausprägung des Grundtyps läßt einmal die abweichenden Merkmalsausprägungen, zum anderen aber auch die Verstärkung von Merkmalsausprägungen bei den Innovationstypen gegenüber dem Grundtyp erkennen. Beispielsweise weicht der elfte Typ vom Grundtyp unter anderem dadurch ab, daß die Rolle des Initiators nicht dem F- und E-Bereich zufällt sondern der Konzernspitze, andererseits aber ist für den Typ 11 charakteristisch, daß er ausschließlich Routineinnovationen enthält, die beim Grundtyp gegenüber den Basisinnovationen nur überwiegen.

Das Resultat eines solchen Vergleichs der charakteristischen Merkmalsausprägungen der elf Innovationstypen mit der häufigsten Merkmalsausprägung des Grundtyps zeigt Tabelle 33. Dabei läßt sich erkennen, daß die Innovationstypen 2 (Routineinnovationen zur Kostensenkung verstaatlicher Energieunternehmen) und 11 (Routineinnovationen auf Weisung multinationaler Konzerne) mit zehn charakteristischerweise vom Grundtyp abweichenden Merkmalsausprägungen dem Grundtyp, der aus allen 218 Innovationsfällen gebildet wird, am wenigsten entsprechen. Bei drei (Typ 11) bzw. vier (Typ 2) Merkmalsbündeln zeigen diese beiden Innovationstypen in charakteristischer Weise verstärkt dieselben Ausprägungen wie der Grundtyp. Diese beiden Typen weisen damit unter allen die meisten Abweichungen gegenüber dem Grundtyp auf.

Den geringsten charakteristischen Unterschied zum Grundtyp weist Typ 4 (Marktorientierte Innovationen in führenden kooperativen Privatunternehmen) auf, der gegenüber der Konkurrenz eine führende Rolle spielt, während der Grundtyp in der Konkurrenzlage einen Gleichstand aufweist. Typ 4 zeigt — zusammen mit den Typen 1 und 10 (Marktorientierte Basisinnovationen in Großunternehmen; Marktorientierte Basisinnovationen in öffentlichem Auftrag) — mit jeweils acht Merkmalsbündeln auch die meisten der jeweils mit dem Grundtyp übereinstimmenden, aber verstärkt zu beobachtenden Charakterzüge.

Auch wenn man nur den auf charakteristische Abweichungen reduzierten Vergleich betrachtet zeigt sich, daß bei insgesamt 47 Abweichungen die durchschnittliche Zahl der Abweichungen vom Grundtyp je Innovationstyp 4.3 beträgt; die Zahl der charakteristisch verstärkten Merkmalsausprägungen beträgt durchschnittlich 5.1. Bei insgesamt zwanzig Merkmalsbündeln liegt damit im Durchschnitt der elf Innovationstypen fast bei jedem zweiten Merkmalsbündel eine Abweichung vom Grundtyp vor. Der Grundtyp ist damit nicht geeignet, konkrete Innovationsfälle zu beschreiben, da sich die einzelnen Innovationstypen verhältnismäßig stark von ihm unterscheiden. Die Funktion des Grundtyps, d. h. einer undifferenzierten Betrachtungsweise des Datenmaterials aus 218 Innovationsfällen, kann deshalb nur sein, den Hintergrund abzugeben, vor dem in einer notwendigerweise differenzierten Betrachtung die Eigentümlichkeiten der einzelnen Innovationstypen erkennbar werden. Dabei ist zu berücksichtigen, daß selbst in den Innovationstypen jeweils nur ähnliche Fälle zusammengestellt sind, daß also auch die Innovationstypen bereits Verallgemeinerungen konkreter Einzelfälle darstellen. Die Problematik bei empirischen Forschungen von *dem* Innovationsprozeß zu sprechen, wird dadurch unverkennbar.

Bevor weitere Schlußfolgerungen über das Ausmaß der Ähnlichkeit der Innovationstypen untereinander und damit über Generalisierungsmöglichkeiten des Innovationsprozesses gezogen werden, sollen zunächst die Unterschiede der Typen behandelt werden. Dies geschieht dadurch,

Tabelle 33: **Charakteristische Abweichungen von elf Innovationstypen vom Grundtyp**

(+: Die Merkmalsausprägung ist gleich der des Grundtyps, aber charakteristischerweise stärker)
(−: die Merkmalsausprägung unterscheidet sich von der des Grundtyps)

Merkmalsbündel		Häufigste Merkmalsausprägung bei 218 Innovationsfällen (Grundtyp)	Abweichungen des Innovationstyps											Summe der Abweichungen	
Lfd. Nr.	Bezeichnung		1	2	3	4	5	6	7	8	9	10	11	+	−
1	Innovationsart	Routineinnovation	−							+			+	2	1
2	Initiator	F- und E-Bereich	+	−									−	1	2
3	Unternehmensgröße	Großunternehmen	+	+			+	−	−				−	3	3
4	Branche	Verarbeitende Industrie		−			−			+		+	−	2	3
5	Land	BR Deutschland		−		+				−		−	−	1	4
6	Besitzverhältnisse	Privatbesitz		−	+	+				+				3	1
7	Innovationspolitik	Autonom		−				−	+	+		+	−	3	3
8	Technologieorientierung	Konservativ		−									+	1	1
9	Planung	Langfristig, flexibel	±	+		+	+		+		−	±	−	6	4
10	Technologische Konkurrenzlage	Gleichstand	−	+		−								1	2
11	Art und Ort von F und E	Eigen-Forschung Eigen-Entwicklung		−		+	+	+	−	±	+	+	−	6	4
12	Aufgabenverteilung	Konstant			+	+			+	−	+		−	4	2
13	Rollenausfüllung	Kollektiv	+			+				−	+	+		4	1
14	Zielsetzung	Marktorientiert		−		+	−			+		+		3	2
15	Kontrolle der Lösungssuche	Vorhanden	+						−					1	1
16	Strategie der Lösungssuche	Systematisch	+		−						−	+		2	2
17	Entscheidungsfindung	Abgestimmt		−					+					1	1
18	Wissensweitergabe	Weitergabe	+	+			−	+	−	−	−	+	−	4	5
19	Einflußfaktoren der Entscheidung	Markt	+	−	+			+		+		−	−	4	3
20	Beteiligung Dritter	Kooperation	−		−	+		+	+				+	4	2
Summe der Abweichungen			8 4	4 10	3 2	8 1	3 3	4 2	5 4	7 5	3 3	8 3	3 10	56	47

daß festgestellt wird, welche Typen sich paarweise jeweils durch charakteristische unterschiedliche Merkmalsausprägungen[38] in Tabelle 32 voneinander unterscheiden oder nicht unterscheiden, also jeweils Gegentypen oder ähnliche Typen darstellen. Dabei werden nur solche Unterschiede berücksichtigt, bei denen die Merkmalsausprägungen in beiden Fällen charakteristisch sind und voneinander abweichen. Weist also nur ein Typ eine charakteristische Ausprägung eines Merkmalsbündels auf und ist der andere nicht durch dieses Merkmalsbündel charakterisiert, bleibt diese Abweichung außer Betracht.

Der Vergleich der Innovationstypen auf ihre charakteristischen Merkmalsausprägungen in Tabelle 30 ergibt folgende paarweise Abweichungen:

Innovationstyp	Innovationstyp										
	1	2	3	4	5	6	7	8	9	10	11
1	–										
2	4	–									
3	1	2	–								
4	2	5	1	–							
5	1	2	0	1	–						
6	2	3	1	0	2	–					
7	5	4	1	1	2	3	–				
8	3	8	1	4	2	2	2	–			
9	2	3	0	1	0	1	2	3	–		
10	2	5	2	1	4	2	2	5	3	–	
11	7	6	3	3	3	3	2	4	2	6	–

Mit acht Abweichungen bei zwanzig Merkmalsbündeln stellen das Typenpaar 2 und 8 sowie mit jeweils sieben gegenseitigen Abweichungen das Typenpaar 1 und 11 jeweils Gegentypen dar. Diese vier Typen weisen zusammen mit dem Typ 10 auch die stärksten Abweichungen ihrer charakteristischen Merkmalsausprägungen von der Gesamtheit der jeweils zehn anderen Innovationstypen auf, nämlich:

Typ 2: 42 Abweichungen
Typ 11: 39 Abweichungen
Typ 8: 34 Abweichungen
Typ 10: 32 Abweichungen
Typ 1: 29 Abweichungen.

Die Innovationstypen 2 (Innovationen zur Kostensenkung in verstaatlichten Energieunternehmen) und 8 (Von Einzelpersonen durchgeführte

[38] Bei elf Typen ergeben sich insgesamt 55 paarweise Vergleiche von Innovationstypen.

Routineinnovationen) stellen dabei gleichzeitig diejenigen beiden Typen dar, die auch von der Gesamtheit aller 218 Innovationsfälle die meisten Abweichungen erkennen lassen (vgl. Tabelle 33).

Die Typenpaare 1 und 11 sowie 2 und 8 stellen jeweils Gegentypen dar, da sie sich durch sieben bzw. acht charakteristisch voneinander abweichende Merkmalsausprägungen voneinander unterscheiden. Im einzelnen handelt es sich um die in Tabelle 34 wiedergegebenen Abweichungen aus Tabelle 32. Aus Tabelle 32 ergibt sich, daß sich insgesamt dreizehn Paare von Innovationstypen bilden lassen, die sich jeweils durch Abweichungen bei mindestens vier Merkmalsausprägungen unterscheiden. Die graphische Darstellung dieser Paare von Gegentypen in Abbildung 6 zeigt in einer Art Soziogramm insbesondere die ausgeprägte Unähnlichkeit der vier Typen

2 Innovationen zur Kostensenkung in verstaatlichten Energieunternehmen

8 Von Einzelpersonen durchgeführte Routineinnovationen

10 Marktorientierte Routineinnovationen in öffentlichem Auftrag

11 Routineinnovationen auf Weisung multinationaler Konzerne

untereinander, die sich jeweils von den übrigen drei Typen bei mindestens vier Merkmalsausprägungen charakteristisch unterscheiden. Insgesamt sind acht der elf hier behandelten Innovationstypen mehr oder minder stark in dieses Netz der sich stark unterscheidenden Typenpaare einbezogen. Ihre in Abbildung 6 deutlich werdende Heterogenität zeigt, wie sehr die Cluster-Analyse geeignet ist, weitgehend hypothesenlos empirisches Datenmaterial zu polarisieren und dadurch Gegensätze, aber auch Affinitäten herauszuarbeiten.

Keine, also null charakteristische Abweichungen weisen voneinander auf die Innovationstypen

3 und 5
3 und 9
4 und 6
5 und 9.

Damit könnte man die Innovationstypen 3, 5 und 9, die untereinander keine in charakteristischer Weise voneinander abweichenden Merkmalsausprägungen zweier Merkmalsbündel und die auch jeweils gegenüber dem Grundtyp aller 218 Innovationsfälle jeweils nur (in der vorstehenden Reihenfolge) 1 bzw. 2 bzw. 3 Abweichungen aufweisen (vgl. Tabelle 33), als einen sich weitgehend ähnlichen Typ auffassen. Dieser würde 49 Fälle, d. h. 22 % aller 218 Fälle umfassen und ließe sich folgendermaßen charakterisieren: Routineinnovationen in mittleren Unternehmen des Energiesektors, die eine autonome Innovationspolitik ver-

Tabelle 34: **Gegentypen**
(Innovationstypen mit beträchtlichen Unterschieden)

Gegentypen		Merkmalsbündel[a)]		Gegentypen	
2	8	Lfd. Nr.	Bezeichnung	1	11
		1	Innovationsart	Basisinnovation	Routineinnovation
		2	Initiator	F- und E-Bereich	Konzernspitze
		3	Unternehmensgröße	Großunternehmen	Kleinunternehmen
Energiesektor	Verarbeitende Industrie	4	Branche		
Großbritannien	Schweden	5	Land		
Öffentlicher Besitz	Privatbesitz	6	Besitzverhältnisse		
Abhängig	Autonom	7	Innovationspolitik		
		8	Planung	Langfristig	Kurzfristig
Fremd-Entwicklung	Eigen-Entwicklung	11	Art und Ort von F und E		
Kostenorientiert	Marktorientiert	14	Zielsetzung	Weitergabe	Keine Weitergabe
Weitergabe	Keine Weitergabe	18	Wissensweitergabe		
Gesellschaft	Markt	19	Einflußfaktor der Entwicklung	Markt	Arbeit
		20	Beteiligung Dritter	Keine Kooperation	Kooperation

a) Aufgenommen sind nur Merkmalsbündel, die bei den Gegentypen Unterschiede aufweisen.

Abbildung 6: Gegentypen

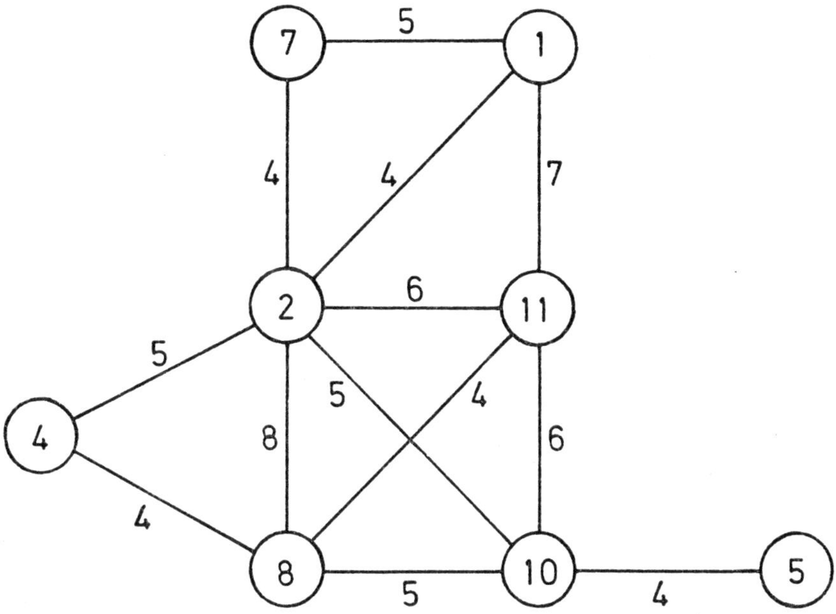

Legende: Die Kreise enthalten die Nummer der Innovationstypen. Die Zahlen an den Verbindungslinien geben die Anzahl charakteristischer Abweichungen zwischen den Typenpaaren an. Es sind nur Fälle von mindestens vier Abweichungen bei zwanzig Merkmalsbündeln aufgeführt:

1 Marktorientierte Basisinnovationen in Großunternehmen

2 Innovationen zur Kostensenkung in verstaatlichten Energieunternehmen

4 Marktorientierte Innovationen in führenden kooperativen Privatunternehmen

5 Innovationen zur Kostensenkung in Energiegroßunternehmen ohne Wissensweitergabe

7 Innovation als Übernahme von Technologien durch Energieversorgungsunternehmen

8 Von Einzelpersonen durchgeführte Routineinnovationen

10 Marktorientierte Basisinnovationen in öffentlichem Auftrag

11 Routineinnovationen auf Weisung multinationaler Konzerne.

folgen, selbst Entwicklung betreiben, bei der Lösungssuche sich auf einen Lösungsweg konzentrieren, dabei bereits vorhandene Organisationseinheiten einsetzen und das dabei angefallene Wissen nicht der Allgemeinheit zugänglich machen. Die gemeinsame Betrachtung dieser drei Innovationstypen zeigt jedoch, daß dieses „Poolen“, d. h. die Generalisierung mit einem Verlust an charakteristischen Zügen, die gerade ausschlaggebend für die Untersuchung der Typen sind, erkauft werden muß. Generalisierung geht zwangsläufig auf Kosten der Wirklichkeitsnähe. Eine ähnliche Erfahrung ergäbe die gemeinsame Betrachtung der Typen 4 und 6, die sich ebenfalls nicht durch charakteristischerweise abweichende Merkmalsausprägungen unterscheiden.

Die graphische Darstellung der „Familie“ ähnlicher Innovationstypen, die sich höchstens bei einem der zwanzig Merkmalsbündel charakteristisch unterscheiden (vgl. Abbildung 7), enthält neun der elf Innovationstypen, darunter sechs (nämlich die Typen 1, 4, 5, 7, 8 und 10), die auch der Konstellation der Gegentypen (vgl. Abbildung 6) angehören. Mit Ausnahme der Innovationstypen 2 (Innovationen zur Kostensenkung in verstaatlichten Energieunternehmen) und 10 (Routineinnovationen auf Weisung multinationaler Konzerne) gibt es damit bei allen Innovationstypen mindestens einen anderen Innovationstyp, zu dem eine starke Affinität besteht, auch wenn gleichzeitig andere Innovationstypen existieren, die stark von jenem Innovationstyp abweichen.

Immerhin erscheint es vertretbar, gemäß der in Abbildung 7 aufgezeigten Konstellationen Zusammenfassungen der mehreren Innovationstypen zugeordneten Innovationsfälle zu einer Obergruppe vorzunehmen. Dies sollte jedoch nur dann geschehen, wenn eine jeweils geringe Zahl von Innovationsfällen dazu zwingt, die Bildung ausreichend großer Beobachtungsgruppen mit einer Vermischung heterogener Merkmalsausprägungen zu erkaufen.

4.4 Bedeutung der Merkmalsbündel für die Typenbildung

Die Grundauszählung der Antwortkategorien der Variablen zur Beschreibung der untersuchten 218 Innovationsfälle in Abschnitt 4.1 ließ die häufigsten Merkmalsausprägungen und damit den vorherrschenden Ablauf der vier Phasen des Innovationsprozesses (Anstoß, Lösungssuche, Entscheidung, Realisierung) erkennen. Anschließend wurde in Abschnitt 4.2 durch Reduktion der 274 Variablen auf 20 Merkmalsbündel der Grundtyp des Innovationsprozesses dargestellt; gegen den Hintergrund dieses Grundtyps wurden in Abschnitt 4.3 die in der Profil-Cluster-Analyse gewonnenen elf am stärksten, mit konkreten Innovationsfällen belegten Innovationstypen analysiert und auf ihre unterscheidenden Merkmalsausprägungen untersucht. Nunmehr soll an Hand

Abbildung 7: Ähnliche Innovationstypen

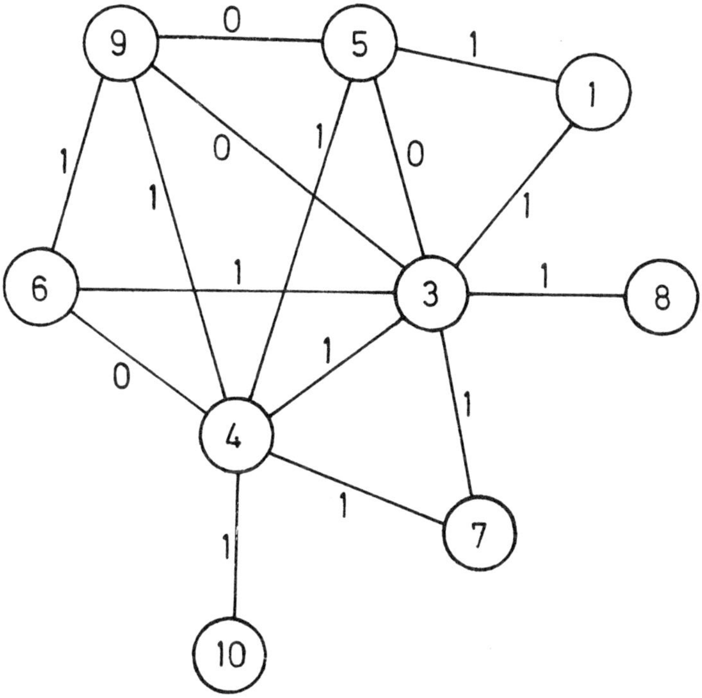

Legende: Die Kreise enthalten die Nummer der Innovationstypen. Die Zahlen an den Verbindungslinien geben die Anzahl charakteristischer Abweichungen zwischen den Typenpaaren an. Es sind nur Fälle von höchstens einer Abweichung bei zwanzig Merkmalsbündeln aufgeführt:

1 Marktorientierte Basisinnovationen in Großunternehmen

3 Innovationen in nicht-kooperativen, technologisch führenden Industrieunternehmen

4 Marktorientierte Innovationen in führenden kooperativen Privatunternehmen

5 Innovationen zur Kostensenkung in Energiegroßunternehmen ohne Wissensweitergabe

6 Innovation als frühzeitige Übernahme von Technologien in Kleinunternehmen

7 Innovation als Übernahme von Technologien durch Energieversorgungsunternehmen

8 Von Einzelpersonen durchgeführte Routineinnovationen

9 Innovationen mit nicht-systematischer Lösungssuche

10 Marktorientierte Basisinnovationen in öffentlichem Auftrag.

der zwanzig Merkmalsbündel festgestellt werden, ob sich Gemeinsamkeiten der Merkmalsausprägungen der Innovationstypen aufzeigen lassen. Eine Analyse von Tabelle 32 ergibt jedoch, daß sich Zusammenhänge zwischen zwei oder mehreren Ausprägungen von Merkmalsbündeln bei zwei oder mehreren Innovationstypen in der Regel nicht erkennen bzw. interpretieren lassen. Dies bestätigt den methodischen Grundgedanken dieser Studie, daß nämlich jeder Innovationsfall eigentlich nur aus sich heraus verstanden werden kann und jede Verallgemeinerung durch Zusammenschau von Einzelfällen einen Verlust an Wirklichkeitsnähe bewirkt und damit tendenziell zu Fehlinterpretationen führt. Durch die hier vorgenommene Typenbildung ist so weit in Richtung auf Verallgemeinerung gegangen worden, wie es angesichts eines so komplexen Forschungsgegenstandes wie des Innovationsprozesses gerade noch vertretbar erscheint. Deshalb bleibt nur eine weitgehend isolierte Betrachtung jedes der zwanzig Merkmalsbündel.

(1) *Innovationsart*

Die 218 untersuchten Innovationsfälle stellen zu 39 % (86 Fälle) Basisinnovationen und zu 61 % (132 Fälle) Routineinnovationen dar. Die Unterscheidung der Innovationsfälle danach, ob die vom befragten Unternehmen bei der betreffenden Technologie geleistete Arbeit von ihm (auch) der Grundlagen- oder angewandten Forschung zugeordnet wird oder nicht, ist wenig trennscharf. Der einzige Typ, in dem die Basisinnovationen deutlich überwiegen, ist Typ 1 (Marktorientierte Basisinnovationen in Großunternehmen) mit einem Anteil von 19 Basisinnovationen bei 23 Innovationsfällen[39]. Er enthält also ein gutes Fünftel aller Basisinnovationen. Charakteristisch für diesen Typ ist außerdem, daß die Initiative für die Beschäftigung mit der Technologie in ebenfalls neunzehn Fällen (auch) vom F- und E-Bereich ausgeht. Gegenüber den Typen, für die Routineinnovationen charakteristisch sind (8: Von Einzelpersonen durchgeführte Routineinnovationen; 11: Routineinnovationen auf Weisung multinationaler Konzerne), fällt weiter auf, daß es sich bei Typ 1 vorwiegend um autarke Großunternehmen handelt, für die nicht die Zusammenarbeit mit anderen Stellen bei der betreffenden Technologie typisch ist, daß die Lösungssuche systematisch erfolgt, daß man das bei der Lösungssuche angefallene Wissen durch ein Schutzrecht sichert und auch publiziert. Bei den beiden Typen, für die Routineinnovationen (insbesondere Anwendungen und Anpassungen bestehender Produkte oder Verfahren) charakteristisch sind, erfolgt übereinstimmend kein Wissenstransfer.

[39] Dabei handelt es sich in vierzehn Fällen um eine Technologie des Elektrizitätsbereichs, in fünf Fällen um eine Technologie des Kohlenbergbaus, in drei Fällen um eine des Mineralölsektors und nur ein Fall entstammt dem Bereich der Gasttechnologie.

Obwohl im Einzelfall die Eigenschaften und Einsatzbedingungen einer Technik sehr wohl den Ablauf eines Innovationsprozesses bestimmen — bereits beginnend mit der Frage, ob ein Unternehmen überhaupt in der Lage ist, sich mit der Technologie zu befassen und welche Aufgaben gegebenenfalls zu lösen sind — zeigt sich doch im Gesamtsample der 218 Fälle kein Zusammenhang mit den Merkmalsausprägungen anderer Merkmalsbündel[40].

(2) *Initiator*

In 41 % aller 218 Fälle kommt der Hauptanstoß zur Beschäftigung mit der Technologie (auch) aus dem Forschungs- und Entwicklungsbereich. Diesem Bereich kommt somit am häufigsten — entsprechend der innerbetrieblichen Aufgabenverteilung — die Funktion des Initiators für den Innovationsprozeß zu. Es muß jedoch darauf hingewiesen werden, daß der F- und E-Bereich keineswegs ein Monopol für die Auslösung von Innovationsprozessen besitzt; charakteristisch als Initiator ist dieser Bereich nur bei einem Typ, dem der marktorientierten Basisinnovationen in Großunternehmen (Typ 1).

Der Typ 11 weist einen „supervisory push" auf, weil dort die ausländische Konzernspitze der Tochterunternehmen in der Mineralölbranche aus globalen Konzernzielen heraus die Gleichgestaltung des Konzernsortiments in allen Ländern fordert und damit (Routine-)Innovationsprozesse in den Tochterunternehmen erzwingt.

Der Produktionsbereich ist als Initiator charakteristisch für die Innovationen zur Kostensenkung in den verstaatlichten britischen Energieunternehmen (Typ 2).

(3) *Unternehmensgröße*

Ein in typischer Weise mit den Merkmalsausprägungen anderer Variablenkomplexe bestehender Zusammenhang ist nicht ersichtlich. Zwar können sich nur Großunternehmen mit Technologien befassen, die sehr zeit- und kostenaufwendig sind (etwa Kohlehydrierung, Brennstoffzellen), doch läuft der Innovationsprozeß dieser Technologien im großen und ganzen nicht anders ab als der nicht so aufwendiger Technologien

---

[40] Eine Untersuchung der in den elf Typen enthaltenen 25 Technologien ergab außer den genannten nur drei weitere typische Häufungen. Typ 2, den die verstaatlichen britischen Energieunternehmen bilden, weist naturgemäß keine Fälle aus der nicht verstaatlichten Mineralölverarbeitung auf. Typ 8 enthält bei dreizehn Fällen acht Fälle, in denen schwedische Unternehmen der verarbeitenden Industrie mit autonomer Innovationspolitik die Mikrowellenheizung einführen. Typ 11 enthält bei elf Fällen acht, in denen die schwedischen Tochterunternehmen multinationaler Mineralölkonzerne auf Veranlassung des Konzerns Technologien des Mineralölbereichs bearbeiten. Weitergehende Zusammenhänge zwischen den 25 ausgewählten Technologien und den charakteristischen Merkmalen der Typen ließen sich nicht nachweisen.

in Großunternehmen oder in kleinen und mittleren Unternehmen. Innovation ist eine Aufgabe, der sich Unternehmen aller Größe gegenüber sehen, ohne daß sie sich in ihrer Reaktion hierauf in typischer Weise unterscheiden.

Aus der Aussage, daß im allgemeinen der Innovationsprozeß in unterschiedlich großen Unternehmen in ähnlicher Weise abläuft. darf jedoch nicht geschlossen werden, das Problem der Größe sei für den Innovationsprozeß unerheblich. In den hier referierten Erhebungen wurde festgestellt, *wie* der Innovationsprozeß abläuft, nicht dagegen *ob* und unter welchen Bedingungen er im Einzelfall überhaupt zustandekommt. Zur Frage einer etwaigen Überlegenheit der einen Größenklasse über die andere beim Zustandekommen und bei der schnellen und erfolgreichen Durchführung von Innovationsprozessen kann deshalb nicht Stellung genommen werden[41].

(4) *Branche*

Mit Ausnahme von Typ 5 sind die Innovationstypen, für die die Zugehörigkeit zum Energiesektor charakteristisch ist (2 und 11), dadurch gekennzeichnet, daß bei ihnen Forschung und Entwicklung im Vergleich zu den übrigen Innovationstypen stärker „außer Haus" durchgeführt werden. Bei Typ 11 ist jedoch zu berücksichtigen, daß er die stark konzernabhängigen schwedischen Tochterunternehmen multinationaler Mineralölunternehmen enthält, bei denen Forschung und Entwicklung im Rahmen des Konzerns von Schwesterunternehmen betrieben werden. Typ 2 besteht aus den verstaatlichten britischen Energieunternehmen, die über organisatorisch ausgegliederte, aber rechtlich nicht selbstständige Forschungs- und Entwicklungseinrichtungen verfügen. Dieser Typ zeichnet sich im Gegensatz zu den anderen des Energiesektors auch dadurch aus, daß das bei der Lösungssuche angefallene Wissen weitergegeben wird. Verständlich wird dies durch die Tatsache, daß die verstaatlichten Energieunternehmen gehalten sind, im öffentlichen Interesse zu arbeiten. Bei den Typen 5 und 11 erfolgt typischerweise kein Wissenstransfer. Die Typen 8 und 10 beziehen sich zwar jeweils auf Fälle in Unternehmen der verarbeitenden Industrie, doch lassen sich keine weiteren Zusammenhänge erkennen.

(5) *Land*

Die Innovationstypen 2, 4, 8, 10 und 11 sind jeweils durch die Zugehörigkeit zu einem der drei Länder charakterisiert. Diese Zugehörigkeit scheint jedoch nur in zwei Fällen in einem Zusammenhang mit anderen Merkmalsausprägungen zu stehen. In Großbritannien (Typ 2) sind die

---

[41] Einen Überblick über den nicht einheitlichen Stand der Forschung zu diesem Problem gibt Ifo 1976.

Energieunternehmen in den Bereichen Kohle, Gas und Elektrizität verstaatlicht. Diese Tatsache des öffentlichen Besitzes erklärt, daß sie das erworbene Wissen weitergeben und bei ihren Entscheidungen Einflüsse aus dem gesellschaftlichen Umweltbereich wirksam werden. In Schweden (Typ 11) sind die Tochterunternehmen multinationaler Mineralölkonzerne wegen ihrer im Konzernmaßstab relativ geringen Bedeutung in ihrer Innovationspolitik vom Konzern abhängig. Dort erfolgen Forschung und Entwicklung und von dort geht die Initiative für Routineinnovationen in den schwedischen Tochterunternehmen aus.

(6) *Besitzverhältnisse*

Die Tatsache des öffentlichen Besitzes ist nur für Typ 2 von Bedeutung, d. h. für die verstaatlichten britischen Energieunternehmen. Bei den übrigen Typen überwiegt Privatbesitz oder beide Arten von Besitzverhältnissen kommen gemeinsam vor. Dabei lassen sich irgendwelche Zusammenhänge mit anderen Merkmalsausprägungen nicht erkennen.

(7) *Innovationspolitik*

Bei drei Typen (2, 5 und 11) stammen die Innovationsfälle aus Unternehmen, die in ihrer Innovationspolitik unter dem beträchtlichen Einfluß anderer Unternehmen stehen, die an ihnen eine Kapitalbeteiligung von mindestens 25 % besitzen. Für drei Innovationstypen (7, 8 und 10) ist dagegen charakteristisch, daß sie eine autonome Innovationspolitik betreiben. Die Abhängigkeit wird bei einem Typ (2: Innovationen zur Kostensenkung in verstaatlichten Energieunternehmen) durch den öffentlichen Besitz und durch die organisatorische Gliederung erklärt, die dazu führen, daß die Organisation, in der die Innovationsfälle untersucht werden, stark weisungsgebunden ist. Bei Typ 11 darf wiederum der Status als Tochterunternehmen multinationaler Mineralölkonzerne in einem relativ kleinen Land (Schweden) für die Abhängigkeit in der Innovationspolitik verantwortlich gemacht werden.

(8) *Technologieorientierung*

Mehr als die Hälfte aller Fälle entstammt Unternehmen, die eine Position als Anbieter ausgereifter Technologien gegenüber der risikobehafteten Rolle des technologischen Pioniers bevorzugen. Zusammenhänge einer aggressiven oder konservativen Technologieorientierung mit anderen Variablenkomplexen lassen sich nicht erkennen.

(9) *Planung*

Die Planung von Absatz, Investitionen, Forschung und Entwicklung und Personal erfolgt vorwiegend langfristig und stellt nur eine Richtschnur dar, ist also flexibel. Lediglich zwei Typen (10: Marktorientierte Basisinnovationen in öffentlichem Auftrag; 11: Routineinnovationen auf Weisung multinationaler Konzerne) weisen als Charakteristikum eine kurzfristige Planung auf. Die Typen 1 (Marktorientierte Basisinnovationen in Großunternehmen) und 9 (Innovationen mit nicht-systematischer Lösungssuche) sind dadurch charakterisiert, daß die Planung eine strenge Zielvorgabe darstellt, also starr ist.

(10) *Technologische Konkurrenzlage*

Zwei der Typen (1 und 4) zeichnen sich dadurch aus, daß die Unternehmen sich als bei der betreffenden Technologie im Vergleich zu ihren Konkurrenten führend betrachten. In beiden Fällen handelt es sich um marktorientierte Innovationen, bei denen das Ziel der Innovation eine Verbesserung bzw. Aufrechterhaltung der Marktposition bzw. der Markt als Einflußfaktor der Entscheidung charakteristisch sind. Bei weiteren zwei Typen (2 und 5) ist ein Gleichstand mit der Konkurrenz charakteristisch. Fälle eines technologischen Rückstands gegenüber der Konkurrenz kommen zwar vor, sind aber nicht für irgendeinen der Typen charakteristisch.

(11) *Art und Ort von F und E*

In der Regel erfolgen Forschung und Entwicklung im eigenen Unternehmen. Hierbei gibt es jedoch eine Reihe von Ausnahmen. Bei drei Typen finden Forschung und Entwicklung überwiegend nicht in der untersuchten Organisation statt. Diese drei Ausnahmen sind die verstaatlichten britischen Energieunternehmen, die ausgegliederte F- und E-Einrichtungen besitzen (Typ 2), die schwedischen Tochterunternehmen der multinationalen Mineralölunternehmen, bei denen Forschung und Entwicklung im Ausland bei Konzernunternehmen stattfinden (Typ 11) sowie die Energieversorgungsunternehmen, die lediglich als Nutzer, nicht als Lieferant von technologischem Fortschritt auftreten (Typ 7). Bei Typ 8 (Von Einzelpersonen durchgeführte Routineinnovationen) findet zwar die Entwicklung im eigenen Unternehmen statt, die Forschung ist jedoch Angelegenheit des Lieferanten, der Technologien anbietet, die in Zusammenarbeit mit dem Abnehmer an dessen Anforderungen angepaßt werden (bei den untersuchten Fällen dieses Typs meist Einsatz der Mikrowellenheizung).

(12) *Aufgabenverteilung*

Die Aufgabenverteilung ist überwiegend anpassungsfähig, d. h. die durch die Beschäftigung mit der Technologie auftretenden Aufgaben werden im allgemeinen im Rahmen der gegebenen Aufgabenverteilung erledigt; diese bleibt also konstant. Lediglich bei zwei Typen (8 und 11) werden in charakteristischer Weise neue Organisationseinheiten geschaffen. Bei Typ 8 erfolgt die Lösungssuche für Routineinnovationen vorwiegend durch eine Einzelperson. In den Fällen jedoch, in denen eine Organisationseinheit beteiligt ist, handelt es sich ebenso oft um eine neu geschaffene wie um eine bereits bestehende Organisationseinheit; bei der Realisierung überwiegen die Fälle neu geschaffener diejenigen bereits bestehender Organisationseinheiten. Bei Typ 11 (Routineinnovationen auf Weisung multinationaler Konzerne) dominieren neue Organisationseinheiten bei der Lösungssuche, die überwiegend in Laborarbeit besteht, nicht aber bei der Realisierung, d. h. der Produktion. Bei beiden Typen dominieren charakteristischerweise Routineinnovationen. Daraus sollte aber nicht der Schluß gezogen werden, die Unternehmen würden tendenziell gerade durch Routineinnovationen vor solche Probleme gestellt, daß sie mit der bestehenden Aufgabenverteilung nicht bewältigt werden können. Bei beiden Typen handelt es sich vielmehr um solche Fälle, bei denen die betreffenden Unternehmen nicht auf die Durchführung von Innovationsprozessen eingestellt sind und deshalb organisatorische Änderungen vornehmen müssen, wenn die Erfordernisse des Marktes oder die Konzernspitze solche von ihnen verlangen. Vielmehr darf gerade aus diesen beiden Typen der Schluß gezogen werden, daß für das „normale“ Unternehmen die Durchführung von Innovationsprozessen eine Aufgabe darstellt, auf die es sich im Rahmen seiner Aufgabenverteilung eingestellt hat, daß also Innovationen zum vorhersehbaren und organisatorisch berücksichtigten „Alltag“ gehören.

(13) *Rollenausfüllung*

Mit Ausnahme von Typ 8 (von Einzelpersonen durchgeführte Routineinnovationen) erfolgt die Ausfüllung der Rollenkomplexe des Fachpromotors und des Realisators ausschließlich oder überwiegend durch Gruppen von Personen. Dort ist die Lösungssuche überwiegend und die Realisierung ausschließlich die Aufgabe einer Einzelperson. Dabei ist zu berücksichtigen, daß acht der dreizehn Fälle in der Anwendung der Mikrowellenheizung im Produktionsbereich von Unternehmen der schwedischen verarbeitenden Industrie bestehen, also in nicht sehr schwierigen und umfangreichen Entwicklungsarbeiten. Auf diesem Hintergrund läßt sich die Aussage um so eindeutiger formulieren, daß Innovation im allgemeinen nicht die Aufgabe eines einzelnen Innovators, sondern eine Aufgabe von organisierten Gruppen ist, in denen die Einzelpersonen im allgemeinen in den Grenzen ihrer Fähigkeiten austauschbar sind. Andererseits kommt damit auch der hohe Grad der Spezialisierung zum Ausdruck, der es erfordert, daß bei der Lösung technologischer Probleme jeweils mehrere Personen zusammenarbeiten müssen.

(14) *Zielsetzung*

Die untersuchten 218 Innovationsfälle werden überwiegend mit dem Ziel einer Verbesserung der Marktstellung durchgeführt. Dies gilt in besonders starkem Maße für die Typen 4, 8 und 10, bei denen die Steigerung des Umsatzes, das Füllen einer Marktlücke (Typ 4: Marktorientierte Innovationen in führenden kooperativen Privatunternehmen; Typ 10: Marktorientierte Basisinnovationen in öffentlichem Auftrag) oder eine Qualitätsverbesserung der Produkte (Typ 8: Von Einzelpersonen durchgeführte Routineinnovationen) vorherrschende Innovationsmotive darstellen. Die Energieunternehmen der Typen 2 (Verstaatlichte britische Unternehmen) und 5 (Großunternehmen ohne Wissensweitergabe) verfolgen demgegenüber hauptsächlich das Ziel der Kostensenkung.

(15) *Kontrolle der Lösungssuche*

Lediglich bei Typ 7 ist die Vorgabe von Zeit und Lösungswegen sowie deren Kontrolle bei der Lösungssuche nicht üblich. Es handelt sich dabei vorwiegend um Routineinnovationen, d. h. insbesondere um die Anwendung von kostensparenden Elektrizitätstechnologien in Energieversorgungsunternehmen, bei denen die Art der Lösung und das Ausmaß der hierfür erforderlichen Aufwendungen durch die Lieferanten bestimmt wird, mit denen eine enge Zusammenarbeit bei der Lösungssuche und der Realisierung besteht. Bei allen anderen Innovationstypen wird die Lösungssuche tendenziell durch Vorgaben und Kontrollen reglementiert.

(16) *Strategie der Lösungssuche*

In der Regel beginnt die Suche nach Lösungen für ein technologisches Problem mit einer Vorstudie, in der die möglichen Wege systematisch aufgezeigt werden. Meist werden auch mehrere alternative Lösungswege untersucht, und es wird versucht, den Entscheidungsprozeß über die gefundene(n) Lösung(en) durch die Anwendung formalisierter Verfahren zu objektivieren. Von dieser typischen Strategie weichen lediglich die Typen 3 (Innovationen in nicht-kooperativen, technologisch führenden Industrieunternehmen) und 9 (Innovationen mit nicht-systematischer Lösungssuche) ab. Plausible Erklärungsmöglichkeiten durch Zusammenhänge mit anderen Variablenkomplexen zeichnen sich jedoch nicht ab.

(17) *Entscheidungsfindung*

In der Regel erfolgt eine Entscheidung über die zu realisierende(n) Lösung(en) erst nach einer Diskussion, an der auch Personen teilnehmen, die nicht unmittelbar an der Lösungssuche oder an der Realisierung beteiligt sind. Nur in den verstaatlichten britischen Energieunternehmen (Typ 2) findet in rund 40 % aller Innovationsfälle keine solche Diskussion statt. Die Entscheidungsfindung weicht dort also in charakteristischer Weise von der sonst betriebsüblichen Praxis ab.

(18) *Wissensweitergabe*

Ob das bei der Lösungssuche angefallene Wissen durch die Anmeldung eines Schutzrechts, in einer vertraglich geregelten Form oder durch eine Publikation allgemein zugänglich gemacht wird oder nicht, ist ein sehr stark zwischen den Typen differenzierendes Merkmalsbündel. Im Gesamtsample erfolgt in 61 % aller Fälle ein Wissenstransfer. Fünf Typen sind durch Fehlen eines Wissenstransfers, vier Typen dadurch charakterisiert, daß in jedem Fall oder weitaus häufiger als im Durchschnitt ein Wissenstransfer erfolgt.

Durch die Anmeldung von Schutzrechten — und in geringerem Umfang auch durch Publikationen — wird das bei Basisinnovationen, die auf Initiative des F- und E-Bereichs in Großunternehmen durchgeführt werden (Typ 1), angefallene Wissen weitergegeben. Auch bei Typ 10, bei dem ebenfalls Basisinnovationen überwiegen, ist die Anmeldung eines Schutzrechts charakteristisch. Die wichtigste Art der Wissensweitergabe bilden für die verstaatlichten britischen Energieunternehmen Publikationen (Typ 2). Veröffentlichungen sind auch die dominierende Transferart für Typ 6, also für Kleinunternehmen, die frühzeitig durch Routineinnovationen neue Technologien übernehmen.

Bei Typ 5 erfolgt kein Wissenstransfer. Dabei ist allerdings zu berücksichtigen, daß hier sechs Fälle nicht schutzrechtsfähige Technologien betreffen, nämlich die computergestützte Produktions- und Verteilungsplanung sowie die Prozeßsteuerung in Raffinerien. Zwar erfolgt auch bei Typ 7 kein Wissenstransfer, doch handelt es sich hierbei hauptsächlich um die Übernahme kostensparender Technologien von Lieferanten durch Energieversorgungsunternehmen, bei der kein schutzrechtsfähiges oder publizierbares Wissen anfällt. Typ 8 betrifft überwiegend die Einführung der Mikrowellenheizung im Produktionsbereich schwedischer Industrieunternehmen. Auch hier fallen keine schutzrechtsfähigen Erkenntnisse an.

Bei Typ 11 handelt es sich um die von ihrer Konzernspitze abhängigen schwedischen Tochterunternehmen multinationaler Mineralölunternehmen, die das bei der Anpassung der Projekte an schwedische Erfordernisse anfallende Wissen nicht weitergeben.

(19) *Einflußfaktoren der Entscheidung*

Die wirtschaftlichen, technischen und Absatzaussichten sowie der Stand der Technik innerhalb und außerhalb des Unternehmens spielen im Gesamtsample eine dominierende Rolle als Einflußfaktor bei der Entscheidung über die Realisierung gefundener Lösungen technologischer Probleme. Unter allen elf Typen gibt es hierbei nur drei Ausnahmen (2, 10 und 11). Bei den verstaatlichten britischen Energieunternehmen (Typ 2) ist der Einflußfaktor „Energie-, Umweltschutzpolitik, staatliche Planung" ebenso häufig von Bedeutung, so daß die Berücksichtigung des Umweltbereichs Gesellschaft für diesen Typ charakteristisch ist. Bei Typ 10 (marktorientierte Basisinnovationen in öffentlichem Auftrag) sind Subventionen und öffentliche Aufträge, also ebenfalls der Umweltbereich Gesellschaft, bei der Entscheidung maßgebend. Bei Typ 11 (schwedische Tochterunternehmen in multinationalen Mineralölkonzernen) spielen Probleme des Produktionsfaktors Arbeit eine dominierende Rolle. Es geht hierbei vor allem um technische Umstellungen im Produktionsbereich bei der Durchführung von Routineinnovationen.

(20) *Beteiligung Dritter*

Bezeichnend für Innovationsprozesse ist, daß sie in der Regel arbeitsteilig ablaufen, d. h. daß die Rollenausfüllung des Fachpromotors und des Realisators, aber auch die des Initiators nicht auf das betreffende Unternehmen beschränkt bleibt. Vielmehr besteht eine oft sehr enge Kooperation mit Kunden und Lieferanten, teilweise auch mit Beratern. Diese Beteiligung Dritter ist besonders typisch für die Energieversorgungsunternehmen, die in Zusammenarbeit mit den Lieferanten kostensparende Technologien einführen (Typ 7). Es gibt jedoch auch zwei Innovationstypen (1: Marktorientierte Basisinnovationen in Großunternehmen; 3: Innovationen in nicht-kooperativen, technologisch führenden Industrieunternehmen), die im wesentlichen autark Innovationsprozesse durchführen.

Die zwanzig Merkmalsbündel beziehen sich auf die drei Systemebenen (Innovator, Organisation und Umwelt) und stellen Elementvariable, Strukturvariable und Prozeßvariable dar (vgl. Abschnitt 4.2.2). Es stellt sich deshalb die interessante Frage, ob Zusammenhänge bei den charakteristischen Merkmalsausprägungen der elf Innovationstypen bestehen, durch die sich die Systemebenen bzw. die Variablenarten miteinander verknüpfen lassen. Insbesondere werden vielfach Abhängigkeiten des Prozeßablaufs von der Systemstruktur vermutet. Eine solche Abhängigkeit läßt sich schon aus dem Grundkonzept der Systemtheorie ableiten, wonach die Systemstruktur in den relativ dauerhaften Beziehungen zwischen den Systemelementen besteht, der Prozeßablauf dagegen in den kurzfristigen aktuellen Ausprägungen solcher Beziehungen. Aus der vorstehenden Analyse der Bedeutung der Merkmalsbündel für die Bildung von Innovationstypen kann eine kausale Verknüpfung von Struktur und Prozeßablauf für das Innovationssystem im allgemeinen nicht bestätigt werden. Die Merkmalsausprägung des Prozeßablaufs bzw. die der hierarchisch niedrigeren Systemebenen erscheinen regelmäßig nicht durch die Merkmalsausprägungen der Systemstruktur bzw. hierarchisch höherer Systemebenen zwingend festgelegt. Ausnahmen bilden nur Innovationen zur Kostensenkung in verstaatlichten Energieunternehmen (Typ 2) und Routineinnovationen auf Weisung multinationaler Konzerne (Typ 11), bei denen sich Merkmalsausprägungen des Prozeßablaufs auf den Systemebenen Organisation und Umwelt (insbesondere Zielsetzung, Wissensweitergabe und Einflußfaktoren der Entscheidung) in einen plausiblen Zusammenhang mit Merkmalsausprägungen der Systemebene Organisation (insbesondere Branche, Besitzverhältnisse, Innovationspolitik sowie Art und Ort von Forschung und Entwicklung) bringen lassen.

Die Durchführung innovativer Tätigkeiten muß zwar als eine „normale“ betriebliche Funktion in der Industrie angesehen werden, die wie etwa Beschaffung oder Produktion eine für die Existenz der Organisation notwendige Aufgabe darstellt, doch ist die Art der Erfüllung dieser Aufgabe keineswegs zwangsläufig und damit vorhersehbar. Vielmehr zeigen die elf in dieser Studie gewonnenen Innovationstypen, daß es zahlreiche Kombinationsmöglichkeiten von Merkmalsausprägungen gibt, wobei das Zustandekommen einer bestimmten Kombination nicht kausal erklärt werden kann. Damit soll keineswegs behauptet werden, welche Kombinationen sich im konkreten Innovationsfall ergeben, sei ein reiner Zufall. Gegen eine solche Schlußfolgerung spricht, daß bei den Interviews in den Unternehmen immer wieder erklärt wurde, der gerade untersuchte Innovationsfall sei „typisch“ für die Innovationsprozesse in den betreffenden Unternehmen. Innovationsprozesse folgen also Regeln, die für das betreffende Unternehmen gelten[42]. Allerdings ist nicht zu erkennen, wie diese Regeln im einzelnen Unternehmen entstehen und warum sie so und nicht anders aussehen. Deshalb muß davon ausgegangen werden, daß Einzelheiten von Innovationsprozessen im konkreten Fall nicht aus irgendeiner Theorie des Innovationsprozesses ableitbar sind. Die in dieser Studie dargestellten Typen gestatten es jedoch, die möglicherweise auftretenden Kombinationen von Merkmalsausprägungen abzuschätzen sowie die sich ergebende Merkmalskombination einzuordnen.

---

[42] Diese Feststellung kann nur tendenziell gelten. So ergab sich beispielsweise, daß die in einem bestimmten deutschen Industrieunternehmen untersuchten Innovationsfälle drei verschiedenen Innovationstypen — nämlich 1, 4 und (dem hier nicht näher analysierten Typ) 14 — zugeordnet werden. Erkennbare Zusammenhänge zeigen sich bei dieser unterschiedlichen Einordnung nicht.

Die Wahrscheinlichkeit, mit der ein konkreter Innovationsfall in seiner Anfangsphase einem der hier dargestellten Innovationstypen zugeordnet werden kann, um wenigstens ungefähre Anhaltspunkte für seinen vermutlichen Ablauf zu gewinnen, darf allerdings als nicht sehr hoch eingeschätzt werden. Ausnahmen bilden lediglich Innovationen zur Kostensenkung in verstaatlichten Energieunternehmen (Typ 2) und Routineinnovationen auf Weisung multinationaler Konzerne (Typ 11), bei denen ein hoher Grad der Vorhersehbarkeit des Ablaufs künftiger Innovationsprozesse angenommen werden kann.

5. Anhang

Der folgende Anhang hat die Aufgabe, das eigens für dieses Projekt erhobene und in den vorhergegangenen Kapiteln ausgewertete empirische Material in Form einer Grundauszählung zu präsentieren. Es handelt sich um Interviews über 218 Innovationsfälle in 126 Unternehmen in der Bundesrepublik Deutschland, in Großbritannien und Schweden.

Mit diesem Anhang wird nicht der Zweck verfolgt, die Erhebungsergebnisse zu analysieren; dies war Aufgabe der vorhergehenden Kapitel. Sein Zweck besteht lediglich darin, das durch eigene Erhebungen gewonnene Datenmaterial im Zusammenhang der Erhebungen darzustellen.

Im folgenden werden die 126 interviewten Unternehmen einschließlich der in ihnen abgelaufenen 218 Innovationsprozesse an Hand der Antworten auf die entsprechenden Teile des Erhebungsleitfadens beschrieben. In der Reihenfolge der ausgewerteten Fragen des Erhebungsleitfadens werden jeweils die absolute Zahl der einzelnen Antwortkategorien und ihr Anteil an den gesamten Antworten pro Frage (= N) wiedergegeben. Der Erhebungsleitfaden selbst wird nicht wiedergegeben. Der Text seiner Fragen ist identisch mit dem unterstrichenen Text in den folgenden Tabellen. Eine Übersicht über den Aufbau des Erhebungsleitfadens bietet dessen hier vorangestelltes Deckblatt. Es zeigte sich, daß die im Erhebungsleitfaden für Interviews in Unternehmen enthaltenen Fragen 5 (Umsatzerlöse), 6 (Lohnquote), 18 (Vorteile der Technologie), 24 (Jahr des Hauptanstoßes), 38 (Dauer der Lösungssuche) und 49 (Verbesserungsmöglichkeiten des Innovationsklimas) keine insgesamt verwertbaren Angaben brachten. Deshalb wird hier nur der Text der Fragen wiedergegeben.

IFO-INSTITUT FÜR WIRTSCHAFTSFORSCHUNG
8 MÜNCHEN 86 · POSCHINGERSTRASSE 5 · POSTFACH 860460 · TELEFON 9224-1
Abteilung Industrie

Erhebungsleitfaden zum Projekt

"Der Innovationsprozeß in westeuropäischen Industrieländern"

Der Leitfaden besteht aus folgenden Teilen (Fragen):

A Unternehmen

A.1 Allgemeine Angaben über das Unternehmen (1 bis 11)

A.2 Angaben über die Organisation des Unternehmens (12 bis 14)

B Technologie

Angaben über die Technologie (15 bis 19)

C Innovationsprozeß

C.1 Angaben über die Bedeutung der Spezialtechnologie für das Unternehmen (20 bis 23)

C.2 Angaben über den Anstoß zur Beschäftigung mit der Spezialtechnologie (24 bis 28)

C.3 Angaben über die Suche nach Lösungen für Probleme der Spezialtechnologie (29 bis 38)

C.4 Angaben über die Diskussion der Problemlösungen (39 bis 44)

C.5 Angaben über die Realisierung der ausgewählten Problemlösung (45 bis 48)

D Maßnahmen zur Verbesserung des Innovationsklimas (49)

Schema zur Verdeutlichung des Zusammenhangs der Problemkreise

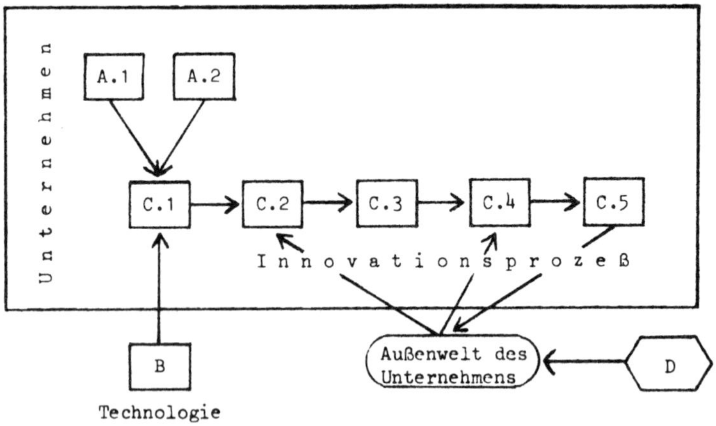

(A.) **Unternehmen**

Die Angaben beziehen sich auf maximal 126 Unternehmen.

(1.) Industriegruppe des Unternehmens

	Anzahl		Anteil in %	
Energiewirtschaft	45		36	
Mineralölverarbeitung		(22)		(18)
Steinkohlebergbau		(3)		(2)
Gasversorgung		(9)		(7)
Elektrizitätsversorgung		(11)		(9)
Verarbeitende Industrie	65		51	
Elektrotechnische Industrie		(31)		(25)
Maschinenbau		(23)		(18)
Eisen- und Stahlindustrie		(4)		(3)
Schiffbau		(5)		(4)
Chemische Industrie		(2)		(1)
Sonstige Bereiche[1]	16		13	
Insgesamt	126		100	

(2.) Rechtsform

	Anzahl	Anteil in %
Einzelunternehmen	3	2
Private Kapitalgesellschaft[2]	102	81
Öffentliche Kapitalgesellschaft	12	10
Öffentlicher Betrieb	9	7
Insgesamt	126	100

1) Forschungsinstitute, Vertriebsgesellschaften, sonstige Industriebereiche.
2) BR Deutschland: Aktiengesellschaften und Gesellschaften mit beschränkter Haftung
Großbritannien: Limited Company
Schweden: Corporation, Company.

(3.) Gründungsjahr

	Anzahl	Anteil in %
Vor 1940	88	70
1940 bis 1959	24	19
Seit 1960	14	11
Insgesamt	126	100

Es handelte sich um eine

	Anzahl	Anteil in %
Neugründung	85	67
Umgründung	16	13
Fusion	13	10
Ausgliederung aus einem bestehenden Unternehmen	12	10
Insgesamt	126	100

(4.) Zahl der Beschäftigten 1972 (Jahresdurchschnitt)

	Anzahl	Anteil in %
Unter 1000	37[1]	30
1000 bis unter 5000	47	37
5000 und mehr	42[2]	33
Insgesamt	126	100

1) Darunter unter 200 Beschäftigte: 13 Unternehmen.
2) Darunter über 20.000 Beschäftigte: 20 Unternehmen.

Anteil der Beschäftigten in Forschung und Entwicklung an der Gesamtzahl der Beschäftigten 1972

	Anzahl	Anteil in %
0 %	28	26
Unter 2 %	23	21
2 % bis unter 5 %	28	26
5 % bis unter 10 %	18	17
10 % und mehr	11	10
Insgesamt	108	100

(5.) **Umsatzerlöse[a] (ohne MWSt) 1972 in Mill. DM**

Anteil des Auslandsumsatzes (Ausfuhren) in %

Anteil des Rohertrages[a] an der Gesamtleistung[a] in %

(6.) **Anteil der Löhne und Gehälter sowie sozialen Abgaben[a] an den Umsatzerlösen 1972 in %**

(7.) Anteil des Forschungs- und Entwicklungsaufwandes an den Umsatzerlösen 1972 in %

	Anzahl	Anteil in %
Unter 2 %	68	60
2 % bis unter 5 %	27	24
5 % bis unter 10 %	11	10
10 % und mehr	7	6
Insgesamt	113	100

a) **Nach dem aktienrechtlichen Schema der Gewinn- und Verlustrechnung.**

(8.) Bestehen Beteiligungen von mindestens 25 % am Kapital anderer Unternehmen?

	Anzahl		Anteil in %	
	ja	nein	ja	nein
	73[1]	52	58	42

Wenn ja:

	ja	nein	ja	nein
Im Inland	65	60	52	48
Im Ausland	39	86	31	69

Von den 73 Unternehmen mit mindestens einem Tochterunternehmen hatten 31, also 42 %, sowohl im Inland als auch im Ausland eine mindestens 25 %-ige Kapitalbeteiligung.

Werden mindestens 25 % des Kapitals des Unternehmens von einem anderen Unternehmen gehalten (auch öffentlicher Besitz)?

	Anzahl		Anteil in %	
	ja	nein	ja	nein
	78[2]	47	62	38

Wenn ja: Von Unternehmen

	ja	nein	ja	nein
Im Inland	53	72	42	58
Im Ausland	29	96	23	77

In vier Fällen bestanden sowohl in- als auch ausländische Mutterunternehmen.

1) In gut der Hälfte dieser Fälle gehörten die Tochterunternehmen der gleichen Branche an.

2) In rund zwei Dritteln dieser Fälle gehörte das Mutterunternehmen der gleichen Branche an.

Der Einfluß unserer Mutterunternehmung(en) auf die Unternehmenspolitik (insbesondere die Innovationspolitik) ist im allgemeinen

	Anzahl	Anteil in %
gering	28	43
beträchtlich	18	27
dominant	20	30
Insgesamt	66	100

9.) Für welche Bereiche und Zeiträume sind in der Regel schriftlich fixierte Pläne vorhanden?

	Kein Plan		Bis einschließlich 1 Jahr		Über 1 bis 3 Jahre		4 und mehr Jahre		Insgesamt	
	Anzahl	Anteil in %	Anzahl	Anteil in %	Anzahl	Anteil in %	Anzahl	Anteil in %	Anzahl	Anteil in %
Absatz	4	3	18	15	33	28	64	54	119	100
Investitionen	3	3	18	15	24	20	74	62	119	100
Forschung und Entwicklung	13	12	24	21	25	22	50	45	112	100
Personal	3	3	32	27	26	22	56	48	117	100

(10.) Wo erfolgen Forschung und Entwicklung hauptsächlich?

	Forschung		Entwicklung	
	Anzahl	Anteil in %	Anzahl	Anteil in %
Im Unternehmen	62	52	99	82
Im Konzern	48	40	42	35
In Verbandsinstituten	11	9	9	7
In Vertragsinstituten	21	18	18	15
Es gibt keine F bzw. E	16	13	9	7
	N = 120		N = 121	

Mehrfachnennungen möglich.

Leistet der Staat Zuschüsse zu Forschung und Entwicklung?

Forschung				Entwicklung			
Anzahl		Anteil in %		Anzahl		Anteil in %	
ja	nein	ja	nein	ja	nein	ja	nein
32	80	29	71	42	70	38	62

In 29 (26 % aller interviewten) Unternehmen wurden beide Innovationsphasen subventioniert.

(11.) Gibt es Forschungs- und Entwicklungsbudgets?

Anzahl		Anteil in %	
ja	nein	ja	nein
88	26	77	23

Wenn ja: Nach welchen Gesichtspunkten werden sie aufgestellt?

	Anzahl	Anteil in %
Prozentsatz des geplanten Umsatzes	20	22
Konkretisierung des mehrjährigen Budgets	30	34
Fortschreibung des mehrjährigen Budgets	29	33
Nach vermutetem Aufwand für die Projekte	43	49
Sonstige	3	3
	N = 88	

Mehrfachnennungen möglich.

Die Gliederung des Budgets erfolgt nach	Anzahl	Anteil in %
Kostenstellen/Bereichen	31	36
Kostenträgern/Projekten	56	64
Insgesamt	87	100

(12.) Unternehmensorganisation

Die Organisation der Unternehmung orientiert sich am

	Anzahl	Anteil in %
Funktionalprinzip (verrichtungsorientierte Linien-Organisation	65	53
Divisionalprinzip (objektorientierte Sparten-Organisation)	39	32
Matrixprinzip (Kompetenzüberlagerung von Produkt- und Funktionsleitung)	18	15
Insgesamt	122	100

Zahl der Entscheidungsebenen

	Anzahl	Anteil in %
2	6	5
3	40	33
4	36	30
5	21	17
6	14	12
7	4	3
Insgesamt	121	100

Die durchschnittliche Zahl der Entscheidungsstufen pro Unternehmen beträgt 4,1.

.) Gibt es im Unternehmen eine Organisationseinheit, die sich hauptsächlich und systematisch mit der Beobachtung der technischen Entwicklung (Literatur, fremde Patentanmeldungen, Konkurrenzaktivität etc.) beschäftigt?

Anzahl		Anteil in %	
ja	nein	ja	nein
70	52	57	43

.) Mangementprinzipien

Trifft für Ihr Unternehmen zur Zeit im allgemeinen eher die links oder die rechts stehende langfristige Zielsetzung zu?[1]

Anzahl	Anteil in %				Anzahl	Anteil in %
40	37	Diversifikation	-	Konzentration auf bisherige Produktbereiche	69	63
50	45	Position als technischer Spitzenreiter	-	Anbieter (Verwender) ausgereifter Technologien	60	55
69	63	Planung als Richtschnur	-	Planung als strenge Zielvorgabe	40	37
22	22	Hoher Gewinn bei Risiko	-	Kleiner Gewinn bei Sicherheit	79	78
42	40	Gewinn- und Verlustausgleich zwischen den einzelnen Produkten	-	Jedes Produkt muß für sich allein seine Kosten decken	63	60

1) Die Zahl der Antworten N war bei den fünf Gegenüberstellungen unterschiedlich; sie betrug von oben nach unten: 109, 110, 109, 101, 105.

(B.) Technologie

Teil B des Fragebogens (Fragen 15-19) diente der Erfassung von Angaben über die untersuchten Hülltechnologien. Im Gegensatz zum vorangegangenen Teil A beziehen sich alle nachstehenden Angaben auf (maximal 218) Innovationsfälle und nicht mehr auf (maximal 126) Unternehmen.

(15.) Die Hülltechnologie ist auf dem hier interessierenden Anwendungsgebiet in der Phase der

	Anzahl	Anteil in %
gerade beginnenden Entwicklung	12	6
schnellen, intensiven Entwicklung	64	29
verlangsamten Entwicklung	64	29
ausgereiften Technologie, bei der keine grundlegenden Veränderungen mehr zu erwarten sind	45	21
Die Technologie folgt einer stetigen Entwicklung	29	14
Entwicklung ist nicht vorauszuschätzen	3	1
Insgesamt	217	100

(16.) Ist bereits vorauszusehen, daß eine Ablösung der betreffenden Hülltechnologie durch eine andere erfolgen wird?

	Anzahl	Anteil in %
ja	36	17
nein	179	83

(17) Wie schätzen Sie den Stand der Hülltechnologie in den folgenden drei Ländern ein? Bitte Rangfolge angeben.

	Anzahl	Anteil in % an 1.Stelle[a]	an 2.Stelle[a]	an 3.Stelle[a]
Bundesrepublik Deutschland	161	59 %	34 %	7 %
Großbritannien	163	39 %	44 %	17 %
Schweden	122	26 %	15 %	59 %

a) Die Angaben "mit an ... Stelle" würden jeweils mit einbezogen.

Sind wesentliche Unterschiede bekannt?

	Anzahl	Anteil in %
Ja	161	76
Nein	50	24

Führt weltweit ein anderes Land? Welches?

	Anzahl	Anteil in %
Kein anderes Land	99	53
USA	67	36
Sonstige Länder	21	11
Insgesamt	187	100

(18.) **Worin bestehen die hauptsächlichen Vorteile beim Einsatz der Hülltechnologie? In der Reihenfolge ihrer Bedeutung:**

Welche künftigen Verbesserungen werden als vordringlich erachtet?

(19.) Mit welchen Phasen im Innovationsprozeß hat sich das Unternehmen im Rahmen der für die Untersuchung ausgewählten Spezialtechnologie beschäftigt?

	Anzahl	Anteil in %
Grundlagenforschung	40	7
Angewandte Forschung	82	15
Technische Entwicklung	108	20
Anwendungsentwicklung	119	22
Herstellung	63	11
Anwendung/Verbrauch	136	25
	N = 548	

Mehrfachnennungen möglich.

Eine Sonderauswertung der Frage 19 zeigte, daß sich in fast der Hälfte aller Fälle (N = 213) einzelne Innovationsphasen zeitlich überlappt haben. Außerdem ergab sich, daß in rund drei Viertel aller Fälle (N = 211) mindestens eine der sechs Innovationsphasen im Zeitpunkt des Interviews noch andauerte. Die Errechnung der durchschnittlichen Zeitdauer einzelner Phasen erschien deshalb nicht sinnvoll.

noch (19.) War das Resultat der Beschäftigung mit der Spezialtechnologie ein

	Anzahl		Anteil in %	
	ja	nein	ja	nein
Modell	26	179	13	87
technischer Prototyp	53	152	26	74
anwendungsreifer/marktreifer Prototyp	132	73	64	36

.) **Innovationsprozeß**

Die Angaben beziehen sich auf maximal 218 Innovationsfälle.

.1) Angaben über die Bedeutung der Spezialtechnologie für das Unternehmen

).) Beschäftigen sich nach Ihrer Kenntnis auch andere Unternehmen mit der Spezialtechnologie?

	Anzahl		Anteil in %	
	ja	nein	ja	nein
Im Inland	170	48	78	22
Im Ausland	195	23	89	11

Wenn ja: Wie ist die augenblickliche Position des Unternehmens im Vergleich zu diesen Unternehmen?

	Anzahl		Anteil in %	
	Inland	Ausland	Inland	Ausland
Wir haben einen Vorsprung	66	54	39	30
Wir sind weniger weit	21	38	13	21
Der Stand ist etwa gleich	80	88	48	49
Insgesamt	167	180	100	100

Nur in 14 der 218 Innovationsfälle wurde angegeben, daß weder im Inland noch im Ausland bei der betreffenden Technologie Konkurrenz vorhanden sei; in 161 Fällen(79 % der 204 Fälle mit Konkurrenz) waren sowohl im Inland als auch im Ausland Konkurrenzunternehmen bekannt.

(21.) Welche Zwecke hat das Unternehmen durch die Beschäftigung mit der Spezialtechnologie hauptsächlich verfolgt? Bitte die vier wichtigsten Zwecke durch xx, weitere nennenswerte Zwecke durch x bezeichnen.

	Anzahl		Anteil in %	
	Hauptzweck	Nebenzweck	Hauptzweck	Nebenzweck
Kostensenkung	81	24	37	11
Umsatzsteigerung	70	35	32	16
Abrundung des Produktionsprogramms	40	13	18	6
Füllen einer Marktlücke	41	26	19	12
Kapazitätserweiterung	37	25	17	11
Qualitätsverbesserung	74	22	34	10
Durchführung eines von außen kommenden Auftrages	21	18	10	8
Ausgleich eines Arbeitskräftemangels	6	6	3	3
Verbesserung der Produktionsbedingungen	23	16	11	7
Anpassung an Rechtsvorschriften oder Auflagen	24	7	11	3
Aufholen eines technologischen Rückstandes gegenüber der Konkurrenz	22	20	10	9
Erzielung eines technologischen Vorsprungs gegenüber der Konkurrenz	77	29	35	13
Verwertung einer aus dem Unternehmen/Konzern stammenden Erfindung	22	22	10	10
Unabhängigkeit vom Beschaffungsmarkt	12	3	6	1
Ausbeutung von Rohstoff-/Energiequellen	22	16	10	7
Reaktion auf Rohstoff-/Energieverknappung	15	18	7	8
Sonstige Zwecke	41	17	19	8
	N = 217			

) Die wirtschaftliche Lage des Unternehmens war, verglichen mit der Branche, zu Beginn der Beschäftigung mit der Spezialtechnologie

	Anzahl		Anteil in %	
	Kurzfristig	Langfristig	Kurzfristig	Langfristig
günstig	66	69	58	67
durchschnittlich	33	27	32	26
ungünstig	10	7	10	7
Insgesamt	103	103	100	100

Diese Frage bezog sich auf die wirtschaftliche Lage des Unternehmens im Vergleich zur Branche; sie war also unabhängig von der Technologie. Deshalb wurden auch nur die Angaben der 103 Unternehmen, die diese Frage beantworteten, ausgewertet.

) Die Spezialtechnologie war damals bzw. ist heute für die Unternehmung von

	Anzahl		Anteil in %	
	Damals	Heute	Damals	Heute
geringer Bedeutung	46	30	21	15
mittlerer Bedeutung	74	66	35	32
großer Bedeutung	88	95	41	47
existenzerhaltender Bedeutung	6	12	3	6
Insgesamt	214	203	100	100

(C.2) **Angaben über den Anstoß zur Beschäftigung mit der Spezialtechnologie**

(24.) **In welchem Jahr erfolgte der Hauptanstoß für das Unternehmen, sich mit der Spezialtechnologie zu befassen?**

(25.) Der Hauptanstoß kam

aus dem Unternehmen selbst, und zwar aus dem

	Anzahl	Anteil in %
Forschungs- und Entwicklungsbereich	90	41
Produktionsbereich	39	18
Verkaufsbereich	39	18
sonstigen Bereich	25[1]	11
von außerhalb, und zwar		
aus dem Konzern	31	14
von Kunden	34	16
von Lieferanten	24	11
von Beratern	6	3
von sonstigen Stellen	26	12
	N = 218	

Mehrfachnennungen möglich.

Insgesamt ergab sich, daß in 89 % aller Fälle der Hauptanstoß allein aus den Unternehmen oder auch aus dem Unternehmen selbst kam, während in 56 % der Fälle der Anstoß allein von außen oder auch von außen kam.

---

1) **Darunter neunmal aus der Geschäftsführung.**

6.) Der Anstoß ging im wesentlichen aus von einer

	Anzahl	Anteil in %
Einzelperson	72	46
durch das Unternehmen organisierten Gruppe	81	52
nicht durch das Unternehmen organisierten Gruppe	4	2
Insgesamt	157	100

7.) Welcher der Entscheidungsebenen (vgl. Frage 12) gehörte die Einzelperson bzw. der Ranghöchste aus der Gruppe zum Zeitpunkt des Anstoßes an?

	Anzahl	Anteil in %
1. (= oberste) Ebene	53	33
2. Ebene	40	25
3. Ebene	31	19
4. Ebene	26	16
5. Ebene	12	7
Insgesamt	162	100

Die durchschnittliche, mit der Anzahl der Fälle gewichtete Entscheidungsebene war 2.2 bei einer durchschnittlichen Zahl der Entscheidungsebenen je Unternehmen von 4.1 (vgl. Frage 12).

(28.) In welcher Form wurde der Anstoß weitergegeben?

	Anzahl	Anteil in %
Als Weisung an eine untergeordnete Stelle, Problemlösungen zu suchen	69	39
Als Empfehlung an eine übergeordnete Stelle	56	31
Als Empfehlung an eine gleichgeordnete Stelle	13	7
Die den Anstoß gebende Person/Gruppe hat die Problemlösungen selbst gesucht	40	23
Insgesamt	178	100

(C.3) Angaben über die Suche nach Lösungen für Probleme der Spezialtechnologie

(29.) Wer hat die Suche nach Problemlösungen hauptsächlich durchgeführt?

	Anzahl	Anteil in %
Eine Einzelperson aus dem Unternehmen	36	17
Auf Dauer eingerichtete bestehende Organisationseinheit	124	58
Für diesen Zweck auf Dauer neu eingerichtete Organisationseinheit	31	15
Für diesen Zweck neu eingerichtete, zeitlich begrenzte Organisationseinheit	23	11
Sonstige Stelle	9	4
Es wurde ein Forschungs-/Entwicklungsauftrag vergeben	10	5
	N = 212	

Mehrfachnennungen möglich.

0.) Wer war sonst noch in nennenswertem Ausmaß beteiligt?

	Anzahl		Anteil in %	
	In-land	Aus-land	In-land	Aus-land
Berater	29	4	14	2
Kunde	25	9	12	4
Lieferant	54	14	26	7
Andere(s) Unternehmen der gleichen Branche	20	11	9	5
Konzern	16	18	8	9
Sonstige Stelle	10	3	5	1
	Inland: N=211; Ausland: N= 210			

Mehrfachnennungen möglich.

In 116 Fällen (= 55 %) war mindestens eine inländische und in 53 Fällen (= 25 %) mindestens eine ausländische Stelle an der Lösungssuche beteiligt.

(31.) Falls Einzelperson oder neu eingerichtete Organisationseinheit (vgl. Frage 29): Welche Gründe haben das Unternehmen hauptsächlich bewogen, der vorstehend genannten Einzelperson die Lösungssuche zu übertragen / den Leiter der vorstehend genannten Organisationseinheit zu bestimmen?

	Anzahl	Anteil in %
Sachliche Zuständigkeit (Aufgabenbereich)	42	53
Fachliche Ausbildung/Berufserfahrung	52	65
Erfahrung mit der speziellen Technologie	27	34
Organisationstalent	17	21
Führungseigenschaften	22	28
Einsatzbereitschaft für die Technologie/ das Unternehmen	37	46
Kreativität	28	35
Dienstrang	11	14
Sonstige	4	5
	N = 80	

Mehrfachnennungen möglich.

(32.) Wer hat die die Problemlösung suchende Person/Organisationseinheit laufend sachlich kontrolliert?

	Anzahl	Anteil in %
Für die sachliche Aufsicht zuständige Stelle im Unternehmen	171	81
Das Mutterunternehmen oder eine andere Stelle außerhalb des Unternehmens	22	10
Es fanden keine laufenden sachlichen Kontrollen statt	26	12
	N = 211	

Mehrfachnennungen möglich.

(33.) Gab es detaillierte Vorgaben bezüglich Zeit/Mittel/Arbeitsinhalt? Wurden sie im wesentlichen eingehalten?

	Vorgabe		Einhaltung	
	Anzahl	Anteil in %	Anzahl	Anteil in %
Zeit	127	61	92	79
Finanzielle Mittel	123	59	99	85
Arbeitsinhalt (Lösungswege)	125	60	109	94
	N = 208		N = 116	

(34.) Wie häufig erfolgte die Fortschrittskontrolle?

	Zeit		Finanzielle Mittel		Arbeitsinhalt	
	Anzahl	Anteil in %	Anzahl	Anteil in %	Anzahl	Anteil in %
Fallweise	46	23	25	12	54	26
Wöchentlich	23	11	9	5	20	10
Monatlich	53	26	45	22	55	27
Vierteljährlich	28	14	36	18	30	15
Jährlich	9	5	35	17	8	4
Nach Projektabschluß	7	4	14	7	9	4
Sonstige Zeitperiode	6	3	3	2	6	3
Es erfolgte keine Kontrolle	29	14	34	17	23	11
Insgesamt	201	100	201	100	205	100

(35.) Wurde eine Vorstudie angefertigt, die die möglichen Grundkonzeptionen (Lösungsansätze) aufzeigen sollte?

Anzahl		Anteil in %	
ja	nein	ja	nein
142	70	67	33

(36.) Standen die für die Lösungssuche erforderlichen Spezialkenntnisse im wesentlichen im Unternehmen zur Verfügung?

Anzahl		Anteil in %	
ja	nein	ja	nein
129	83	61	39

Wenn nein: Wie wurden sie hauptsächlich beschafft?

	Anzahl	Anteil in %
Einstellung von entsprechenden Mitarbeitern	21	10
Weiterbildung der vorhandenen Mitarbeiter	38	18
Kauf von Patenten, Lizenznahme, Know how-Vertrag	15	7
Vergabe von Forschungsaufträgen	19	9
Hilfestellung durch Konzernunternehmen	17	8
Sonstige Maßnahmen	15	7
	N = 212	

(37.) **Wurden mehrere alternative Lösungen**

	Anzahl		Anteil in %	
	ja	nein	ja	nein
bewußt gesucht/erforscht	146	64	70	30
gefunden?	88	122	42	58

In fünf Fällen (8 % von 64 Fällen) stellte sich ein Ergebnis ein, obwohl nicht nach Alternativen gesucht wurde. In 63 Fällen wurden zwar Alternativlösungen gesucht, aber nicht gefunden.

(38.) **Wie lange dauerte die Lösungssuche?**

(C.4) Angaben über die Diskussion der Problemlösungen

(39.) Fand eine Diskussion der Lösung(en) statt?

Anzahl		Anteil in %	
ja	nein	ja	nein
174	34	84	16

Wenn ja: Nahmen an ihr auch solche Personen teil, die nicht unmittelbar an der Lösungssuche, an der offiziellen Entscheidung oder an der Durchführung der Lösung(en) beteiligt waren?

Anzahl		Anteil in %	
ja	nein	ja	nein
157	20	89	11

Die Lösungsdiskussion fand statt auf Grund

	Anzahl	Anteil in %
einer speziellen Anordnung	17	10
einer betriebsüblichen Praxis	130	77
eines Wunsches der an der Lösungssuche Beteiligten	22	13
eines Wunsches anderer, gleich- oder untergeordneter Interessierter	0	0
Insgesamt	169	100

(40.) Welche der Entscheidungsebenen (vgl. Frage 12) hat über die Realisierung der Lösung(en) entschieden?

	Anzahl	Anteil in %
1. (= oberste) Ebene	73	39
2. Ebene	48	25
3. Ebene	30	16
4. Ebene	20	10
5. Ebene	20	10
Insgesamt	191	100

Im Durchschnitt fiel die offizielle Entscheidung über die Realisierung auf der Ebene 2,3. Bei einer durchschnittlichen Zahl von Entscheidungsebenen je Unternehmen von 4,1 sind damit Entscheidungsebene und Anstoßebene (Frage 27) gleich hoch.

(41.) Hatte mindestens eine der an der Lösungssuche unmittelbar beteiligten Personen ein Mitspracherecht bei der Entscheidung?

Anzahl		Anteil in %	
ja	nein	ja	nein
179	24	88	12

42.) Wieviele Lösungen wurden durch die Entscheidung zur Realisierung/ Durchführung bestimmt?

	Anzahl	Anteil in %
Keine	2	1
Eine	147	72
Mehrere	54	27
Insgesamt	203	100

(43.) Aus der folgenden Liste von Einflußfaktoren haben bei der Diskussion/Entscheidung bzw. bei der Realisierung der Lösung die folgenden als wesentlicher Vorteil bzw. als wesentlicher Nachteil gegolten.

Wirtschaftliche und soziale Faktoren	Diskussion		Realisierung	
	Anzahl	Anteil in %	Anzahl	Anteil in %
1. Arbeitsmarkt, Lohnniveau, Arbeitskräfte im Unternehmen	30	15	29	15
2. Einstellung von Arbeitnehmern und Gewerkschaften zur Technologie	21	11	22	11
3. Kapitalmarkt, Zinsniveau, Kapitalausstattung des Unternehmens	38	19	32	16
4. Technische, wirtschaftliche und Absatzaussichten	162	81	129	70
5. Stand der Technik im Unternehmen und außerhalb	130	65	107	56
6. Standort, Infrastruktur	19	10	15	8
7. Preisniveau und Verfügbarkeit von Vorleistungen	56	28	38	20
8. Soziale Probleme (Umschulung, Arbeitsschutz)	18	9	15	8
9. Einstellung der Öffentlichkeit zur Technologie	31	16	21	11
10. Wettbewerbsrecht, Steuerrecht, Patentrecht	25	13	22	11
11. Energie-, Umweltschutzpolitik, staatliche Planung	68	34	53	28
12. Subvention, öffentlicher Auftrag	43	22	30	16
13. Sonstige Faktoren	18	9	18	9
Organisatorische Faktoren des Unternehmens				
14. Unternehmensziele	119	61	95	51
15. Konzernverflechtung	39	20	39	20
16. Art der dauerhaften organisatorischen Aufgabenverteilung	45	23	36	19
17. Art der Entscheidungsfindung	43	22	33	17
18. Innerbetrieblicher Informationsfluß, Vorschlagswesen	41	21	31	16
19. Art und Umfang der Mitbestimmung	8	4	12	6
20. System der Entlohnung und Leistungskontrolle	9	5	8	4
21. Zusammenarbeit mit Kunden, Lieferanten, Beratern	108	55	87	47
22. Sonstige Faktoren	4	2	4	2

Mahrfachnennungen möglich.

..) Wurden formalisierte Verfahren zur Entscheidungsfindung benutzt?

Anzahl		Anteil in %	
ja	nein	ja	nein
105	90	54	46

Wenn ja: Welche wurden benutzt?

	Anzahl		Anteil in %	
	ja	nein	ja	nein
Statische Investitionsrechnung (Kostenvergleich, Amortisationszeit, Rentabilität)	67	128	34	66
Dynamische Investitionsrechnung (Kapitalwert, interner Zinssatz, Annuitäten)	35	160	18	82
Netzplantechnik	25	170	13	87
Technologische Vorausschau	29	166	15	85
Ökonometrische Erforschung der Absatzaussichten	20	175	10	90
Sonstige Methode	10	185	5	95
	N = 195			

Mehrfachnennungen möglich.

(C.5) Angaben über die Realisierung der ausgewählten Problemlösung

(45.) Die Realisierung der Entscheidung bestand in

	Anzahl	Anteil in %
weiterer Forschung bzw. Entwicklung	108	51
Anwendung eines Verfahrens/Produkts	169	80
Einstellung der weiteren Beschäftigung mit der Spezialtechnologie	4	2
Sonstige Realisierung	6	3
	N = 212	

Mehrfachnennungen möglich.

(46.) Die Realisierung der ausgewählten Problemlösung war im wesentlichen die Aufgabe einer

	Anzahl	Anteil in %
Einzelperson aus dem Unternehmen	35	17
auf Dauer eingerichteten bestehenden Organisationseinheit	143	68
für diesen Zweck auf Dauer neu eingerichteten Organisationseinheit	24	11
für diesen Zweck neu eingerichteten, zeitlich begrenzten Organisationseinheit	14	7
	N = 209	

Mehrfachnennungen möglich

In 119 Fällen (= 57 %) war mindestens eine inländische, in 57 Fällen (= 27 %) mindestens eine ausländische Stelle an der Realisierung beteiligt.

+7.) Wer war sonst noch in nennenswertem Ausmaß beteiligt?

	Anzahl		Anteil in %	
	Inland	Ausland	Inland	Ausland
Berater	24	10	11	5
Kunde	36	13	17	6
Lieferanten	63	19	30	9
Konzern	14	18	7	9
Sonstige Stelle	5	5	2	2
	N = 210			

Mehrfachnennungen möglich.

3.) Wo wurde das bei der Lösungssuche angefallene Wissen über die Spezialtechnologie verwendet?

	Anzahl	Anteil in %
Im eigenen Unternehmen	185	88
Im Konzern	71	34
In fremden Unternehmen	36	17
Bei sonstigen Verwendern	15	7
Keine Verwendung	3	1
	N = 210	

Mehrfachnennungen möglich.

Wie wurde das Wissen weitergegeben?

	Anzahl	Anteil in %
Anmeldung eines Schutzrechts	75	36
Verkauf eines Schutzrechts, Lizenzvertrag, Know how-Vertrag	31	15
Allgemein zugängliche Publikation	84	40
Sonstige Art	33	16
Keine Weitergabe	82	39
	N = 210	

Mehrfachnennungen möglich.

(D.) Maßnahmen zur Verbesserung des Innovationsklimas

(49.) Was könnte von seiten der Unternehmen, des Staates und sonstiger Bereiche zur Verbesserung des Innovationsklimas getan werden? Welche staatlichen Maßnahmen haben sich bisher günstig bzw. ungünstig ausgewirkt?

Literaturverzeichnis

Achilladelis et al 1971 = B. Achilladelis, P. Jervis, A. Robertson et al: Project Sappho. A Study of Success and Failure in Innovation, Brighton 1971

Albert 1972 = Hans Albert: Theorien in der Sozialwissenschaft, in: Theorie und Realität. Ausgewählte Aufsätze zur Wissenschaftslehre der Sozialwissenschaften, herausgegeben von Hans Albert, 2. Aufl., Tübingen 1972

Battelle 1973 = Battelle: Interactions of Science and Technology in the Innovative Process: Some Case Studies, Columbus/Ohio 1973

Becker 1971 = M. H. Becker: Sociometric Location and Extension of the Diffusion Model, in: American Sociological Review, vol 35 (1971)

Bieneck 1976 = Hans-Jürgen Bieneck: Innovationsforschung zwischen Konsolidierung und Überforderung, in: Wirtschaft und Wissenschaft, Heft 2/1976, S. 8 ff.

Brandenburg et al 1975 = A. G. Brandenburg, P. Brödner, H. W. Hetzler, G. Schienstock: Die Innovationsentscheidung. Bestimmungsgründe für die Bereitschaft zur Innovaion in neue Technologien, Göttingen 1975

Bright 1964 = James Bright: Research, Development and Technological Innovation, Homewood Ill. 1964

Carter/Williams 1957 = C. F. Carter and B. R. Williams: Industry and Technical Progress: Factors Governing and Speed of Application of Science, London 1957

Clever 1973 = Peter Clever: Über den Informationsgehalt sozialwissenschaftlicher Theorien, Bonn-Bad Godesberg 1973

Dienstbach 1972 = Horst Dienstbach: Dynamik der Unternehmensorganisation. Anpassung auf der Grundlage des „Planned Organizational Change“, Wiesbaden 1972

Forrester 1972 = J. W. Forrester: Grundsätze einer Systemtheorie, Wiesbaden 1972

Frohn et al 1973 = Joachim Frohn, Rolf Krengel, Peter Kuhbier, Karl Heinrich Oppenländer, Luitpold Uhlmann: Der technische Fortschritt in der Industrie. Messung in 34 Industriebereichen, Berlin 1973

Fuchs 1969 = Herbert Fuchs: Systemtheorie, in: Handwörterbuch der Organisation, Stuttgart 1969

Geschka et al 1975 = Horst Geschka, Ulrike Alter und Horst Schwerdtner: Effiziente Umsetzung wissenschaftlicher Erkenntnisse in industrielle Nutzung, Berlin 1975

Gross 1968 = B. M. Gross: Organizations and Their Management, New York — London 1968

Grunberg 1972 = Emile Grunberg: Bemerkungen über die Verifizierbarkeit ökonomischer Gesetze, in: Theorie und Realität. Ausgewählte Aufsätze zur Wissenschaftslehre der Sozialwissenschaften, herausgegeben von Hans Albert, 2. Aufl., Tübingen 1972

Hetzler 1974 = Hans Wilhelm Hetzler: Innovation in sozialwissenschaftlicher Perspektive, in: Ifo-Institut für Wirtschaftsforschung (Hrsg.): Technischer Fortschritt. Ursache und Auswirkung wirtschaftlichen Handelns, München 1974

IFO 1970a = Ifo-Institut für Wirtschaftsforschung (Hrsg.): Die Verbreitung neuer Technologien. Eine Studie über zehn Verfahren in neun Industriezweigen, Berlin — München 1970

IFO 1970b = Ifo-Institut für Wirtschaftsforschung (Hrsg.): Innovation in der Wirtschaft, München 1970

IFO 1974 = Ifo-Institut für Wirtschaftsforschung (Hrsg.): Technischer Fortschritt. Ursache und Auswirkung wirtschaftlichen Handelns, München 1974

IFO 1976 = Ifo-Institut für Wirtschaftsforschung (Hrsg.): Die gesamtwirtschaftliche Funktion kleiner und mittlerer Unternehmen, München 1976

IIT Research Institute = Illinois Institute of Technology. IIT Research Institute: Technology in Retrospect and Critical Events in Science (Traces), ohne Ort und Jahr (1968)

Isenson 1968 = Raymond S. Isenson: Technological Forecasting. Lessons from Project Hindsight, in: James R. Bright (Ed.): Technological Forecasting for Industry and Government. Methods and Applications, Englewood Cliffs, N. J. 1968

Jüttner-Kramny 1975 = Lioba Jüttner-Kramny: Unternehmensgröße, Unternehmenskonzentration und technologische Entwicklung. Eine Literaturanalyse. Göttingen 1975

Katz/Kahn 1966 = D. Katz and R. L. Kahn: The Social Psychology of Organizations, New York — London — Sydney 1966

Kennedy/Thirwall 1971 = C. Kennedy, A. P. Thirwall: Surveys in applied economics: Technical Progress, in: Economic Journal, vol 81 (1971)

Kirsch 1971 = Werner Kirsch: Entscheidungsprozeß. Band II. Informationsverarbeitungstheorie des Entscheidungsverhaltens. Wiesbaden 1971

Klages 1971 = Helmut Klages: Planungspolitik, Stuttgart 1971

Langrish et al 1972 = J. Langrish, M. Gibbons, W. G. Evans, F. R. Jevons: Wealth from Knowledge. Studies of Innovation in Industry, London 1972

Little 1971 = Arthur D. Little Inc., Industrial Research Institute Inc.: Barriers to Innovation in Industry: Opportunities for Public Policy Changes, Cambridge/Mass. — New York 1973

Luhmann 1968 = Niklas Luhmann: Zweckbegriff und Systemrationalität, Tübingen 1968

Mansfield et al 1971 = Edwin Mansfield et al: Research and Innovation in the Modern Corporation, New York 1971

Myers/Marquis 1969 = Sumner Myers and Donald G. Marquis: Successful Industrial Innovations. A Study of Factors Underlying Innovation in Selected Firms, Washington 1969

Myrdal 1965 = Gunnar Myrdal: Das Zweck-Mittel-Denken in der Nationalökonomie, in: Zeitschrift für Nationalökonomie, Bd. 4 (1933); wiederabgedruckt in Gunnar Myrdal: Das Wertproblem in der Sozialwissenschaft, Hannover 1965

Nabseth/Ray 1974 = Lars Nabseth, G. F. Ray (Hrsg.): The Diffusion of New Industrial Processes: An International Study, London 1974

Nelson/Winter 1976 = Richard R. Nelson, Sidney G. Winter: In Search of Useful Theory of Innovation, Vortrag vor dem West German BMFT und United States NSF Seminar on Technological Innovation, Bonn, 5.—9. April 1976 (Veröffentlichung in Vorbereitung)

OECD 1971 = OECD: The Conditions for Success in Technological Innovation, Paris 1971

Parsons 1960 = Talcott Parsons: Structure and Process in Modern Society, Glencoe 1960

Pfetsch 1975 = Innovationsforschung als multidisziplinäre Aufgabe. Beiträge zur Theorie und Wirklichkeit von Innovationen im 19. Jahrhundert, redigiert von Frank R. Pfetsch, Göttingen 1975

Popper 1966 = Karl Popper: Logik der Forschung, 2. Aufl., Tübingen 1966

Ray 1974 = George F. Ray: Innovation in Industry: The State and Results of Recent Economic Research in Western Europe, in: Ifo-Institut für Wirtschaftsforschung (Hrsg.): Technischer Fortschritt. Ursache und Auswirkung wirtschaftlichen Handelns, München 1974

RKW 1970/71 = Rationalisierungs-Kuratorium der Deutschen Wirtschaft (Hrsg.): Wirtschaftliche und soziale Aspekte des technischen Wandels in der Bundesrepublik Deutschland. Neun Bände, darunter zweiter Band: Luitpold Uhlmann, Gerhard Huber: Technischer und struktureller Wandel in der wachsenden Wirtschaft, Frankfurt a. M. 1971; dritter Band: Karl Heinrich Oppenländer et al: Wirtschaftliche Auswirkungen des technischen Wandels in der Industrie, Frankfurt a. M. 1971

Röthlingshöfer/Sprenger 1977 = Karl Ch. Röthlingshöfer, Rolf-Ulrich Sprenger unter Mitarbeit von Lothar Scholz: Effizienz der indirekten steuerlichen Forschungsförderung, Berlin — München 1977

Rogers/Shoemaker 1971 = Everett M. Rogers and F. Floyd Shoemaker: Communication of Innovations. A Cross Cultural Approach, New York 1971

Rothwell/Teubal 1976 = Roy Rothwell and Morris Teubal: Sappho Revisited: A Re-Appraisal of the Sappho Data, Vortrag vor dem West German BMFT and US NSF Seminar on Technological Innovation, Bonn, 5.—9. April 1976, Manuskript

Schäfer 1969 = Erich Schäfer: Der Industriebetrieb. Betriebswirtschaftslehre der Industrie auf typologischer Grundlage, Band 1, Köln/Opladen 1969

Schienstock 1975 = Gerd Schienstock: Organisation innovativer Rollenkomplexe, Meisenheim am Glan 1975

Schlosser 1976 = Otto Schlosser: Einführung in die sozialwissenschaftliche Zusammenhangsanalyse, Reinbek 1976

Scholz/Uhlmann 1976 = Lothar Scholz unter Mitarbeit von Luitpold Uhlmann: Technik-Indikatoren. Ansätze zur Messung des Standes der Technik in der industriellen Produktion. Berlin — München 1976

Sherwin/Isenson 1966 = C. W. Sherwin and R. S. Isenson: First Interim Report on Project Hindsight, Washington 1966

Stifterverband 1917 = Stifterverband für die Deutsche Wissenschaft (Hrsg.): Messung wissenschaftlicher und technischer Aktivitäten. Allgemeine Richtlinien für statistische Übersichten in Forschung und experimenteller Entwicklung. Frascati-Handbuch II (der OECD), Essen 1971

Uhlmann 1974a = Luitpold Uhlmann: Innovation in der Industrie: Stand und Ergebnisse der Forschung im deutschsprachigen Raum, in: Ifo-Institut für Wirtschaftsforschung (Hrsg.): Technischer Fortschritt. Ursache und Auswirkung wirtschaftlichen Handelns, München 1974

Uhlmann 1974 b = Luitpold Uhlmann: Innovation in der Industrie: Stand und Ergebnisse der Forschung in den USA, in: Ifo-Institut für Wirtschaftsforschung (Hrsg.): Technischer Fortschritt. Ursache und Auswirkung wirtschaftlichen Handelns, München 1974

Weisser 1965 — Gerhard Weisser: Wirtschaftstypen, in: Handwörterbuch der Sozialwissenschaften, Band 12, Stuttgart/Tübingen/Göttingen 1965

Witte 1973 = Eberhard Witte: Organisation für Innovationsentscheidungen. Das Promotorenmodell, Göttingen 1973

Zetterberg 1962 = Hans L. Zetterberg: Theorie, Forschung und Praxis in der Soziologie, in: René König (Hrsg.): Handbuch der empirischen Sozialforschung, 1. Bd., Stuttgart 1962

Ziegenfuß 1956 = Werner Ziegenfuß (Hrsg.): Handbuch der Soziologie, Stuttgart 1956

O. Verf. 1976 = Ohne Verfasser: Innovation: Defizite in Theorie und Praxis, in: Wirtschaft und Wissenschaft, Heft 2/1976